종교개혁과 그리스도

종교개혁과 그리스도

초판발행   2019. 6. 5
발행인   안 민
편집인   이신열
발행처   고신대학교 출판부
           고신대학교 개혁주의학술원
           kirs@kosin.ac.kr / www.kirs.kr
           부산시 영도구 와치로 194   051) 990-2267
판권   고신대학교 개혁주의학술원 - 개혁주의 신학과 신앙 총서 13
제목   종교개혁과 그리스도
저자   우병훈, 황대우, 김진국, 김진홍, 박상봉, 김지훈, 김은수, 박재은
이 도서의 국립중앙도서관 출판예정도서목록(CIP)은 서지정보유통지원시스템 홈페이지
(http://seoji.nl.go.kr)와 국가자료종합목록 구축시스템(http://kolis-net.nl.go.kr)에서
이용하실 수 있습니다. (CIP제어번호 : CIP2019020126)

종교개혁과 그리스도

개혁주의 신학과 신앙 총서 13권을 펴내며

저희 개혁주의학술원이 2006년에 설립된 이후로 연1회 지속적으로 발간되어온 '개혁주의 신학과 신앙 총서'가 벌써 13번째 발간을 맞이하게 되었습니다. 작년에 '종교개혁과 하나님'이라는 제목으로 16세기 종교개혁자들과 17세기 개혁신학자들의 신론에 대한 고찰을 시도한 후에 올해에는 이들의 기독론에 대해서 '종교개혁과 그리스도'라는 제목으로 발간하게 된 것을 기쁘게 생각합니다.

종교개혁자들과 이들의 후예인 17세기 개혁신학자들의 사고에 나타나는 공통적인 특징 가운데 하나는 '오직 그리스도(solus Christus)'라는 모토에 충실한 신학을 추구했다는 점입니다. 이런 맥락에서 이들의 기독론은 당대 로마 가톨릭 신학과 여러 비성경적 기독론에 맞서서 예수 그리스도의 신인양성에서 비롯되는 유일성과 그를 통해 제공되는 구원의 가치와 의미, 그리고 인류를 향한 구원의 탁월성에 대한 깊은 성찰의 결과로서 성숙의 단계에 접어들었다고 볼 수 있습니다.

종교개혁이 발생한지 500년이 지난 21세기를 살아가는 모든 크리스챤들에게도 예수 그리스도의 존재와 그의 사역은 우리 모두를 위한 변함없는 진리로 다가옵니다. 4차 산업혁명을 통해서 우리 삶의 많은 부분들이 급속도로 변화하고 있지만 변함없는 진리되시는 예수 그리스도에 대한 갈망을 누그러뜨리지는 못할 것입니다.

이 책의 발간을 통해서 삶의 모든 영역에서 예수 그리스도를 구주로 고백하는 모든 신앙인들에게 그의 존재와 사역에 대한 학문적 성찰이 더욱 풍성해지고 그 결과 예수 그리스도에 대한 고백과 사랑이 더욱 깊어지기를 소망하는 마음을 가다듬게 됩니다.

귀한 원고를 작성해주신 우병훈, 황대우, 김진국, 김진흥, 박상봉, 김지훈, 김은수, 박재은 박사님들의 헌신적 수고에 진심으로 감사의 마음을 전하면서 발간사를 대신하고자 합니다.

개혁주의학술원장 이신열

차 례

마틴 루터의 기독론:
그 구원론적이며 칼케돈적인 성격

우병훈

(고신대학교, 교의학)

Martin Luther(1483-1546)

서울대학교 자원공학과(B.Eng.)와 서양고전학 대학원(M.A 졸업, Ph.D 수학)을 거쳐, 고려 신학대학원(M.Div)과 미국의 칼빈신학교(Th.M, Ph.D)에서 공부했다. 저서로 『그리스도의 구원』, 『처음 만나는 루터』, 『기독교 윤리학』, 번역서로 『교부들과 함께 성경 읽기』(공역) 등이 있으며, 박사논문이 B. Hoon Woo, *The Promise of the Trinity: The Covenant of Redemption in the Theologies of Witsius, Owen, Dickson, Goodwin, and Cocceius* (Göttingen: Vandenhoeck & Ruprecht, 2018)로 출간되었다. 국내외 저널에 게재한 수십 편의 논문을 calvinseminary.academia.edu/BHoonWoo에서 볼 수 있다. 현재 고신대학교 신학과 교의학 조교수이다.

우병훈

I. 루터 신학에서 기독론의 위치

마르틴 루터(1483-1546)는 기독론만을 다룬 작품을 남기지는 않았다. 그럼에도 불구하고 루터의 모든 작품은 어떤 의미에서는 기독론과 관련된다고 할 수 있다.[1] 이것은 칭의론과의 관련성만 생각해 보더라도 알 수 있다. 루터 신학의 핵심을 하나 뽑으라고 한다면 많은 학자들은 주저하지 않고 "칭의론"을 선택한다. 독일의 루터 연구가 베른하르트 로제는 칭의론이 "의심의 여지없이 루터의 종교개혁 신학의 중심"이라고 말하면서, "칭의론은 [루터의] 모든 신학적 문제에 대한 설명을 할 때에 독보적으로 중요한 의미를 가지고 있는 것"이라고 주장한다.[2] 사실상 루터 신학의 중요한 주제들 가령, 만인제사장 교리라든가 소명론과 교회론, 심지어 신론과 두 왕국론 등과 같은 주제도 역시 칭의론과 직간접적으로 연결되는 것을 관찰할 수 있다.[3] 로제는 루터 신학에 있어서 칭의론의 중요성에 대해 평가하면서, "모든 신학사 및 교리사를 통해서 볼 때 기독교 신앙의 가장 중요한 진리를 그와 같은 방식으로 하나의 특정한 조항

---

1 폴 존스는 바르트의 기독론과 관련하여 유사한 말을 남겼다. Paul Dayfdd Jones, *The Humanity of Christ: Christology in Karl Barth's Church Dogmatics*, T&T Clark Theology (London: T&T Clark, 2008), 16: "No single paragraph, chapter or part volume conveys the essence of Barth's Christology. Conversely, *every* paragraph, chapter and part volume of *Dogmatics* conveys some part of Barth's Christology." (강조는 Jones의 것)

2 베른하르트 로제, 『마틴 루터의 신학-역사적, 조직신학적 연구』, 정병식 역(서울: 한국신학연구소, 2003), 359-60.

3 아래 문헌들을 참조하라. 우병훈, "루터의 하나님—루터의 '숨어계신 하나님' 개념에 대한 해석과 적용," 「한국개혁신학」 제51권(2016):8-56; 우병훈, "루터의 만인 제사장직 교리의 의미와 현대적 의의," 「신학논단」 제87집(2017):209-35; 우병훈, "참된 교회의 감춰져 있음—루터 교회론의 한 측면," 「한국개혁신학」 제55권(2017):69-110; 우병훈, "루터의 소명론 및 직업윤리와 그 현대적 의의," 「한국개혁신학」 제57권(2018):72-132; 우병훈, "루터의 칭의론과 성화론의 관계: 대(大)『갈라디아서 주석』(1535년)을 중심으로," 「개혁논총」 제46권(2018):69-116; 우병훈, 『처음 만나는 루터』(서울: IVP), 230-50. 이하에서는 바이마르(Weimar) 루터 전집 시리즈는 WA로 약칭하며, 영문판 루터 번역 전집은 LW로 약칭한다.

[sc. 칭의론]에 집중시킨 것은 처음 있는 일이었다."라고 평가한다.4 과연 루터
자신이 말한 바와 같이 칭의론은 "교회와 모든 신앙의 태양 자체이며 낮이며
빛"이 된다.5 왜냐하면 그의 생각에 따르면, "그 교리가 서면 교회가 서고,
그것이 넘어지면 교회도 넘어지기 때문이다."6

그런데 루터에게 칭의론은 무엇인가? 그 핵심은 신자가 자신 안에서 의를
찾지 않고 십자가의 그리스도 안에서 의를 찾는 것이다. 따라서 루터 신학의
핵심이 칭의론이라고 한다면, 기독론 또한 그의 신학의 핵심이라고 말할 수
있다. 실제로 여러 학자들은 루터 신학에서 기독론이 중요하다고 지적한다.7
예를 들어 루터 전기로 유명한 알브레히트 보이텔(Albrecht Beutel)은 루터가
사랑했던 주제가 칭의론, 기독론, 성령론, 인간론이었다고 주장한다.8 노트거
슬렌츠카(Notger Slenczka)는 루터 신학의 중심에 기독론이 있다는 것은 의
심의 여지가 없다고 주장한다.9 루터는 구약을 기독론적으로 옹호하였고, 십계
명도 기독론적으로 이해했다.10

---

4 로제, 『마틴 루터의 신학-역사적, 조직신학적 연구』, 360.
5 WA 40/3,335. "저 조항[즉 칭의론]이 교회와 모든 신앙의 태양 자체이며 낮이며 빛이다(Ipse
sol, dies, lux Ecclesiae et omnis fiduciae iste articulus)."
6 WA 40/3,352,3("... quia isto articulo stante stat Ecclesia, ruente ruit Ecclesia"); LW
11:459.
7 루터의 기독론에 대한 중요한 연구서 중에 아래의 책이 있다. Marc Lienhard, *Luther:
Witness to Jesus Christ* (Minneapolis: Augsburg Publishing House, 1982). 프랑스
학자가 쓴 이 루터 기독론 연구서는 독일어권에서 표준적인 연구서로 인정받고 있다. 본 연구자
도 역시 이 책을 여러 곳에서 참조하였다.
8 Albrecht Beutel, "Luther's Life," in *The Cambridge Companion to Martin Luther*,
ed. Donald K. McKim (New York: Cambridge University Press, 2003), 3-19(16쪽에서
인용).
9 Notger Slenczka, "Christus," in Albrecht Beutel ed., *Luther Handbuch* (Tübingen:
Mohr Siebeck, 2005), 428-39(428에서). 이 글은 루터의 기독론이 간단하게 잘 정리되어
있다.
10 Timothy F. Lull, "Luther's Writings," in *The Cambridge Companion to Martin
Luther*, ed. Donald K. McKim (New York: Cambridge University Press, 2003), 39-
61(57쪽에서 인용); Bernd Wannenwetsch, "Luther's Moral Theology," in *The
Cambridge Companion to Martin Luther*, ed. Donald K. McKim (New York:

루터는 1535년에 펴낸 대(大)『갈라디아서 주석』의 서문에서 다음과 같이 말한다.[11]

> 왜냐하면 내 마음에는 저 한 가지 조항만이 다스리고 있기 때문이다. 그것은 곧 "그리스도에 대한 믿음(Fides Christi)"이다. 그것으로부터, 그것을 통하여, 그리고 그것 안에서 나의 모든 신학적 사유들이 밤낮 흘러가고 또한 흘러오고 있다. 그럼에도 불구하고 나는 연약하고 초라한 몇 가지 기초적인 것들과 파편적인 것들만 파악했을 뿐, 그렇게 높고 넓고 깊은 지혜를 파악했노라고 감히 덤벼들지 않는다.[12]

이 인용문에서 중요한 것은 "그리스도에 대한 믿음(Fides Christi)"이 루터의 신학적 사유들을 지배하고 있다는 것이다. 헤이코 오버만에 따르면, 중세에는 "Fides Christi"를 "그리스도가 가진 믿음(혹은 신실함)"으로 이해하는 사

Cambridge University Press, 2003), 120-35(121쪽에서 인용). 구약을 기독론적으로 해석한 것은 교부들의 전통이다. 참고로, 루터만큼 시편을 기독론적으로 해석하지 않아서 때로 칼빈은 루터파로부터 "유대주의자(Judaizer)"라고 비난 받기도 했다. 이에 대해서는 아래 책을 보라. G. Sujin Pak, *The Judaizing Calvin: Sixteenth-Century Debates Over the Messianic Psalms* (Oxford; New York: Oxford University Press, 2010), 제 5장.

11 학계의 관행을 따라, 1535년판 『갈라디아서 주석』을 대(大)『갈라디아서 주석』이라고 부르는데, 이 주석의 원문은 WA 40/1(갈 1-4장 주석)과 WA 40/2(갈 5-6장 주석)에 실려 있으며, 영어 번역은 LW 26(갈 1-4장 주석)과 LW 27:3-149(갈 5-6장 주석)에 실려 있다. 참고로 LW 27에는 1519년판 갈라디아서 주석도 실려 있다. 대(大)『갈라디아서 주석』 전체에 대한 우리말 번역은 아래와 같이 나와 있으나 절판되었다. 루터, 『말틴 루터의 갈라디아서 강해(상/하)』, 김선회 역(루터대학교 출판부, 2003). 대(大)『마르틴 루터 갈라디아서』의 축약본은 다음과 같이 번역되어 있다. 루터, 『갈라디아서 강해』, 김귀탁 역(서울: 복있는사람, 2019).

12 WA 40/1,33,7-11: "Nam in corde meo iste unus regnat articulus, scilicet Fides Christi, ex quo, per quem et in quem omnes meae diu noctuque fluunt et refluunt theologicae cogitationes, nee tamen comprehendisse me experior de tantae altitudinis, latitudinis, profunditatis sapientia nisi infirmas et pauperes quasdam primitias et veluti fragmenta." "Fides Christi"에 대한 따옴표는 연구자가 첨가한 것임. 참고로 이 인용문은 매우 유명하여, 다음 책에서도 인용되어 있다. 로제, 『마틴 루터의 신학-역사적, 조직신학적 연구』, 310n146; Lienhard, *Luther*, 11n1.

람이 없었다.13 따라서 루터 역시 여기에서 "그리스도에 대한 믿음"이라는 의미로 그 "Fides Christi"를 사용한 것이 분명하다. 이처럼 루터의 신학적 사유는 그리스도에 대한 믿음을 중심으로 작동하고 있기에, 그의 신학을 제대로 이해하기 위해서는 기독론을 고찰하는 것이 큰 도움이 된다. 하지만 이것은 역으로 말해서 루터 신학의 모든 주제들이 기독론과 깊은 관련성이 있다는 뜻이 되기도 하므로, 그의 기독론을 파악하는 것은 굉장히 방대한 작업이 된다는 것을 알 수 있다.

따라서 이 글에서는 지면상 중요한 두 가지 주제만을 뽑아서 루터 기독론을 이해하고자 한다. 첫째는 루터 신학에서 칭의론과 기독론의 관계성이다. 둘째는 그의 기독론과 고대 기독론 특히 칼케돈 기독론과의 관계성이다. 특히 두 번째 주제는 성만찬론 논쟁에서 드러난 루터의 기독론과도 연관된다. 이러한 주제들은 그의 기독론에 대한 현대의 논쟁들 가운데 가장 중요한 것이며, 또한 그의 기독론을 이해하는 데 있어서 매우 필수적인 주제들이다. 이하에서 이 주제들을 순서대로 다루겠다.

II. 루터의 칭의론과 기독론

1. 루터의 칭의론과 그리스도와 연합

---

13 Heiko Augustinus Oberman, "Wir Sein Pettler. Hoc Est Verum. Covenant and Grace in the Theology of the Middle Ages and Reformation," in *The Reformation: Roots and Ramifications*, trans. Andrew Colin Gow (Grand Rapids, MI: Eerdmans, 1994), 91-115쪽 특히 110쪽을 참조하고, 아래 문헌들도 보라. J. S. Preus, *From Shadow to Promise. Old Testament Interpretation from Augustine to the young Luther* (Cambridge, MA: 1969), 226-33; J. S. Preus, "Old Testament promissio and Luther's new Hermeneutic", *Harvard Theological Review* 60 (1967), 145-61.

루터의 기독론은 그의 신학의 중심인 칭의론과 결코 분리할 수 없다.[14] 그것은 그의 기독론이 철저하게 구원론적 성격을 지니기 때문이다.[15] 베른하르트 로제는 "그리스도론과 구원론은 그[sc. 루터]에게 같은 문제였다."라고 주장한다.[16] 루터에게 "기독론은 구원론을 목표로 삼고, 역으로 구원론은 기독론 속에 근거를 두고 있다."[17]는 로제의 지적이 사실이라면, 루터 신학에서 기독론과 구원론은 일종의 선순환적 나선(spiral) 구조를 가지고 있다고 볼 수 있다. 그 안에서는 그리스도를 아는 만큼 구원을 알게 되며, 구원을 아는 만큼 그리스도를 알게 된다. 기독론과 구원론이 서로를 더욱 풍요롭게 하는 상호풍요화(cross-fertilization) 관계에 있다. 이런 특성은 루터 신학의 핵심인 칭의론에서 단적으로 나타난다.

루터는 대(大)『갈라디아서 주석』에서 칭의 교리는 아무리 많이 토론되고 가르쳐져도 부족하다고 말한다. 그는 다음과 같이 적고 있다.

> 만일 이 교리[sc. 칭의 교리]가 상실되고 사라진다면, 진리와 생명과 구원의 모든 지식도 동시에 상실되고 사라진다. 그러나 만일 그것이 번성한다면, 종교, 참된 예배, 하나님의 영광, 모든 것들과 모든 사회적 조건들에 대한 바른 지식 등 모든 선한 것이 번성한다.[18]

그런데 정작 루터가 칭의를 어떻게 이해했는가에 대해서는 해석이 여러 가지로 갈린다. 첫째로, 가장 보편적인 견해는 루터에게 있어서 칭의는 법정적

---

14 이하의 내용은 우병훈, "루터의 칭의론과 성화론의 관계: 대(大)『갈라디아서 주석』(1535년)을 중심으로"라는 논문의 곳곳을 참조하였다.
15 Slenczka, "Christus," 428-29.
16 로제, 『마틴 루터의 신학-역사적, 조직신학적 연구』, 312.
17 로제, 『마틴 루터의 신학-역사적, 조직신학적 연구』, 314.
18 LW 26:3.

선언이며, 성화는 그 뒤에 필수적으로 따라오는 것이라는 주장이다.[19] 둘째로, 루터에게 칭의는 선언일 뿐 아니라 실제로 의롭게 하는 것이기도 하다는 주장이다(칼 홀의 견해).[20] 셋째로, 핀란드 루터 학자들의 해석에서 칭의는 일종의 신격화(theosis)와 연결된다.[21] 넷째로, 카터 린드버그는 루터가 칭의와 성화를 동일한 사건의 양면으로 보았다고 주장한다. 그는 칭의론이 법정적 선언으로 인식된 것은 루터파 정통주의 때문이지 루터 자신은 칭의와 성화가 일치하는 것으로 보았다고 주장했다.[22] 다섯째로, 고든 디커는 루터에게 칭의는 법정적 선언이지만 그것은 동시에 죄의 영역에서 의의 영역으로 옮기는 사건을 일으키기 때문에 반드시 성화가 일어나도록 되어 있다는 견해를 제시한다.[23] 이 견해가 첫째 견해와 다른 점은 "영역의 변화"에 대한 강조이다. 여섯째로, 존 페스코는 루터에게 칭의는 법정적 개념이지만 그것은 그리스도와의 연합을 통하여 주어진 실재이기에 성화로 이어진다고 보았다.[24]

---

19 로제, 『마틴 루터의 신학-역사적, 조직신학적 연구』, 365에 따르면 이런 견해는 멜란히톤이 제시한 것으로 그 이후에 멜란히톤을 따른 루터파의 견해라고 한다.

20 Karl Holl, *Gesammelte Aufsätze zur Kirchengeschichte*, vol. 1: Luther (Tübingen: Mohr Paul Siebeck, 1948), 117-26; 로제, 『마틴 루터의 신학-역사적, 조직신학적 연구』, 366. Gordon Stanley Dicker, "Luther's Doctrines of Justification and Sanctification," *The Reformed Theological Review* 26, no. 1 (1967): 14에서 보면 루프(Rupp)는 이런 견해를 반대하면서 루터의 칭의는 법정적 개념으로 보아야 한다고 주장한다.

21 핀란드 루터 학자들의 해석에 대한 자세한 논의는 다음 문헌을 보라. Kurt E. Marquart, "Luther and Theosis," *Concordia Theological Quarterly* 64, no. 3 (2000): 182-205 (특히 185-205); Olli-Pekka Vainio, "Luther and Theosis: A Response to the Critics of Finnish Luther Research," *Pro Ecclesia* 24, no. 4 (2015): 459-74. 참고로, 베른하르트 로제는 "핀란드식 루터 해석(the Finnish interpretation of Luther)"에 대해서 거리를 둔다. 로제, 『마틴 루터의 신학-역사적, 조직신학적 연구』, 309.

22 Lindberg, "Do Lutherans Shout Justification But Whisper Sanctification," 5.

23 Dicker, "Luther's Doctrines of Justification and Sanctification," 16; Gordon Stanley Dicker, "Luther's Doctrines of Justification and Sanctification," *The Reformed Theological Review* 26, no. 2 (1967): 64-70. 디커의 두 논문은 제1편과 제2편으로 연속된 논문이다.

24 Fesko, John V. "Luther on Union with Christ." *Scottish Bulletin of Evangelical Theology* 28, no. 2 (2010): 167-72(특히 171).

이러한 견해들 중에 전체를 아우를 수 있는 견해는 존 페스코가 제안한 바와 같이 칭의를 "그리스도와의 연합"의 관점에서 해석하는 것이다. 어떤 사람들은 루터 신학에서 "그리스도와의 연합" 교리를 발견하기 힘들다고 생각하지만 사실은 전혀 그렇지 않다. 페스코가 잘 논증한 것처럼 이후에 칼빈에게서 나타나는 그리스도와의 연합 교리의 중요한 측면들은 이미 루터 신학에 나타나고 있다. 바로 이 점이 루터 신학에서 기독론과 칭의론이 연결되는 지점이다. 루터의 칭의론은 그리스도와 연합된 자가 받는 칭의만을 다루고 있는 것이다.

2. 수동적 의와 예수 그리스도

대(大)『갈라디아서 주석』의 첫 번째 장(章)에서도 역시 칭의와 기독론의 연결점을 발견한다. 거기서 루터는 갈라디아서의 논점(argumentum)을 요약한다. 그는 두 종류의 의(義)가 있다고 주장한다.[25] 첫 번째 의는 루터가 "능동적 의(activa iustitia)"라고 부른 것으로서, 정치적 의, 의식적(儀式的) 의, 율법적 의, 행위의 의이다. 두 번째 의는 루터가 "수동적 의(passiva iustitia)"라고 부른 것으로서, 하나님께서 그리스도를 통하여 우리에게 주신 의이며, 우리의 행위가 개입되지 않은 의이다. "수동적 의"는 우리가 단지 받기만 하는 것이며,

---

[25] WA 40/1,41,15-18: "그러나 그 탁월한 의는 진실로 신앙의 의인데, 그것은 하나님께서 그리스도를 통하여 우리에게 행위 없이 전가해 주신다. 그것은 정치적 의도 의식적 의도 하나님의 율법의 의도 아니며, 우리의 행위들 안에 거하지도 않는다. 오히려 정반대이다. 이것은 오직 수동적 의이다(저 위의 것들이 능동적 의들이라고 한다면 말이다)." 아래의 라틴어 본문을 참조하라. "Ista autem excellentissima iustitia, nempe fidei, quam Deus per Christum nobis absque operibus imputat, nec est politica nec ceremonialis nec legis divinae iustitia nec versatur in nostris operibus, sed est plane diversa, hoc est mere passiva iustitia (sicut illae superiores activae)." 영어 번역 LW 26:4에서는 "legis divinae"에서 "divinae"를 빼고 번역했고, 또한 "nec versatur in nostris operibus"를 "nor work-righteousness"라고 의역한다.

다른 누군가 즉 하나님이 우리 안에서 일하는 것을 우리가 겪는(patimur) 것이다. 그래서 루터는 이를 "수동적 의"라고 불렀던 것이다.26

루터는 "하나님의 백성 바깥에서는 최고의 지혜가 율법을 알고 연구하는 것이듯이, 기독교인들의 최고의 기예(ars)는 모든 능동적 의를 무시하고 율법을 무시하는 것이다."라고 주장한다.27 이런 과격한 주장을 보면 대(大)『갈라디아서 주석』이 이신칭의를 너무 부각시킨 나머지, 선행이나 성화의 삶을 완전히 도외시한 것 같은 인상을 받는다. 그러나 사실은 그렇게 볼 수 없는데, 그의 칭의론과 밀접하게 연결된 기독론이 칭의론과 성화론의 분리를 막아주기 때문이다.

루터는 신자를 위한 의가 되신 그리스도는 이제 심판자가 아니라 신자를 위해 지혜와 의로움과 거룩함과 구속함이 되신 분(고전 1:30)으로서 하나님 보좌 우편에 앉아계신다고 한다. 칭의의 그리스도는 대제사장으로서 신자들을 위해 중보하시고 그들을 다스리시며 그들 안에서 은혜로 역사하신다.28 칭의에서 우리의 의가 되신 그리스도는 칭의 이후에는 우리 안에서 역사하시는 분, 우리를 다스리시는 분이 되신다.29 그래서 우리 안에서 성화의 과정이 이뤄진

---

26 WA 40/1,41,18-20: "Ibi enim nihil operamur aut reddimus Deo, sed tantum recipimus et patimur alium operantem in nobis, scilicet Deum." LW 26:5.

27 WA 40/1,43,7-9: "Summa ars Christianorum ignoscere totam iusticiam activam et ignorare legem, Sicut extra populum dei est Summa sapientia nosse et inspicere legem." LW 26:6에서는 아래와 같이 의역했다. "Therefore the highest art and wisdom of Christians is not to know the Law, to ignore works and all active righteousness, just as outside the people of God the highest wisdom is to know and study the Law, works, and active righteousness." 루터의 견해와 비교해 보면, 칼빈은 율법의 유익성을 보다 더 긍정한다고 볼 수 있다. 아래 각주 125에서 루터의 신학에서 "율법의 제 3용도"에 대한 현대 학자들의 견해를 참조하라.

28 WA 40/1,47(LW 26:8). 그리스도인 역시 제사장으로 살아간다는 루터의 가르침에 대해서는 아래 논문을 보라. 우병훈, "루터의 만인 제사장직 교리의 의미와 현대적 의의," 209-35.

29 이것은 루터 신학에서 그리스도가 왕이자 제사장이 되신다는 사실과 상응한다. 이를 잘 통찰한 책은 아래의 것이 있다. Karin Bornkamm, *Christus: König und Priester: das Amt Christi bei Luther im Verhältnis zur Vor- und Nachgeschichte* (Tübingen: Mohr

다. 이처럼 루터에게는 칭의와 성화가 기독론의 끈을 통해 연결되어 있다. 한 분 그리스도가 칭의도 주시고, 성화도 도우신다. 루터는 그래서 "그리스도에 대한 믿음은 나를 변화의 과정으로 이끌어 준다."라고 주장한다.[30]

이처럼 루터의 칭의론은 기독론과의 관련성 속에 놓일 때에 제대로 파악된다. 루터에게 믿음은 반드시 올바른 교리를 그 내용으로 가진다. 올바른 교리란 그리스도를 믿음으로 의롭게 된다는 교리를 뜻한다. 그 교리는 또한 의롭게 된 신자는 선행을 삶 속에서 실천하게 되어 있다는 것을 가르친다.[31] 회심 때에 새로운 본성을 받는 신자는 그 새 본성의 표시로서 선행을 행하게 되어 있다.[32] 이것은 신자를 새롭게 만드는 은혜의 필수적인 작용이다.[33] 신자를 의롭게 하는 믿음은 그리스도가 신자 안에 거하고, 살고, 통치하도록 한다.[34]

3. 루터 칭의론에서 기독론과 성령론의 관계성

이 맥락에서 한 가지 살펴볼 내용은 루터에게 기독론적 칭의론은 성령론적 차원과 깊은 연관성을 가진다는 사실이다. 루터가 남긴 유명한 말 가운데 그리스도인은 "죄인이며 동시에 의인"이라는 말이 있다.[35] 이 말은 흔히 오해되듯

Paul Siebeck, 1998).

30 한스-마르틴 바르트, 『마르틴 루터의 신학』, 정병식·홍지훈 역(서울: 대한기독교서회, 2015), 389.

31 Carl R. Trueman, *Luther on the Christian Life: Cross and Freedom* (Wheaton, IL: Crossway, 2015), 111-12, 167-68.

32 성령에 의해 새롭게 됨에 대해서는 LW 26:401(1535년, 갈 4:9 주석)을 보라.

33 Towns, "Martin Luther on Sanctification," 117.

34 LW 27:172(1519년, 갈 1:5 주석): "This faith justifies you; it will cause Christ to dwell, live, and reign in you."

35 WA 56,272,17-21: "Nunquid ergo perfecte Iustus? Non, **Sed simul peccator et Iustus**; peccator re vera, Sed Iustus ex reputatione et promissione Dei certa, quod liberet ab illo, donec perfecte sanet. Ac per hoc sanus perfecte est in spe, In re autem peccator, Sed Initium habens Iustitie?, ut amplius querat semper, semper iniustum se sciens." [볼드체는 필자의 것] 반대 순서로 나온 경우는 WA 2,497,13: "Simul ergo

이 그리스도인이 되어도 여전히 죄를 짓기 때문에, 나는 부분적으로 의인이지만 또한 부분적으로 죄인이기도 하다는 뜻이 결코 아니다. 루터에게 부분적으로 의인이며 부분적으로 죄인이라는 말은 마치 여인이 부분적으로 임신했다는 표현처럼 말이 안 되는 표현이다.36 루터가 그리스도인이 "죄인이며 동시에 의인"이라고 했을 때 그는 "전체적인 인간"을 묘사한 것이다. 즉, 신자 전체가 죄인이며, 동시에 신자 전체가 의인이라는 말이다.

그것을 말해주기 위해서 루터는 "나는 그리스도 바깥에서 내 자신 안에서 죄인이며, 내 자신 바깥에서 그리스도 안에서 죄인이 아니다."라고 적기도 했다.37 그런데 이 말을 잘못 이해하는 사람들은 칭의는 나 바깥의 의이긴 하지만, 결코 나 자신의 의는 될 수 없기에 루터 신학에서는 성화가 불가능하다고 주장하기도 한다.38 그들은 그리스도의 "낯선 의(die fremde Gerechtigkeit/iustitia aliena)"가 인간의 본성을 위한 것은 될 수 없다(nicht zur menschlichen Eigenschaft)고 주장하면서 루터를 비판한다.39

한스-마르틴 바르트는 "죄인이며 의인이다"라는 역설적 표현에 대한 세 가지 설명을 제공한다.40 첫째, 하나님의 율법 아래에서 나를 보는 한 나는 죄인이지만, 복음이 나에게 약속한 것으로 보자면 나는 의인이다. 둘째, 나는 현실

---

iustus, simul peccator." Hans-Martin Barth, 『마르틴 루터의 신학』, 387을 참조하라.

36 이 비유는 한스-마르틴 바르트, 『마르틴 루터의 신학』, 388에서 가져온 것이다.

37 WA 38,205,28-31.

38 Gordon Stanley Dicker, "Luther's Doctrines of Justification and Sanctification," *The Reformed Theological Review* 26, no. 2 (1967): 69-70에서 이런 문제 제기를 남기고 논문을 마친다. 아마도 리처드 개핀 역시 이 부분을 공격한 것 같다. Richard B. Gaffin, Jr., *By Faith, Not by Sight: Paul and the Order of Salvation* (Milton Keynes: 2006), 50. Fesko, "Luther on Union with Christ," 161-64를 보라. 페스코는 이런 딜레마를 그리스도와의 연합 교리로 해결하고자 했다.

39 Hauschild, *Lehrbuch der Kirchen- und Dogmengeschichte*, 2:290에서 이런 논조로 로마 가톨릭의 루터 비판을 요약한다. 여기서 인간의 본성(Eigenschaft)으로서의 의는 이 글의 여러 곳에서 나타나는 "의롭게 됨(iusticia)"을 뜻한다고 볼 수 있다.

40 Hans-Martin Barth, 『마르틴 루터의 신학』, 388.

속에서는 죄인이지만, 종말론적으로 영원을 약속한 그 약속 안에서 나는 의인이다.[41] 셋째, 하나님이 내 안에서 새로운 창조를 시작했으며 그것을 확실하게 이루실 것이기에, 비록 내가 여전히 죄인이라 할지라도 나를 향해 시작된 하나님의 행위로 말미암아 그는 나를 의롭다고 말하신다는 것이다.[42] 그런데 루터의 갈라디아서 5:5의 주석에 따르면, 칭의의 근거가 되는 그리스도가 종말론적으로 다시 오실 온전한 의가 되신다고 설명한다. 그리고 그 사이의 간격은 신자와 함께 활동하는 성령의 사역이 메워준다고 강조한다. 따라서 갈라디아서 5:5의 주석은 앞에서 제시했던 한스-마르틴 바르트의 세 가지 설명 방식이 함께 나타날 수 있다는 것과 또한 그것이 기독론과 성령론의 맥락 가운데 위치함을 보여준다.[43]

이처럼 루터의 칭의론은 기독론과 일차적으로 관련되고, 동시에 성령론 속에서 성화론과 연결된다. 루터에게는 칭의는 먼저 그리스도의 사역이다. 신자의 신앙 자체 안에 그리스도가 계신다.[44] 그리스도는 우리 마음에 계셔서 우리를 날마다 깨끗하게 하신다.[45] 교회 안에 그리스도께서 계신다.[46] 교회에서 가르치고 말씀하시는 분은 그리스도이시다.[47] 칭의 다음에 곧장 성령의 사역이 작용한다. 율법과 행위는 의를 이루지 못하지만, 성령이 믿음을 통하여 그리스

---

41 로제는 이를 "현실"과 "소망"의 구분으로 이해한다. 로제, 『마틴 루터의 신학-역사적, 조직신학적 연구』, 115.
42 이를 로제는 미래에 일어날 죄로부터의 완전한 해방이 아니라 믿음은 약속의 말씀을 향한 것이라고 주장한다(로제, 『마틴 루터의 신학-역사적, 조직신학적 연구』, 115). 그렇게 보자면, 로제는 바르트가 제시한 세 가지 설명들 중에 첫째나 셋째를 더 선호하는 것 같다.
43 이에 대한 자세한 설명은 우병훈, "루터의 칭의론과 성화론의 관계: 대(大)『갈라디아서 주석』(1535년)을 중심으로," 93-100을 보라.
44 WA 40/1,229,15: "in ipsa fide Christus adest." LW 26:130(1535년, 갈 2:16 주석).
45 LW 22:435(요 3:27 주석)를 참조하라.
46 교회의 영적인 성격에 대한 루터의 논의에 대해서는 아래 논문을 보라. 우병훈, "참된 교회의 감춰져 있음―루터 교회론의 한 측면," 77-98.
47 LW 26:22(1535년, 갈 1:2 주석).

도 안에서 의를 이루신다.[48] 루터에 따르면, 그리스도인들은 달리기 선수들이다. 그들이 무엇을 하든지 그리스도의 성령에 의해서 성공적으로 전진해 나갈 수 있다.[49]

따라서 루터 신학에서는 신자가 죄인인지 아닌지가 신자와 그리스도와의 관계로써 결정된다. 죄는 성질이 아니라 관계의 문제이다. 이 관계가 신자의 성질 또한 변화시킨다.[50] 그리스도인으로 간주된 자는 형질에 있어서 전적으로 죄 가운데 있다. 하지만 그리스도인은 그리스도와의 관계 속에서 천사처럼 거룩하다고 주장한다.[51]

이것이 대(大)『갈라디아서 주석』에서 정리된 칭의론인데, 루터는 이미 1519년판 『갈라디아서 주석』에서도 역시 강조하였다.[52] 그리스도는 사랑의 영을 신자에게 보내셔서 그들을 의롭게 하고 동시에 "율법을 사랑하는 자들(legis amatores)"이 되게 한다. 이때 율법 준수는 신자의 행위로서가 아니라, 그리스도에 의해 은혜로 주어진 선물로서 이뤄지는 것이다.[53] 여기서 우리는 루터가 율법을 율법주의와 연관시키지 않고 성화와 연관시켜서 기독교인에게 율법이 긍정적인 기능을 할 수 있음을 지적함을 발견한다. 루터는 율법의 제3용도에 대해 거의 언급하지 않았지만, 그럼에도 신자를 위한 율법의 선한 기능을 지적하는 일을 잊지 않았다.[54] 그리고 그러한 율법의 선한 기능을 성령의 사역과

---

48 LW 27:27(1535년, 갈 5:5 주석).
49 LW 27:32(1535년, 갈 5:5 주석).
50 한스-마르틴 바르트, 『마르틴 루터의 신학』, 388.
51 WA 39/2,141,1-5. "Si consideratione in relatione, tam sanctus, quam angelus, id est, imputatione per Christum, quia Deus dicit, se non videre peccatum propter filium suum unigenitum. qui est velamen Mosi, id est, legis. Sed christianus consideratus in qualitate est plenus peccato."
52 LW 27:221(1519년, 갈 2:16 주석).
53 WA 2,560,28; LW 27:326(1519년, 갈 5:1 주석).
54 우병훈, "루터의 칭의론과 성화론의 관계: 대(大)『갈라디아서 주석』(1535년)을 중심으로," 101; Andreas Pawlas, *Die Lutherische Berufs- und Wirtschaftsethik: eine*

연결 지어 묘사한다.

베른하르트 로제는 "성령론과 기독론의 결합은 루터에게 그 무엇보다 중요한 것이다. 그것은 '오직 그리스도'(solus Christus)와 연관되어 있고, 이것은 루터가 신학을 시작한 이후로 항상 강조한 바이다."라고 올바르게 주장한다.[55] 이처럼 루터의 칭의론은 기독론 속에서 제대로 파악된다. 그리고 루터 신학에서 칭의론의 기독론은 성화론의 성령론과 긴밀하게 연결되어 신학적 균형을 유지한다.

III. 루터의 기독론에 대한 이브 콩가르의 비판과 그에 대한 고찰

1. 루터의 기독론에 대한 이브 콩가르의 비판

루터의 기독론과 고대교회의 관계성에 대해서는 여러 가지 접근이 이뤄졌다. 어떤 학자들은 루터가 고대교회의 "신비신학"을 전제하고 있다고 주장한다.[56] 핀란드의 루터파 연구가들은 고대교회의 "신격화(theosis)" 사상이 루터에게 가장 중심적이었다고 주장한다.[57] 이 문제들에 대해서는 본 연구에서

Einführung (Neukirchen-Vluyn: Neukirchener, 2000), 90-91; Hans-Jürgen Prien, *Luthers Wirtschaftsethik* (Göttingen: Vandenhoeck & Ruprecht, 1992), 170-75; 김선영, "루터 신학에 율법의 제3용법 개념이 나타나는가?," 「한국기독교신학논총」 제73권 (2011): 119-51을 참조하라.

55 로제, 『마틴 루터의 신학-역사적, 조직신학적 연구』, 328. 로제는 루터 신학에서 성령론의 중요성에 주의를 환기시킨 것은 에리히 제베르크(E. Seeberg)의 공헌이라고 지적한다(앞 책, 326쪽).

56 Wilhelm Maurer, *Von der Freiheit eines Christenmenschen. Zwei Untersuchungen zu Luthers Reformationsschriften 1520/1521* (Göttingen: Vandenhoeck & Ruprecht, 1949), 51-55. 이에 대한 비판은 Ernst Wolf, *Die Christusverkündigung bei Luther*, 54-57을 보라.

57 이러한 주장에 대해서는 아래 논문들을 보라. Tuomo Mannermaa, "Grundlagenforschung

자세히 다룰 수 없다. 베른하르트 로제가 말하듯이 위의 두 견해들은 모두 수용될 수 없다는 것만 밝혀두겠다.[58]

우리가 주목할 내용은 루터의 기독론에 대한 현대의 비판 가운데 가장 심각한 것인데, 그의 기독론이 전통적인 칼케돈 신조의 기독론에서부터 이탈했다는 비판이다.[59] 이런 주장을 한 사람들 가운데 가장 날카로운 비판이 로마 가톨릭 신학자 이브 콩가르(Yves Congar)로부터 제기되었다. 그는 루터의 기독론이 고대교회의 기독론과 성격상 다르다고 주장하였다.[60] 루터의 기독론은 두 본성

Der Theologie Martin Luthers Und Die Ökumene," in *Thesaurus Lutheri: Auf der Suche nach neuen Paradigmen der Luther-Forschungen - Referate des Luther-Symposiums in Finnland, 1986* (Helsinki: Suomalainen Teologinen Kirjallisuusseura, 1987), 17-35; Tuomo Mannermaa, "Theosis als Thema der Finnischen Lutherforschung," in *Luther und Theosis: Vergöttlichung als Thema der abendländischen Theologie* (Helsinki: Luther-Agricola-Gesellschaft, 1990), 11-26; Tuomo Mannermaa, "Theosis As a Subject of Finnish Luther Research," *Pro Ecclesia* 4, no. 1 (1995): 37-47; Tuomo Mannermaa, "Justification and Theosis in Lutheran-Orthodox Perspective," in *Union with Christ: The New Finnish Interpretation of Luther* (Grand Rapids: Eerdmans, 1998), 25-41; Simo Peura, "Der Vergöttlichungsgedanke in Luthers Theologie 1518-1519," in *Thesaurus Lutheri*, 171-84; Simo Peura, "Die Teilhabe an Christus Bei Luther," in *Luther und Theosis*, 121-61; Simo Peura, "Die Vergöttlichung Des Menschen Als Sein in Gott," *Lutherjahrbuch* 60 (1993): 39-71. 핀란드 학파가 루터 신학에서 중요한 주제를 지적한 것은 옳지만, 루터 신학의 중심을 과도하게 "신격화" 이론에서만 찾으려고 한 점은 동의할 수 없다. 보다 자세한 논의는 다음 문헌들을 보라. Kurt E. Marquart, "Luther and Theosis," *Concordia Theological Quarterly* 64, no. 3 (2000): 182-205(특히 185-205); Olli-Pekka Vainio, "Luther and Theosis: A Response to the Critics of Finnish Luther Research," *Pro Ecclesia* 24, no. 4 (2015): 459-74.

58 로제, 『마틴 루터의 신학-역사적, 조직신학적 연구』, 309: "루터가 자신의 그리스도론적인 사상을 말하기 위해 고대교회의 '신비신학'을 전제하고 있다는 견해는 지지될 수 없다. 마찬가지로 핀란드의 몇몇 루터 연구자들이 새로이 내세우는 고대교회의 '신격화'(Vergöttung) 사상이 루터에게 가장 중심적이었다는 논지도 수용될 수 없다." 보다 자세한 논의는 로제의 책에 실린 참고문헌들을 보라.

59 베른하르트 로제는 "핀란드식 루터 해석(the Finnish interpretation of Luther)"에 대해서 거리를 둔다. 로제, 『마틴 루터의 신학-역사적, 조직신학적 연구』, 309: "핀란드의 몇몇 루터 연구자들이 새로이 내세우는 고대교회의 '신격화'(Vergottung) 사상이 루터에게 가장 중심적이었다는 논지도 수용될 수 없다."

60 Yves Congar, "Regards et réflexions sur la christologie de Luther," in *Das Konzil von Chalkedon: Geschichte und Gegenwart*, vol. 3 (Würzburg: 1954), 457-87. 이

기독론적 측면에서 볼 때에 취약하며, 또한 그의 삼위일체론 역시 미숙하다는 것이다.[61] 과연 그러한가? 콩가르의 주장을 좀 더 살펴보자.

콩가르는 루터에게 아우구스티누스주의가 영향을 끼쳐서 그리스도의 인성을 약화시키도록 했다고 본다. 그에 따르면, 아우구스티누스는 그리스도께서 은혜를 베풀 때에 그의 인성이 작용인이 되어서 역사한다는 것을 인식하지 못했다. 아우구스티누스의 플라톤주의적 범주가 그로 하여금 모든 영적인 은사는 단지 하나님으로부터만 오는 것으로 보게 했다는 것이다. 콩가르에 따르면, 아우구스티누스 기독론에서는 그리스도의 인성이 다만 은혜의 물리적 효과를 유발하는 데만 기여할 뿐이다.[62]

이러한 분석에 근거하여 콩가르는 루터에게 대해서도 동일한 내용을 말할 수 있다고 주장한다. 그는 이렇게 주장한다.

> 루터가 구원이 하나님의 행위라고 긍정할 때에 그는 신단독설주의자(monist)가 된다. … 이 견해에서 루터는 신단독설(monoergism), 신단독행위설(monopraxis), 또는 -당신이 [그렇게 보기를] 원한다면- 경륜적 단원설(monophysism)을 주장한다. 구원의 경륜 가운데, 하나님만이 활동하신다. 한 마디로 말해서, 루터는 하나님 단독효력성(Alleinwirksamkeit)의 기독론을 주장하고 있다.[63]

사실 콩가르 외에도 루터의 기독론 안에는 내적인 모순이 있다고 주장하는

글은 아래 책에서 재출간되었다. Yves Congar, *Chrétiens en dialogue* (Paris: Cerf, 1964), 453-89.

61 콩가르의 루터 비판은 Lienhard, *Luther*, 13-14에 요약되어 있다.

62 Congar, *Chrétiens en dialogue*, 488; Lienhard, *Luther*, 24에서 재인용.

63 Congar, *Chrétiens en dialogue*, 485-86; Lienhard, *Luther*, 79n21에서 재인용. "monoergism"이란 단어는 책에 인용된 그대로 쓴 것이다. 더 자주는 "monergism"이라고 표기된다.

이들이 있었다. 그들은 루터의 "존재론적 기독론(ontological Christology)"이 그의 "구원론적 기독론(soteriological Christology)"과 충돌한다는 견해를 제시했다. 그런 견해를 콩가르가 더 밀고 나아간 것이다. 그는 루터의 기독론이 충분히 발전하지 못했다고 보았다. 그리하여 루터가 본성(natura)이나 위격(persona), 심지어 하나님 개념 자체도 존재론적으로 제대로 숙고하지 못했다고 주장했다.[64]

콩가르는 루터의 삼위일체론도 역시 비판했는데, 루터가 고대교회의 삼위일체론에 대해서 별로 연구하지 못하였다는 것이다. 특히 콩가르는 루터가 삼위의 내적 관계성에 대해서는 거의 주목하지 않고, 경륜적 삼위일체론만을 제시한 것에 대해 공격하였다.[65] 또한 콩가르는 루터가 건실한 삼위일체론이 아니라 단지 예수 그리스도 안에서 활동하시는 하나님에 대해서만 관심을 가졌을 뿐이라며 루터 삼위일체론의 취약성을 드러내고자 하였다.[66]

그러나 프랑스의 루터 연구가 마르크 리앵아르(Marc Lienhard)는 콩가르의 견해가 오해에 기인한다고 주장한다. 리앵아르에 따르면, 오히려 루터의 기독론은 고대 기독론의 토대 위에서 좀 더 심오한 측면을 발전시켰을 뿐이다.[67] 물론 리앵아르 역시 루터의 기독론이 성만찬론에서 약점이 있음을 인정한다. 하지만 그는 루터의 성만찬론에서 그리스도의 인성이 편재성을 가진다고 봄으로써 인성의 고유한 의미가 약화된 것은 일종의 "기술적(technical) 측면"에서 봐야 하며, 이것을 가지고 루터의 기독론을 다 평가할 수 없다고 주장하였다.[68] 한스-마르틴 바르트 역시 "츠빙글리를 반대하며 끌어들인 그리스도의

---

64 Lienhard, *Luther*, 372.
65 Congar, *Chrétiens en dialogue*, 455; Lienhard, *Luther*, 44n89에서 재인용.
66 Congar, *Chrétiens en dialogue*, 480; Lienhard, *Luther*, 318에서 재인용.
67 Lienhard, *Luther*, 372.
68 Lienhard, *Luther*, 373.

몸이 어디에나 있다는 편재 사상 역시 하나의 '보조구조'이다."라고 주장한다.[69] 리앵아르는 콩가르의 루터 비판은 콩가르가 아울렌의 루터 분석에 지나치게 의존하여 생긴 현상이라고 설명한다.[70]

베른하르트 로제 역시 루터 신학이 말한 그리스도 인성의 편재성은 "예수 그리스도의 인성과 결부되어 있는 곳에서만 하나님의 현존은 인간에게 구원이 된다는 기본적인 사상"에서 이해되어야 한다고 주장한다.[71] 그리고 로제도 리앵아르와 마찬가지 맥락에서, "루터가 고대교회의 그리스도론적인 교리를 수용하고, 신앙고백이라는 자신의 글에서 이것을 받아들였다는 것은 물론 의심의 여지가 없다."라고 주장한다.[72]

2. 이브 콩가르의 루터 기독론에 대한 반박

콩가르의 루터 비판의 핵심을 다시 한 번 살펴보자. 대표적으로 콩가르는 루터가 1535년에 펴낸 대(大)『갈라디아서 주석』, 갈 3:10[73]에 대한 주석을 문제 삼는다.[74] 루터는 이 주석에서 오직 신성만이 창조한다는 점을 강조한다.

---

69 한스-마르틴 바르트, 『마르틴 루터의 신학』, 475. (작은따옴표는 연구자의 것임.)
70 Lienhard, *Luther*, 290-91.
71 로제, 『마틴 루터의 신학-역사적, 조직신학적 연구』, 324.
72 로제, 『마틴 루터의 신학-역사적, 조직신학적 연구』, 307.
73 (갈 3:10, 개역개정) 무릇 율법 행위에 속한 자들은 저주 아래에 있나니 기록된 바 누구든지 율법 책에 기록된 대로 모든 일을 항상 행하지 아니하는 자는 저주 아래에 있는 자라 하였음이라.
74 콩가르가 문제 삼고 있는 루터 주석의 영어 번역은 아래와 같다. LW 26:265. "But 'man' in this proposition is obviously a new word and, as the sophists themselves say, stands for the divinity; that is, this God who became man created all things. Here creation is attributed solely to the divinity, since the humanity does not create. Nevertheless, it is said correctly that 'the man created,' because the divinity, which alone creates, is incarnate with the humanity, and therefore the humanity participates in the attributes of both predicates. Thus it is said: 'This man Jesus led Israel out of Egypt, struck down Pharaoh, and did all the things that belong to God.' Here everything is being attributed to the man on account of the divinity."

그리하여 "영원하고 무한한 능력"이 인간 그리스도에게 주어졌는데, 그것은 그의 인성 때문이 아니라, 그의 신성 때문이라고 설명한다. 왜냐하면 신성은 "인성의 그 어떤 도움 없이(humanitate nihil cooperante)" 만물을 창조하였기 때문이다.[75] 이러한 루터의 주석에 대해서 콩가르는 다음과 같이 비판한다.

> 이 본문에서 우리의 관심을 즉시로 끄는 것은 예수 그리스도 안에서 성취된 구원에서 유일하게 효력적인 실재는 신성이라는 긍정이다. 반면에 인성은 효력의 질서에서 어떤 부분도 할당 받지 못한다. 그리스도 안에서조차 인간은 하나님과 동역자가 결코 되지 못하며, 구원의 일에 대해 하나님과 함께 하는 주체가 되지 못한다. 비록 구원이 하나님을 통하여, 하나님과 함께 하는 교제나 참여를 통하여, 효력이 발생하지만 말이다.[76]

여기에서 콩가르는 루터가 구원론에서 그리스도의 인성의 역할을 제거해 버렸다고 비판한다. 그렇다면 그리스도의 신성과 인성에 대한 올바른 관점은 무엇인가? 콩가르는 토마스 아퀴나스가 그것을 잘 가르쳤다면서 아래와 같이 설명한다.

> 그의 성육신을 통하여, 말씀의 인격(person)은 두 번째 층위의 활동들을 취한다. 우리와 같은 인성의 활동들 말이다. 말씀은 실제적인 인간 주체의 성격을 취하셨다. (비록 이 주체가 형이상학적으로는 자율적이지 못하다고 해도 말이다.) 그리하여 성(聖) 토마스는 두 본성들에 실존하며, 두 실제적 활동 주체들의 역할들을 감당하는 "복합적 인격(composite person)"에 대해 말한다. 따라서

---

75 WA 40/1,417,30. Lienhard, *Luther,* 295에서 재인용.
76 Congar, *Chrétiens en dialogue,* 465-66; Lienhard, *Luther,* 296에서 재인용.

그리스도는 단지 그의 사랑의 승리에 따라 하나님께서 사탄을 정복하고 엄밀한 칭의를 실행하는 자리가 되실 뿐 아니라, 또한 그는 자신의 거룩한 인성에서 구원에 대한 이차적이지만 실제적인 근원이 되신다.[77]

위의 인용문에서 마지막 부분, "그리스도는 단지 그의 사랑의 승리에 따라 하나님께서 사탄을 정복하고 엄밀한 칭의를 실행하는 자리"가 되신다는 표현은 루터의 말을 요약한 것이다. 하지만 콩가르는 루터의 표현만으로는 부족하다고 생각한다. 그는 중세 스콜라 신학의 용어를 빌려와서, 구원의 일차적인 원인은 하나님이자 그리스도의 신성이지만, 그리스도의 인성을 구원의 이차적인 원인으로 고려해야 한다고 주장한다. 특히 그는 그리스도의 인성이 구원에 기여한다는 점에서부터 인간 역시 구원에 있어 하나님과 협력(cooperation)한다는 사상을 주장한다.[78]

그러나 루터는 구원에 있어서 인간이 어떤 식으로든 하나님과 협력한다는 사상을 거부하였다.[79] 왜냐하면 첫째로, 성경이 그런 사상을 가르치지 않기 때문이다. 루터는 히 2:10[80]에 대한 주석에서 암브로시우스의 해석을 따라 그리스도가 "지도자, 왕자, 우리 구원의 머리"라고 주장하였다.[81] 루터는 이런 주석에 근거하여 구원에 있어서 인간이 협력할 부분은 없다고 보았다. 둘째로, 루터는 협력 사상이 로마 가톨릭의 공로 사상과 쉽게 연결될 수 있다고 보았다. 그는 인간 그리스도가 구원에서 하나님과 협력한 것은 맞지만, 공로 사상을

---

77 Congar, *Chrétiens en dialogue*, 472; Lienhard, *Luther*, 68에서 재인용.
78 Congar, *Chrétiens en dialogue*, 465-66. Lienhard, *Luther*, 296-98의 논의를 보라.
79 Lienhard, *Luther*, 69: "Luther does not speak of *cooperation*." (강조는 리앵아르의 것임.)
80 (히 2:10, 개역개정) 그러므로 만물이 그를 위하고 또한 그로 말미암은 이가 많은 아들들을 이끌어 영광에 들어가게 하시는 일에 그들의 구원의 창시자를 고난을 통하여 온전하게 하심이 합당하도다.
81 WA 57/2,124-25; Lienhard, *Luther*, 68-69의 논의를 보라.

가르쳐 주기 위해서 그런 것은 아니라고 생각했다.[82]

사실 우리가 보기에 콩가르의 루터 비판은 몇 가지 문제가 있다. 첫째, 루터가 대(大)『갈라디아서 주석』, 갈 3:10에서 말한 것은 그리스도의 인성이 구원 사역에 협력하지 않는다는 것이 아니라, 창조에 있어서 오직 신성만이 작용한다는 내용이기 때문이다.

둘째, 루터는 그리스도의 인성이 구원에 있어서 협력한 것과 인간이 구원에 있어서 협력하는 것을 엄밀하게 구분하기 때문이다. 콩가르의 견해는 그리스도의 인성이 구원에 협력하는 것을 가지고 결국 인간이 구원에 있어서 협력할 수 있다는 주장으로 나아가는데, 이것은 전혀 근거가 없는 주장이다.

셋째, 콩가르의 주장은 인간 사제들 역시 구원의 중보자 역할을 할 수 있다고 주장하는 로마 가톨릭 신학을 뒷받침해 줄 수 있는 여지를 제공하기에 위험하다. 실제로 벨라르미누스(Bellarminus)와 페타비우스(Petavius)는 그리스도가 단지 그 인성에 따라서만 중보자라고 주장하였다.[83] 이런 주장은 로마 가톨릭 사제들이 미사 행위를 통하여 그리스도의 속죄 사역을 재현하려는 폐해를 낳았다. 뿐만 아니라, 콩가르와 같은 주장은 루터가 이미 경계한 것처럼 공로사상으로 이어질 가능성이 농후하다.

그러나 콩가르의 가장 큰 문제는 루터의 기독론 자체에 대한 오해이다. 과연 루터는 고대교회의 두 본성 기독론을 무시했는가? 이제 본론의 마지막으로 이 문제를 다루겠다.

---

82 Lienhard, *Luther*, 68을 보라.
83 헤르만 바빙크, 『개혁교의학』, 박태현 역(서울: 부흥과개혁사, 2011), 3:445.

Ⅳ. 루터 기독론의 칼케돈적 성격

1. 루터의 여러 작품들에 나타난 칼케돈적 기독론

　　루터의 기독론이 고대교회의 기독론을 견지하고 있는가 하는 주제를 다루기 위해서는 루터 작품 자체를 꼼꼼하게 살펴봐야 한다. 앞서 서론에서 말한 바와 마찬가지로 루터의 작품들은 어떤 의미에서는 기독론이 곳곳에 스며들어 있기에 그 많은 작품들을 다 다룰 수 없다. 그러나 루터가 고대교회의 기독론 특히 칼케돈 기독론을 수용했다는 증거는 루터의 몇몇 작품만 보더라도 확실하게 알 수가 있다.[84]

　　대표적으로 1517년 4월부터 1518년 5월에 강의한 히브리서 주석에서 루터는 그리스도에 대해서 "참 하나님과 참 사람"이라고 부르고 있다.[85]

　　1525년 말과 1526년 초에 행한 스가랴서 강의에서 루터는 "그리스도는 참 하나님이시며 참 인간이시다."라고 주장한다.[86]

　　1529년에 루터가 작성한 소교리문답 두 번째 조항은 "나는 예수 그리스도가 참된 하나님이시며, 아버지로부터 영원히 나셨고, 동정녀 마리아에게서 나신 참된 사람이며, 나의 구주임을 믿는다."라고 고백한다.[87] 이것은 고대교회의 두 본성론을 수용하면서도, 예수 그리스도가 "구주"라는 구원론적 강조점을 부각시킨 표현으로 볼 수 있다.[88]

---

84 연구자가 로고스 성경 프로그램(Logos Bible Program)의 LW를 중심으로 찾아본 결과에 의하면, 루터는 자신의 작품에서 적어도 43번 이상 그리스도가 "참 하나님이시며, 참 사람이시다"라고 가르치고 있다. 인덱스인 LW 55:51의 "True God and true man" 항목에서는 그 중에서 8:140, 308, 22:25, 321, 324, 329, 362, 26:267, 272f 등을 제시하고 있다.
85 LW 29:213.
86 슥 2:8에 대한 강의. LW 20:29.
87 WA 30/1,365,15-366,1. 로제, 『마틴 루터의 신학-역사적, 조직신학적 연구』, 310에서 재인용.
88 로제, 『마틴 루터의 신학-역사적, 조직신학적 연구』, 311; Lienhard, *Luther,* 371-72을

1535년에 펴낸 대(大)『갈라디아서 주석』, 갈 4:5에 대한 주석에서 루터는 "그리스도는 참 인간이자 참 하나님이시다."라고 주장한다.[89]

1537년에 루터가 전한 요한복음 설교에서는 보다 분명하게 칼케돈적 기독론이 나타난다. 특히 요 14:13-14에 대한 설교에서 루터는 다음과 같이 고대 교회의 이단들을 배격하면서 그리스도께서 참 하나님이시며, 참 인간이심을 주장한다.

> 여기에서 우리는 복음서 기자인 성(聖) 요한이 그리스도이자 주님에 대한 이 신앙항목을 어떻게 지지하는지 보게 된다. 그는 그리스도가 한 위격 안에서 아버지와 함께 하시는 참 하나님이자 또한 동정녀에게서 나신 참 인간이시라고 말한다. 따라서 우리 역시 이 교리를 가르치고 강조해야 한다. 그리하여 사탄의 떼와 이단들에 대항하여 그것의 순수성이 유지되도록 해야 한다. 왜냐하면 이 교리는 사탄이 항상 강탈해왔던 것이기 때문이다. 그것은 여전히 공격받고 있으며, 심판의 날까지 다양한 이단들로부터 수난 당할 것이다. 왜냐하면 어떤 자들은 그리스도가 단지 거짓이거나 환상에 불과할 뿐이며 참 인간이 아니라고 하는 불경한 말을 해 왔기 때문이다. 다른 자들은 그리스도가 인간의 영혼이 없으며, 그것 대신에 신성(神性)만을 가질 뿐이라고 주장한다. 또 다른 자들은 그리스도가 단지 하나님이라고 불릴 뿐이라고 주장한다. 또 다른 자들은 그리스도는 단지 사람에 불과하다고 주장한다. 이런 식으로 사탄은 그리스도에 대한 교리를 부패시키려는 목적 하나로 항상 뭔가를 내놓았다. 지금도 사탄은 역시 몇몇 사람들 안에서 분발하고 있으며, 그의 저열한 생각들로 가득 차 있다.[90]

여기에서 루터는 그리스도가 참 하나님이시자 참 사람이라는 칼케돈 신조의

참조하라.

89 LW 26:367.
90 LW 24:90-91.

가르침을 사수한다. 그는 다양한 이단들을 열거한다. "그리스도가 단지 거짓이거나 환상에 불과할 뿐이며 참 인간이 아니라고" 하는 자들은 가현설주의자들이다. "그리스도가 인간의 영혼이 없으며, 그것 대신에 신성(神性)만을 가질 뿐이라고 주장"하는 자들은 아폴리나리우스주의자들이다. "그리스도가 단지 하나님이라고 불릴 뿐이라고" 주장하거나 "그리스도는 단지 사람에 불과하다고" 주장하는 자들은 아리우스파를 뜻한다.[91] 루터는 이런 견해들을 배격하고 위의 본문에 이어지는 요 14:13-14에 대한 설교의 뒷부분에서 그리스도가 성부와 동일본질이라고 분명하게 주장한다.[92]

1539년에 나온 『공의회들과 교회』(On the Councils and the Church)라는 작품에서 루터는 네스토리우스를 비판한다. 그는 네스토리우스가 그리스도를 두 인격들 혹은 두 그리스도들로 만들어 버렸다고 비판한다.[93]

이처럼 루터는 초기 기독교의 기독론 관련 이단들인 가현설주의, 아폴리나리우스주의, 아리우스주의, 네스토리우스주의를 모두 배격하면서 칼케돈 신조의 핵심 가르침을 따르고 있다. 흥미로운 것은 요 3:19 설교에서 루터는 "성자가 영원하며 참되신 하나님이시며 또한 참 사람"이시라는 "우리 기독교 신앙의 주된 항목"이 유대인, 무슬림의 신앙을 무효화시킨다고 주장한다는 사실이다. 루터는 무슬림들은 주기도문으로 기도하거나 사도신경을 고백할 수 없을 것이라고 주장한다.[94]

---

91 LW 24:91n52. LW 24:94-95, 98에서도 그리스도가 "참 하나님"이며 "참 인간"이라고 루터는 주장한다.
92 LW 24:99. 1537년에서 1540년 사이에 행한 요 3:35 설교에서도 루터는 아리우스파를 배격한다. LW 22:493.
93 LW 41:97. LW 41:104에서도 네스토리우스를 비판한다.
94 LW 22:392. 루터가 이슬람의 알라에 대해 가졌던 견해에 대해서는 아래 글을 보라. 우병훈, "미로슬라브 볼프의 하나님: 그의 책 『알라』를 중심으로," 「한국개혁신학」제53권(2017): 8-48(특히 15-24).

루터가 1537년 11월 1일에 행한 시 8:1에 대한 주석[95]에서 루터는 그리스도의 신성과 인성은 반드시 함께 고려되어야 한다고 주장한다. 그는 다음과 같이 주장한다.

> 고로, 이 왕은 "주, 우리의 통치자"라고 불리기에, 그는 참 하나님이시며 동시에 참 인간이셔야 한다는 결론에 이른다. 만일 그가 참 하나님이 아니라면, 그는 "주님"이라고 불릴 수도 없고, 불리지도 않을 것이기 때문이다. 하나님은 자신의 이름과 영광을 다른 이에게 주지 않으실 것이기에 그렇다. 이사야 42:8: "나는 주이다. 그것이 내 이름이다. 나의 영광을 나는 다른 어떤 자에게 주지 않는다. 나의 찬송 또한 새겨진 형상들에게 주지 않는다." 또 다른 한편으로, 만일 그가 참 인간이 아니라면, 그는 우리의 통치자가 될 수 없을 것이다. 왜냐하면 우리의 통치자는 또한 인간이어야 하기 때문인데, 그는 이 통치와 주권을 인간에게 행하기 때문이다. 그래서 이 왕은 주 곧 하나님이시다. 그리고 우리의 주님 혹은 통치자 즉 인간이시다. 이것이 그가 하나님과 동일하면서도 또한 인간이라는 것을 뜻한다.[96]

여기에서 루터는 그리스도가 신성과 인성을 동시에 지닌다는 사실을 주권의 측면에서 설명한다. 그리스도가 하나님이시기에 그는 주님으로 불린다. 그리스도는 참 인간이기에 우리의 통치자가 될 수 있다. 이처럼 루터는 백성에 대한 그리스도의 통치라는 측면에서 양성론(兩性論)을 설명하였다.

이어지는 시 8:6의 주석에서 루터는 구원론적 관점에서 양성론을 설명한다. 그는 이렇게 적고 있다.

---

[95] LW 12:ix.
[96] LW 12:99-100. 시 8:6에 대한 주석에서도 루터는 그리스도께서 "참 인간이시며 동시에 참 사람이심"을 강조한다(LW 12:131).

그렇게 그리스도는 이제 참 인간이자 참 하나님이시다. 그는 동정녀 마리아에게서 나신, 시간 속의 출생을 통하여 인간이시다. 그는 영원 가운데 아버지로부터 나신, 영원한 출생을 통하여 하나님이시다. 그의 인성(humanity)에 따르면 그는 고난 받으시고, 하나님으로부터 버림받으시고, 죽으시고, 죽은 자들로부터 부활하시고, 영화를 통하여 만유의 주님이 되셨다. 그의 신성(deity)을 통하여 그는 영원부터 주님이시다. 그의 인성(humanity)에 따라 그는 영원부터가 아니라 한시적으로 주님이 되셨다.[97] 따라서 하나님의 모든 천사들이 이 사람을 또한 경배한다. 왜냐하면 그는 신성(deity) 및 참 하나님과 나눠지지 않는 한 분 단일하고 분리되지 않는 위격이시기 때문이며, 그리스도는 두 위격들이 아니기 때문이다. 그는 참된 자연적 인간이다. 그는 "에노쉬(enosh)"로 불리는데, 그것은 고난 받는 인간이며 인자(人子)라는 의미이기 때문이다. 그는 참 하나님이시다. 왜냐하면 그는 하나님의 손으로 만드신 만물 위에 주가 되시기 때문이다. ... 그는 이제 성부와 동일한 능력, 권능, 영광을 가지고 계시기에, 그는 참되고 전능한 하나님이심이 분명하다.[98]

이 주석에서 루터는 그리스도의 영원출생과 시간속의 성육신을 구별한다. 전자는 그리스도의 신성을 보여주며, 후자는 그리스도의 인성을 보여준다. 하지만 그리스도의 신성과 인성은 한 위격 안에서 통일되어 있다. 흥미로운 사실은 루터는 신성이나 인성이라는 표현보다는 참 하나님, 참 인간이라는 표현을 더 선호한다는 사실이다. 그리고 또한 루터에게 "신성(deity)"이라는 표현은 "참 하나님"이란 표현과 동의어이며, "인성(humanity)"이라는 표현은 "참 인간"이라는 표현과 동의어이다. 한 가지 더 기억해야 할 것은 루터는 이 시편에

---

97 여기에서 강조가 되는 것은 '인성이 영원하지 않다'는 점이지, '인성에 따라 한시적으로 주님이 되셨다'는 것이 아니다.
98 LW 12:132. 본문에 들어가는 히브리어 "에노쉬"는 음역했다. 루터는 히브리어로 기입했다.

서 그리스도의 주권과 연결지어 신인성 문제를 기술한다는 점이다.

루터는 시편 110편이 가장 기독교적인 시편들 가운데 하나라고 말했다. 그는 1518년에 그것을 주석하였고, 1535년에도 그것을 주석하였다. 1535년 주석은 1539년에 출간되었다.[99] 시편 110:4에 대한 주석에서도 루터는 그리스도가 성부와 동일한 위엄과 권세와 능력을 가지고 있는 왕이시며, 그렇기에 참 하나님이고 참 인간이라고 강조한다.[100]

1539년에 작성된 『"말씀이 육신이 되셨다(요 1:14)"라는 본문에 대한 토론』(*The Disputation Concerning the Passage: "The Word Was Made Flesh"*)이라는 작품에서 루터는 "하나님과 인간은 한 인격 안에서 분리될 수 없기에, 우리는 그리스도가 참 하나님이시며 참 인간으로서 우리를 위해 고난 당하셨고, 전체 인격이 우리를 위해 죽으셨다고 말해야 한다."라고 주장한다.[101]

1540년 4월 2일에 베른하르트 폰 안할트(Bernhard von Anhalt)의 세례식 때에 전한 설교에서 루터는 그리스도를 "참 하나님이자 참 인간으로서, 온 세상의 죄를 지신 분"으로 묘사한다.[102]

생애 말년에 행한 창세기 주석에서도 루터는 여전히 그리스도를 "참 하나님이자 참 인간"으로 묘사한다.[103]

정리하자면, 루터는 일평생에 걸친 다양한 작품들 속에서 "그리스도는 참 하나님이자 참 인간이시다."라는 칼케돈의 중요 모토를 반복하고 있음을 알 수 있다. 따라서 콩가르의 주장처럼 루터의 기독론이 그리스도의 인성을 약화

---

[99] LW 13:xii.
[100] LW 13:236.
[101] LW 38:254.
[102] LW 51:317.
[103] LW 4:160, 161(창 22:17-18 주석); LW 6:126(창 32:24 주석).

시킨다는 일방적인 주장은 근거가 약하다. 그러나 여전히 고려해야 할 한 가지 요소가 있는데, 그것이 바로 성만찬 논쟁 이후의 루터 기독론의 변화이다.

2. 루터 기독론의 변화?

루터는 1525년부터 1529년까지 여러 종교개혁자들과 성만찬 논쟁을 벌였다.[104] 일련의 논쟁은 1529년 10월 1일부터 4일 사이에 있었던 "말부르크 회담(Marburg Colloquy)"에서 최고조에 달했다. 리앵아르는 말부르크 회담을 겪으면서 루터의 기독론에서 "그의 사상의 중심 줄기는 바뀌지 않으면서도 새로운 주제가 나타나며, '관점 상의 변화'가 생겼다."라고 주장한다.[105]

사실 콩가르의 주장처럼 루터의 기독론을 다룰 때에는 츠빙글리와의 논쟁을 반드시 고려해야 한다. 그가 말하듯이, 루터와 츠빙글리의 성찬논쟁은 사실상 "두 기독론들 사이의 대립"이었기 때문이다.[106] 그러나 한 가지 유념해야 할 것은, 이미 우리가 위에서 확인한 것처럼 루터는 초기 작품부터 후기 작품에 이르기까지 그리스도가 "참 하나님이자 참 인간"이라는 주장을 지속적으로 견지하고 있다는 사실이다. 특히 요 14:13-14에 대한 주석(1537년)과 시 8:1에 대한 주석(1537년)에서 보았듯이, 루터는 말부르크 회담을 지나고 나서도 오히려 분명하게 그리스도의 양성(兩性)을 주장한다. 따라서 우리는 콩가르의 주장은 지나친 것이라고 볼 수 있을 것이다.

그렇다면 리앵아르가 말했던 "관점 상의 변화"는 무엇인가? 한 마디로 말해서 그리스도의 인성을 보다 신성 쪽으로 가깝게 끌어들인 것이다. 그것을 가장 분명하게 관찰할 수 있는 것이 그리스도가 만물의 왕으로서 주권을 행하시는

---

104 이에 대해서는 Lienhard, *Luther,* 제 4장과 5장에서 자세히 기술되어 있다.
105 Lienhard, *Luther,* 249. (작은따옴표는 연구자의 것임.)
106 Congar, *Chrétiens en dialogue,* 476; Lienhard, *Luther,* 195에서 재인용.

일은 그의 인성에서도 해당된다는 주장이다.107 이 주장은 우리가 위에서 살펴보았던 시편 8편 1절과 6절에 대한 주석에서, 그리고 시편 110편 4절에 대한 주석에서 잘 나타난다. 그러나 이러한 변화를 내용상의 본질적 변화라고 보기에는 부적절하다. 오히려 리앵아르가 말하듯이 관점 상의 변화라고 보는 것이 더 적절해 보인다.

이러한 관점 상의 변화는 다름 아닌 루터가 성찬논쟁에서 그리스도의 육체가 성찬과 함께(cum), 안에(in), 아래에(sub) 있음을 주장하기 위해서 생긴 변화이다. 루터는 그리스도가 항상 참 하나님이시고 참 인간이시라면, 그리스도의 육체 역시도 신인성의 결합 가운데 "편재성"을 지녀야 한다고 보았다.108 그는 이런 관점 속에서 자신의 성찬론을 주장했다.109 하지만 리앵아르 역시 인정하듯이, 그리스도의 인성을 이렇게 격상시키면서도 여전히 십자가의 그리스도를 강조하는 것은 어려움이 있는 것이 사실이다.110 마찬가지 맥락에서 한스-마르틴 바르트도 역시 "그[sc. 루터]는 무엇보다도 빵과 포도주에 임한 그리스도의 현존을 그리스도의 인간 본성의 신성화와 그로 인하여 주어진 편재를 설명하는 근거로 삼고자 했다. 즉 그리스도의 신적이며 인간적인 본성의 편재는 말하자면 빵과 포도주에서 그리스도의 몸과 피의 임재를 가능하게 한다. 그러나 이것은 십자가의 신학을 통해서는 확인할 수는 없다!"라고 주장한다.111

---

107 Lienhard, *Luther*, 253.
108 WA 26,335,29-336,10을 보라. Lienhard, *Luther*, 217에서 리앵아르는 루터가 그리스도의 두 본성의 "위격적 연합(personal union)"에 근거하여 그리스도의 몸의 편재성을 주장했다고 적절하게 분석하고 있다.
109 이에 대해서는 Lienhard, *Luther*, 제 4장을 보라.
110 Lienhard, *Luther*, 255를 참조하라. 루터파는 신적 속성들이 인성으로 전달된다는 자신들의 가르침에 근거하여 "그리스도의 인성이 예배될 수 있다"고 가르쳤다. 이와 달리, 개혁파 신학자들은 중보자가 물론 예배의 대상이 되지만, 이러한 예배의 근거는 그리스도의 신적 속성에 놓여 있다고 말했다. 헤르만 바빙크도 성경에 따른 그리스도에 대한 예배의 근거는 다름 아닌 그의 신성에서 비롯된다고 주장한다. 바빙크, 『개혁교의학』, 3:392-93.
111 한스-마르틴 바르트, 『마르틴 루터의 신학』, 246-47. 한스-마르틴 바르트는 루터의 '십자가

이 모든 것을 고려한다면, 루터의 기독론은 콩가르의 비판을 피할 수 있을 정도로는 칼케돈 기독론에 충실했으나, 인성의 고유한 의미를 충분히 드러내지 못했다는 점에 있어서는 약점을 가진다고 볼 수 있다. 한 예로, 루터는 이런 질문을 받은 적이 있다. "만일 그리스도의 몸이 어디에나 있다면, 그렇다면 나는 모든 여관과 식당에서, 잔과 주발을 받을 때에 그리스도의 몸을 먹고 마시게 되는 것이 아닌가? 그렇게 되면, 나의 식탁과 주님의 식탁이 구분이 안 되지 않는가?"112 이에 대해서 루터는 그리스도의 임재와 그리스도를 먹는 행위는 구분되어야 한다고 주장한다.113 하나님의 보편적인 임재와 인간을 위한 하나님의 임재는 구분되어야 한다는 것이다. 그러나 사실 그런 구분이 제대로 이뤄지기는 어려울 것이며, 그 구분을 더 따지려고 하면 성경을 떠난 신학적인 사변을 피할 수 없게 된다.

V. 결어: 루터 기독론의 의의(意義)

루터는 "그리스도를 가지는 것은 모든 것을 가지는 것이다. 만일 그리스도께서 내 안에 거하시면, 모든 것이 내 안에 있는 것이며 발견될 수 있는 것이다."라고 말하였다.114 그만큼 루터 신학에서 기독론은 매우 중요한 자리를 차지한다.

신학'을 그리스도의 위격의 측면에서 숙고해서는 안 된다고 주장한다. 왜냐하면 "'십자가 신학'은 특정한 그리스도론적인 위치를 지지하고, 또 이 신학을 통하여 타당하게 될 것"이기 때문이다(앞 책, 247). 그러나 루터는 십자가 신학을 그리스도의 위격의 측면에서도 사유하고 있기에(앞의 시 8:6에 대한 루터의 주석 참조), 한스-마르틴 바르트의 제안은 한계를 가진다.

112 WA 23,149,16. Lienhard, *Luther*, 242n22에서 재인용.
113 WA 23,151,3. Lienhard, *Luther*, 209에서 재인용.
114 WA 23, 207, 27; Lienhard, *Luther*, 11에서 재인용.

루터의 기독론은 그의 신학의 핵심 교리인 "칭의론"과 긴밀하게 연결된다. 루터의 칭의론에서 신자는 그리스도와 연합하여 그리스도의 의가 자신의 것으로 여겨진다고 믿는다. 이제 신자는 그리스도와 연합했기에 그리스도의 성령을 받게 된다. 그렇기에 루터의 칭의론은 흔히 오해되듯이 결코 "성화론"으로부터 격리되지 않고 오히려 긴밀하게 연결된다. 칭의론에서 강조된 기독론이 성령론 또한 밀접하게 당겨오기 때문이다.

특별히 루터 기독론에서 그리스도의 인격은 그리스도의 사역과 아주 긴밀하게 연결된다. 이것은 기독론과 구원론을 밀접하게 연관시키는 그의 신학적 원리의 당연한 귀결이다.[115] 그런 측면에서 루터의 삼위일체론도 이해할 수 있다. 루터는 경륜적 삼위일체론만이 아니라 내재적 삼위일체론도 가르쳤다. 특히 1522년 설교들에서 그런 사실들이 잘 나타난다.[116] 다만 루터는 기독론이나 삼위일체론에 있어서 인간의 구원과 관련 없는 중세 스콜라적 요소들을 거부했을 뿐이다.[117] 따라서, "고대교회의 삼위일체론과 기독론은 루터에게 언제나 논지의 기초였다. 성서가 객관적으로 이것을 증언하고 있기에 그는 이러한 교리를 가장 중요하게 여겼다."는 로제의 말이 루터를 비판했던 콩가르의 분석보다 더 진실에 가까운 것을 증언한다고 봐야 한다.[118]

하지만 루터 기독론의 약점이 없지 않다. 그것은 성만찬 논쟁에서 그가 그리스도의 인성의 편재성을 너무나 강조해서 생긴 현상이다. 이제 그의 기독론은 인성이 지니는 고유한 성질로만 설명될 수 있는 그리스도의 십자가를 제대로 설명해 내지 못하는 막다른 길에 봉착하게 될 가능성이 생겼다. 그런데 아이러니하게도 루터는 "십자가의 신학(theologia crucis)"을 결코 약화시키려 들지

---

115 Lienhard, *Luther*, 371.
116 Lienhard, *Luther*, 44, 373과 제3장(153-94)를 보라.
117 Lienhard, *Luther*, 44-45, 373.
118 로제, 『마틴 루터의 신학-역사적, 조직신학적 연구』, 292.

않았다.[119]

이러한 아이러니를 루터에게 우호적으로 해석하고자 한다면 두 가지 설명이 가능하다. 첫째, 루터의 성만찬론에서 그리스도의 인성의 고유한 의미가 약화된 것을 다만 "관점 상의 변화"로 보는 것이다(리앵아르의 설명). 둘째, 그리스도 인성의 편재성 교리를 그리스도의 인성과 결부되어 있는 곳에서만 하나님의 현존이 인간에게 구원이 된다는 루터 사상의 관점에서 보는 것이다(로제의 설명).[120] 그렇게 본다면, 인성의 편재성이 강조된 성만찬론이 여전히 십자가 신학과도 함께 갈 수 있는 여지가 생긴다. 십자가 신학과 성만찬론 모두 루터 신학에서는 참 하나님과 참 인간이신 예수 그리스도, 그분의 인격과 사역이 빛나는 자리이기 때문이다.

---

119 루터의 "십자가의 신학"에 대해서는 우병훈, "루터의 하나님—루터의 '숨어계신 하나님' 개념에 대한 해석과 적용," 29; 우병훈, 『처음 만나는 루터』, 107-8을 보라.

120 이에 대해서 츠빙글리가 "알로이오시스(alloiosis)" 이론으로 속성교류를 설명하는 것에 대해서는 Slenczka, "Christus," 432; Richard Cross, "Alloiosis in the Christology of Zwingli," *The Journal of Theological Studies* 47, no. 1 (1996): 105-22을 보라. 특히 리처드 크로스의 논문은 루터와 츠빙글리의 성만찬 논쟁에서 중요한 자료들을 다루고 있다.

부쩌의 기독론

황대우

(고신대학교, 교회사)

Martin Bucer(1491-1551)

고신대학교 신학과(Th. B.)와 신학대학원(M. Div.), 그리고 대학원 신학과(Th. M.)를 거쳐 네덜란드 Apeldoorn 기독개혁신학대학교에서 "Het mystieke lichaam van Christus. De ecclesiologie van Martin Buceren Johannes Calvijn"(2002)라는 논문으로 신학박사(Th. D.) 학위를 받았다. 현재 고신대 학부대학 소속 교회사 교수, 진주북부교회 기관목사, 고신대개혁주의학술원 책임연구원, 한국칼빈학회 명예회장이다. 저술로는 『칼빈과 개혁주의』, 『종교개혁과 교리』가 있고, 편저로는 『라틴어: 문법과 구문론』, 『삶, 나 아닌 남을 위하여』, 번역서로는 『기도, 묵상, 시련』, 『문답식 하이델베르크 신앙교육서』, 『루터: 약속과 경험』이 있다.

황대우

성경적 세계관의 틀과 문화를 도구로
다음 세대를 세우는 토론식 성경공부 교재

삶이 있는 신앙 시리즈

정치
경제
사회
문화
미디어
대중매체

추천 전광식 고신대학교 전 총장
신국원 총신대학교 명예교수
홍민기 브리지임팩트사역원 이사장

BIBLE

우리가 만든 주일학교 교재는
성경적 세계관의 틀과 문화를 도구로 합니다.

왜 '성경적 세계관의 틀'인가?

진리가 하나의 견해로 전락한 시대에, 진리의 관점에서 세상의 견해를 분별하기 위해서

◇ 성경적 세계관의 틀은 성경적 시각으로 우리의 삶을 보게 만드는 원리입니다.

◇ 이 교재는 성경적 세계관의 틀로 현상을 보는 시각을 길러줍니다.

왜 '문화를 도구'로 하는가?

어린이, 청소년, 청년들의 삶에 가장 큰 영향을 끼치는 것이 문화이기 때문에

◇ 문화를 도구로 하는 이유는 우리의 자녀들이 문화 현상 속에 젖어 살고, 그 문화의 기초가 되는 사상(이론)을 자신도 모르게 이미 받아들이고 있기 때문입니다.

◇ 공부하는 학생들의 삶의 현장으로 들어갑니다(이원론 극복).

✦ **다른 세대가 아닌 다음 세대 양육**

자기 생각에 옳은 대로 하는 포스트모던적인 사고의 틀을 벗어나, 하나님의 말씀에 기초해서 생각하고 행동하는 성경적 세계관(창조, 타락, 구속)의 틀로 시대를 읽고 살아가는 "믿음의 다음 세대"를 세울 구체적인 지침서!

✦ **가정에서 실질적인 쉐마 교육 가능**

각 부서별(유년, 초등, 중등, 고등)의 눈높이에 맞게 집필하면서 모든 부서가 "동일한 주제의 다른 본문"으로 공부하도록 함으로써, 가정에서 부모와 자녀가 함께 성경에 대한 유대인들의 학습법인 하브루타식의 토론이 가능!

✦ **원하는 주제에 따라서 권별로 주제별 성경공부 가능**

성경말씀, 조직신학, 예수님의 생애, 제자도 등등

✦ **3년 교육 주기로 성경과 교리에 대한 기본적인 이해가 가능하도록 구성(삶이 있는 신앙)**

- 1년차 : 성경말씀의 관점으로 본 창조 / 타락 / 구속
- 2년차 : 구속사의 관점으로 본 창조 / 타락 / 구속
- 3년차 : 하나님 나라의 관점으로 본 창조 / 타락 / 구속

"토론식 공과는 교사용과 학생용이 동일합니다!" (교사 자료는 "삶이있는신앙" 홈페이지에 있습니다)

1 목적

부지불식간(不知不識間)에 대중문화와 또래문화에 오염된 어린이들의 생각을 공과교육을 통해서 성경적 세계관으로 전환시킨다. 이를 위해 현실 세계를 분명하게 직시함과 동시에 그 현실을 믿음(성경적 세계관)으로 바라보며, 말씀의 빛을 따라 살아가도록 지도한다(이원론 극복).

2 구성

쉐 마 분명한 성경적 원리의 전달을 위해서 본문 주해를 비롯한 성경의 핵심 원리를 제공한다(씨앗심기, 열매맺기, 외울말씀).

문 화 지금까지 단순하게 성경적 지식 제공을 중심으로 한 주일학교 교육의 결과 중 하나가 신앙과 삶의 분리, 즉 주일의 삶과 월요일에서 토요일의 삶이 다른 이원론(二元論)이다. 우리 교재는 학생들의 삶 속에서 일어나는 문화를 토론의 주제로 삼아서 신앙과 삶의 하나 됨(일상성의 영성)을 적극적으로 시도한다(터다지기, 꽃피우기, HOT 토론).

세계관 오늘날 자기중심적인 시대정신에 노출된 학생들의 생각과 삶의 방식을 성경적 세계관을 토대로 바라보게 함으로써, 자신을 돌아보고 삶에 적용하는 것을 돕는다.

3 설교

학생들이 공과의 내용을 잘 이해하고, 공과 공부 시간을 풍성하게 하기 위해서, 부서 사역자가 매주 '동일한 주제의 다른 본문'으로 설교를 한 후에 공과를 진행한다.

권별	부서별	공과 제목	비고
시리즈 1권 (입문서)	유·초등부 공용	성경적으로 세계관을 세우기	신간 교재 발행!
	중·고등부 공용	성경적 세계관 세우기	
시리즈 2권	유년부	예수님 손잡고 말씀나라 여행	주기별 기존 공과 1년차-1/2분기
	초등부	예수님 걸음따라 말씀대로 살기	
	중등부	말씀과 톡(Talk)	
	고등부	말씀 팔로우	
시리즈 3권	유년부	예수님과 함께하는 제자나라 여행	주기별 기존 공과 1년차-3/4분기
	초등부	제자 STORY	
	중등부	나는 예수님 라인(Line)	
	고등부	Follow Me	
시리즈 4권	유년부	구속 어드벤처	주기별 기존 공과 2년차-1/2분기
	초등부	응답하라 9191	
	중등부	성경 속 구속 Lineup	
	고등부	하나님의 Saving Road	
시리즈 5권	유년부	하나님 백성 만들기	주기별 기존 공과 2년차-3/4분기
	초등부	신나고 놀라운 구원의 약속	
	중등부	THE BIG CHOICE	
	고등부	희망 로드 Road for Hope	
시리즈 6권	유년부		2024년 12월 발행 예정!
	초등부		
	중등부		
	고등부		

✔ 『삶이있는신앙시리즈』는 "입문서"인 1권을 먼저 공부하고 "성경적 세계관"을 정립합니다.
✔ 토론식 공과는 순서와 상관없이 관심있는 교재를 선택하여 6개월씩 성경공부를 할 수 있습니다.

I. 서론

스트라스부르의 종교개혁자 부써는 그리스도를 교회와 무관하게 다루지 않는 경향이 있다. 왜냐하면 그리스도와 교회는 머리와 몸의 관계이기 때문이다. 부써는 그리스도의 구원사역을 하나님께서 자신의 백성을 불러 모으시는 교회, 즉 그리스도께서 머리되시는 교회를 통해서만 이루신다고 본다. 그러므로 부써에게 그리스도 없는 교회나 교회 없는 그리스도의 구원 사역이란 불가능하다. 구원과 영생은 교회의 머리이신 그리스도께서 선택된 백성을 자신의 몸인 교회로 불러모으신 지체들에게만 주어지는 선물이라는 것이 부써의 입장이다. 그리스도께서는 구원자이시며 구원의 중보자이시라는 개념이 부써 기독론의 핵심이다.

하나님께서는 그리스도 안에서 택하신 자신의 백성을 성령과 말씀을 통해 그리스도의 몸인 교회의 지체로 부르신다. 하나님의 아들 예수 그리스도께서는 하나님의 제2위격으로 창조의 중보자라기 보다는 오히려 주권자시다. 그리스도 안에서, 그리스도를 통하여 만물이 창조되고 하나님의 백성이 선택되었다는 것이 그리스도의 중보사역만을 의미한다고 보기 어렵다. 왜냐하면 창조와 구원 모두 삼위 하나님의 주권적 사역이기 때문이다. 타락 이전에는 삼위 하나님과 인간 사이의 중보는 불필요한 것이었다. 그렇다면 그리스도의 중보는 오직 타락 이후에만 적용되어야 하는 구원사역이다.

스트라스부르 종교개혁자의 기독론에는 창조중보자로서의 그리스도라는 개념은 없다. 오히려 하나님의 말씀이신 그리스도는 창조의 주체이시다. 하나님

---

* 이것은 「백석신학저널」제17호(2009, 가을호)에 실린 필자의 논문 "교회론적 기독론: 부써와 칼빈에게 있어서 그리스도와 교회의 관계 연구"에서 부써의 기독론에 해당하는 부분을 첨삭하고 수정보완한 글이다.

께서 창세전에 자신의 백성을 선택하셨다는 예정론에서도 부써는 그 선택이 비록 그리스도 안에서, 그리스도를 통하여 이루어진 것이라고 인정하지만 그럼에도 불구하고 그리스도께서 그 선택의 주체이심을 강조한다. 부써가 보기에 예정론과 구원론, 그리고 교회론을 하나로 묶는 구심점은 오직 그리스도 한분뿐이시다. 따라서 그에게 '그리스도 없는 예정', '그리스도 없는 구원', '그리스도 없는 교회'란 성립 불가능한 표현이다.

II. 삼위일체

성부, 성자, 성령의 삼위 하나님으로 한분 하나님이시라는 삼위일체는 이 땅에 인간으로 오신 예수 그리스도를 통해 확립된 교리다. 즉 삼위일체 하나님이라는 기독교 핵심 교리는 하나님의 아들로 가르치시고 자신과 다른 보혜사 성령을 가르치신 인간 예수 그리스도로부터 출발해야 한다는 것이다. 따라서 중보자요 구원자이신 그리스도를 논하지 않고 삼위일체를 논하는 것은, 즉 구원 사역과 무관한 삼위일체 교리 논의는 뜬 구름처럼 숫자놀이에 불과한 탁상공론이다. 부써는 삼위일체 하님을 이렇게 고백한다. "한 분 하나님께서는 아버지와 아들과 성령이시다."1 부써가 고백하는 삼위일체 하나님은 천지의 창조주 제1위격 성부 하나님과 하나님의 독생자이시며 우리 주님이신 제2위격 예수 그리스도, 그리고 제3위격 성령이시다.2

---

1 Robert Stupperich, ed., *Martin Bucers Deutsche Schriften*, Band 6,3. *Martin Bucers Katechismen aus den Jahren 1534, 1537, 1543* (Gütersloh: Gütersloher Verlagshaus Gerd Mohn, 1987), 59: "Ein Gott ist auch vatter, son und heiliger geyst." 이후로는 'BDS 6/3'으로 표기.
2 BDS 6/3, 56, 179.

부써에게 성부 하나님께서는 "심판자와 하늘 아버지, 만왕의 왕, 만주의 주"(rechter und himlischer vatter, der konig aller konigen, der herr aller herren)이시다.[3] 그리고 하나님의 유일한 아들이신 그리스도는 마리아에게서 나신 분이시지만 성부와 함께 계시는 "우리의 중보자요 화해자"(unser mitler und versuner)이시다. 그분을 통하지 않고는 아무도 아버지께 갈 수 없다. 그리고 하나님께서는 자신의 독생자를 주실만큼 세상을 사랑하시는데, 그 독생자를 믿는 자마다 멸망하지 않고 영생을 얻도록 하셨다. 하나님과 인간 사이에 하나님도 한 분이시고 중보자도 한 분이신데, 그분이 바로 인간이신 예수 그리스도시다.[4]

부써는 예수 그리스도께서 동정녀 마리아에게서 태어나신 인간임에도 불구하고 결코 요셉이 친부가 아니라고 강조한다. 왜냐하면 그분은 "태초부터 계셨던 말씀"이시기 때문이다. 그 말씀은 하나님과 함께 있었던 "하나님의 신탁과 힘과 영광"(oraculus, virtus et gloria Dei)이시고 "하나님 자신"(Deus ipse)이시고 "본질상 하나님과 차이가 전혀 없으신 지혜와 힘이며 만물의 창조자"이시다.[5] 부써는 이것이 "두 하나님을 만드는 것"(duos deos facere)은 아니라고 주장한다. 왜냐하면 하나님은 "본질상 말씀과 동일하신 분"(qui substantia idem Verbum est)이시기 때문이다. 또한 만물이 주 예수 "그리스도를 통하여"(per Christum) 창조되었기 때문이다.[6]

말씀이신 그리스도께서는 "영광의 광채와 하나님의 형상"(splendor gloriae

---

3 BDS 6/3, 57.
4 BDS 6/3, 59.
5 Irena Backus, ed., *Martini Buceri Opera Latina*, Volume II. *Enarratio in evangelion Iohannis (1528, 1530, 1536)* (Leinden: E.J. Brill, 1988), 23: "*Verbum* nanque, sapientia et virtus omnium effectrix, nullum substantiae a Deo discrimen habet." 이후로는 'BOL 2'로 표기.
6 BOL 2, 23-24.

et imago Dei)이실 뿐만 아니라, "모든 피조물보다 먼저 나신 분"(primogenitus omnis creaturae)으로 만물을 통제하시고 통치하시는 "하나님의 힘과 능력 그 자체가 되신다."7 심지어 부써는 "말씀과 하나님의 입의 영이 동일"하다고 주장한다. "주의 말씀을 통해 하늘들이 창조되었고 그 입의 영을 통해 하늘들의 만상이 장식되었다."8 제2위격이신 말씀이 구약에서는 "하나님의 지혜" (sapientia Dei)로, 히브리어 '여호와'로 묘사된 것으로 보기 때문에 모세의 율법도 "그리스도를 통하여"(per Christum) 주어졌다는 부써의 주장은 '말씀이 곧 하나님'이라는 요한복음의 공식과 일치하는 것이다.9

부써에 따르면 우리가 하나님의 구원지식에 도달할 수 있는 유일한 길은 중보자이신 인간 예수 그리스도이시다.10 이 중보자는 비록 인간 예수 그리스도로 이 땅에 오셨지만 "본성이 성부와 동일하신 분"(eundem natura cum Patre)이시다. 그리스도의 양성인 신성과 인성에 대한 부써의 교리는 "참으로 하나님이시며 참으로 인간이심"(vere Deus et vere homo)을 고백하는 니케 아신조에 충실하다. 그래서 부써는 그리스도의 신성을 부인하는 케린투스 (Cerinthus)와 에비온(Ebion)과 같은 무리들의 주장을 불경건한 것이요, 복음의 구원 진리에 대항하는 사탄적인 것으로 간주한다.11 중보자이신 말씀은 "생명의 창조자"(autor vitae)로서 만물의 생명, 특히 인간의 생명이시다.12

부써에 따르면 성자이신 그리스도께서는 하나님이시므로 성부와 동일한 성

---

7 BOL 2, 24: "···, existens ipsa Dei virtus et potentia."
8 BOL 2, 24: "*Per Verbum Domini coeli facti sunt et per Spiritum oris omnis ornatus eorum.*" 이것은 시편 33편 6절인데, BOL에는 "Psal. [32:6]"으로 오기되어 있다.
9 BOL 2, 25.
10 BOL 2, 28: "In cognitionem divinitatis salutarem, nonnisi per Mediatorem, hominem Christum Iesum perveniemus."
11 BOL 2, 29.
12 BOL 2, 30.

품을 가지시고 동일한 사역을 수행하신다. 하지만 만일 누군가 만물의 창조를 그분의 신성에만 돌리고 인성과 무관한 것이므로 "하나님께서 만물을 예수 그리스도를 통해 창조하셨다"라는 말씀이 단지 속성의 교류(alloeosis)를 통해서만 인간이신 주 예수께 적용될 수 있다고 생각한다면, 이에 대해 이렇게 대답할 수 있다. 그리스도께서 "비록 모든 피조물의 시작 시에 인간으로 태어나시지 않았음에도 불구하고 인간이신 그리스도를 위해, 그리스도 덕분에 만물이 창조되었다는 것은 확실하기 때문에 만물이 인간이신 예수를 통해서도 창조되었다고 말한들 잘못은 아닐 것이다. 왜냐하면 그분은 전체 창조 가운데 가장 먼저 나신 분이시며 성도들의 머리이시기 때문이다."[13]

속성의 교류라는 이론으로 만물의 창조를 그리스도의 신성과 인성 모두에 적용하려는 자들에 대하여 부써는 인간으로서의 중보자 그리스도께서 창조 시에 하나님의 두 번째 위격이신 바로 그 말씀이셨다는 사실을 근거로 만물이 인간 그리스도를 통해서도 창조되었다고 주장한다. 사실상 만물은 언제나 하나님 앞에 현존하기 때문에 그분을 통해 그 만물이 창조되었다.[14] 부써에게 중보

---

13 Martin Bucer, *Epistola D. Pavli ad Ephesios, qva rationem Christianismi breuiter iuxta & locuplete, ut nulla breuius simul & locupletius explicat, uersa Paulo liberius, ne peregrine idiotismi rudiores scripturarum offenderent, bona tamen fide, sententiis Apostoli appensis. In eandem Commentarus* (Strassburg: Johann Herwagen, 1527), 73b-74a: "Quantum ad diuinitatem siquidem, eadem est Christi natura, idemque opus cum patre. Si cui uero uideatur, hoc creauit omnia per IESVM Christum, Domino Iesu homini, non nisi per alloeosin posse tribui, quod diuinitati, non humanitati proprie creatio rerum competat, neque humanitati aliter tribuatur, quam quia diuinitati coniuncta sit, responderi forte posset, non absurde dici etiam per Iesum hominem omnia condita, etiamsi initio creaturarum non dum esset homo natus, eo quod constet ad ipsum, &[74a] propter ipsum, etiam hominem, omnia esse condita, primogenitum scilicet uniuersae creaturae, & sanctorum caput, ..." 이후로는 'B. Eph. (1527)'로 표기.

14 창조중보라는 용어를 오늘날 의미로 부써의 기독론에 적용하는 것은 정당하지 못하다. 왜냐하면 부써는 어디에서도 이런 용어를 사용하지도, 또한 오늘날의 조직신학적 방법으로 중보사역을 논하지도 않기 때문이다. 부써에게 있어서 중보자라는 개념은 구원에만 관련된 것으로

자 그리스도는 만물의 창조자이실 뿐만 아니라, 만물의 회복자이시다. "만물은 그분을 통해 회복되어야 한다. 결국 만물은 그분께 종속되었고 그분은 모든 천사 위에 높이 들리우셨으며 모든 것에 능력을 발휘하신다... 확실히 신성은 그분께 육체적으로 거한다."[15]

III. 중보자 그리스도

부써는 그리스도께서 '유일한 중보자'(unum mediator)이심을 인정한다.[16] 중보자 그리스도께서는 창조의 기반이실 뿐만 아니라 재창조의 기반이시다. 만물이 그리스도를 통해 창조된 것처럼 하나님께서 그리스도를 통해 만물을 회복하시기를 기뻐하셨다.[17] 구원중보자 그리스도께서 신성이 그분의 육체

보는 것이 타당하다. 이런 점에서 필자는 다음과 같은 쯔바넨부르흐의 견해에 대해 반대한다. Leendert Gerrit Zwanenburg, "Martin Bucer over de Heilige Geest," *Theologia Reformata* 8 (1965), 128: "Bucer leert dat alle dingen uit God zijn. En de Zoon is scheppingsmiddelaar." 참고. Yoon-Bae Choi, *De verhouding tussen "pneumatologie en christologie" bij Martin Bucer en Johannes Calvijn* (Leiden : Uitgeverij J.J. Groen en Zoon, 1996), 32-35. 창조중보자라는 용어 사용에 대한 부정적 평가에 대해서는 다음 참고. Jan van Genderen & Willem Hendrik Velema, *Beknopte Gereformeerde dogmatiek* (Kampen: Uitgeverij J.H. Kok, 1992), 238.

15 B. Eph. (1527), 74a: "···, per quem cuncta quoque summatim oportet instaurari, cui denique subiecta sunt omnia, quique euectus est, super omnes Angelos, omnium potestate pollens··· Certe diuinitas habitat in eo corpraliter."

16 Martin Bucer, *Praelectiones doctiss. In epistolam D. P. ad Ephesios, eximii doctoris* (Basel: Petrus Perna, 1562), 48. 이후로는 'B. Eph. (1562)'로 표기.

17 BDS 1, 60 (Das ym selbs. 1523): "Dann Christus Jhesus unser heyland ist der, durch den wie alle ding geschaffen seind, also hat gott gefallen durch yn auch alle ding wider zu bringen und in ire erste ordnung, in die sye geschaffen seind, stellen."; BDS 6/3, 69 (Katechismus von 1534): "Im sun, wie alles durch in gemacht ist, das also auch alles durch in widerbracht und ergentzt würt, ···"

되심을 통해 변한 것이라고는 아무 것도 없다. 왜냐하면 영원부터 영원까지 "그리스도 역시 아버지와 같은 하나님이시기" 때문이다.[18] 부써는 그리스도의 신성과 인성 사이의 이러한 결합을 '육신이 되신 그리스도 신비의 헤아릴 수 없는 부요'(inperuestigabiles diuitias mysterii incarnati CHRISTI)라고 부른다.[19]

이것이 '하나님의 풍성한 지혜'(multifaria sapientia Dei)인 '그리스도의 신비'(mysterium Christi)인데, 이것은 교회를 통해 세상의 권세 잡은 자들에게 알려지게 되는 것이다.[20] "그러나 하나님의 영원한 계획에 따라 저 권세 잡은 자들은 이제야 처음으로 이 비밀을 그리스도의 신부인 교회 공동체를 통해 이해하게 되는 것이다. 그분은 그와 같이 기적적으로 교회를 회복시키셨고 준비시켜셨는데, 이것은 교회 안에 있는 하나님의 다양하면서도 설명할 수 없는 지혜가 결국 세상 정부들과 권세 잡은 자들에게, 비록 이들이 아무리 높다 해도, 분명하게 드러나도록 하기 위한 것이다."[21] 하나님께서는 '그리스도의 비밀'(arcanum Christi)을 성령을 통해 오직 하나님을 두려워하는 자들에게만 계시하신다. 불경건한 자들에게 '그리스도의 신비들'(mysteria Christi)은 결코 허용될 수 없다.[22] 왜냐하면 모든 것은 그리스도에 대한 지식과 그분이 우리를 위해 획득하신 구원에 대한 지식에 달려 있기 때문이다.[23]

---

18 B. Eph. (1562), 178: "Est etiam Christus deus, vt pater: ⋯"

19 B. Eph. (1527), 74a.

20 B. Eph. (1527), 74a-b.

21 B. Eph. (1527), 75a[ver]: "⋯, sed secundum aeternum propositum Dei, illud nunc primum per Ecclesiam illius sponsam discere, quam mirifice adeo restituit & ornat, ut multifaria & inexplicabilis Dei sapientia, in ea demum illis quamlibet sublimibus principatibus & potestatibus innotescat."

22 B. Eph. (1527), 9a [sic! 101a].

23 B. Eph. (1527), 41a: "⋯ à cognitione Christi, & quam nobis restituit salutis, omnia pendent, ⋯"

'하나님 자신'(ipsus Deus)이신 그리스도께서 육신과 피를 가진 '참 인간'(verus homo)이 되셨다. 부써에게 '그리스도의 성육신'(incarnatio Christi)은 하나님의 두 번째 위격이신 '말씀의 성육신'(incarnatio Verbi)을 의미한다.[24] 이것이 '그리스도 성육신의 비밀'(mysterium incarnationis Christi)이다. "왜냐하면 그리스도께서 우리의 신랑이 되셨기 때문이다. 그분은 자신의 육신인 우리를 결코 내버려두실 수 없을 것이며 거룩하게 된 자들을 복되게 하실 것이다."[25] 인간이 되신 하나님, 즉 '성육신하신 그리스도'(incarnatus Christus)께서는 하나님의 백성을 그들의 죄에서 구원하실 유일한 구원자이시다.

그리스도께서는 구약과 신약 시대의 모든 성도들을 위한 영원한 중보자이시다. "모든 성도들이 그분의 뼈 중의 뼈요 그분의 살 중의 살이기 때문에, 또한 아담과 노아를 포함한 모든 성도들이 그분을 통해 활동하고 아버지께로 인도되기 때문에 그분은 우리의 중보자이신 것과 마찬가지로 그들의 중보자이시다. 그래서 그분은 또한 자신의 인성에 따라 모든 성도들보다 먼저 계셨는데, 이들을 그분은 아버지와 화해시키셨다. 이런 점에서 바울은 디모데전서 2장 [5절]에서 그리스도께서 중보자요, 하나님과 인간 사이의 화해자이시라고 설교했던 것이다. 즉 여기서 바울은 인간이신 예수 그리스도에 관하여 말하고 있다."[26]

그리스도의 육신되심은 그리스도께서 하나님과 인류를 화해시킬 수 있는

---

24 BOL 2, 62 (Ioh. 1536).

25 B. Eph. (1527), 102b: [ver] "Factus enim maritus noster Christus, nos carnem suam haudquaquam poterit deserere, sed tandem sanctificatos beabit."

26 B. Eph. (1527), 73b[ver]: "Sancti omnes os utique sunt de ossibus eius, caro de carne eius, infra 5. & Adam quoque Noach, sanctique omnes per ipsum acti, & ad patrem ducti sunt, mediatorque illorum aeque ac noster fuit, igitur et secundum humanitatem, ante omnes sanctos fuit, quos patri reconciliauit. Ad haec Paulus cum 1. Timoth. 2. Christum mediatorum & conciliatorem DEI & hominum praedicat, nominatim dicit, homo CHRISTVS IESVS."

제물이 되셨다는 것을 의미한다.27 하나님께서는 우리의 모든 죄를 그분께 담당시키셨다.28 "이와 같이 그분은 결국 선택받은 자들의 죄를 위해 제물이 되셨다."29 "자신의 양들인 우리를 위해 자신의 영혼과 자신의 육체적 삶을 주신 것처럼 그리스도께서는 또한 우리가 아브라함의 축복에 참여하도록 우리를 위해 저주가 되셨다."30 그리스도 안에서, 그분을 통해서 우리는 구원 즉 죄 용서를 받는다.31

그리스도께서는 "자기 자신과 관련하여 바르게 선포하셨는데, 그것은 오직 그분 자신을 통하지 않고는 아무도 아버지께로 올 수 없으며 그분 자신이 계시하실 때 외에는 아무도 아버지를 알 수 없다는 것이다."32 화해자 (reconciliator)로서 그리스도께서는 죄인들인 자신의 백성을 하나님 아버지와 화해시키신다. 그래서 선택받은 사람들, 즉 성령을 통해 중생한 사람들을 위해 하나님께서는 아버지가 되시며 그리스도께서는 주님이 되신다. "왜냐하면 하나님께서 우리의 아버지가 되시고 자신의 이름에 따라 자신의 백성의 구원자와 복 주시는 자이신 그리스도께서 우리의 주님이 되실 때 우리가 이제 이미 믿음을 통해 성부와 성자의 자비에 참여하는 것이 확실하다. 그리고 이

---

27 B. Eph. (1527), 29a: "Solus ergo Dominus noster Iesus Christus hostia illa fuit, quae placare Deum humano generi potuit, …"
28 BDS 1, 52 (Das ym selbs. 1523): "Der herr hat ym uffgeleyt unser aller ungerechtigkeit, die hat er mit freüden tragen."
29 B. Eph. (1527), 29b: "Sic tandem perlitatum fuit pro peccatis electorum …"
30 BDS 1, 52 (Das ym selbs. 1523): "Wie Christus nit allein sein seel und leiplich leben für uns, seine schaflin, gesetzt hat, sonder ist auch ein maledeyung für uns worden, uff das wir der benedyung Abrahe theylhafftig würden."
31 B. Eph. (1527), 27a: "In Christo inquit, habemus redemptionem per sanguinem eius, remissionem peccatorum." 그리고 30a: "Sic satisfaciente pro nobis sanguine Christi, redemptionem, quae peccatorum est condonatio, per Christum habemus."
32 B. Eph. (1527), 28a: "Hinc recte de se praedicauit, non nisi per se ad patrem posse perueniri, neque patrem à quoquam cognosci, nisi se reuelante."

결과로 우리는 하나님과 그리스도의 저 평화인 참된 행복에 참여하는 것이다."33

"특별히 하나님의 의가 요구하는 만족 없이는 하나님의 이와 같이 크신 호의가... 우리에게 도달할 수도 없었을 것이다... 그러므로 그분은 육신이 되셔야했고 육신 가운데 죄 없으신 분으로 죄인들을 대신하여 죽으셔야 했으며 거룩하신 분으로 거룩하지 못한 자들을 대신하여 죽으셔야 했다... 그래서 모든 것이 하나님 앞에서 현존하는 것 같이 우리 주 예수 그리스도의 피와 화해와 만족은 인간이 죽었다는 바로 그것에서 기인된다. 그리고 이것은 항상 그럴 것이다. 그분 때문에 하나님께서는 죄를 용서받은 자들, 즉 생명을 받기로 선임된 자들에게 관대하시다. 그리고 그들에게 자신의 저 성령을 주신다."34

그리스도의 피의 효력은 선택받은 자들, 즉 성령에 의해 태어난 자들에게만 나타난다. "그분은 자기 아버지의 뜻을 따라 우리의 범죄를 대신하여 자신의 생명을 스스로 기꺼이 기쁨으로 내놓으셨다. 하나님께서는 그분의 피로 만족하셨을 때 생명을 얻도록 친히 선택하신 자들에게 성령을 선물로 주셨고 이 성령을 통해 그들을 죄로부터 깨끗하게 하심으로 사탄의 권세와 죄의 멸망으로부터 구원하셨다."35 이것이 '중보자의 고유한 사역'(proprium opus mediatoris)

---

33 B. Eph. (1527), 22b^ver: "Habent autem hae uoces uim simul suadendi fidem eorum quae precantur, si enim Deus pater, & IESUS Christus, qui iuxta nomen suum seruator & beator est suorum, Dominus noster existit, certi sumus, ut beneuolentiae eorum, ita & solide felicitatis, quae pax illa Dei & Christi est, nos compotes & iam per fidem esse, ···"

34 B. Eph. (1527), 28a-b: "Atqui haec tanta Dei benignitas, ...[28b] nobis, non sine satisfactione, ita exigente Dei iustitia, contingere potuit, ... Vnde incarnari illum, & in carne innocentem pro nocentibus, sanctum mori pro impuris oportuit. Qua etiam caussa, & si uerum hominem, absque tamen uirili semine, ex adumbratione uirtutis altissimi, & opera spiritus sancti, concipi illum & nasci necesse fuit. Sanguis itaque Domini nostri IESV Christi, ut Deo nihil non praesens est, placatio & satisfactio extitit ab eo, quod homo cecidit, & semper erit, ob quam Deus peccatis condonatis propitius, iis, quos ad uitam ordinauit, spiritum illum suum, ···"

54 | 종교개혁과 그리스도

이다. 그리스도의 중보로 인한 공로 덕분에 우리의 불완전함이 제거되고 오히려 완전하게 된다. 우리의 '무죄'(innocentia)란 하나님께서 그리스도를 통해 우리를 해방시키신 결과이므로 선택받은 사람들은 아무도 심판을 받을 수 없다.[36] "그러나 저 성화는 즉시 완성되는 것이 아니라 단지 시작되었을 뿐이다."[37]

IV. 중보자의 삼중적 직분

우리의 중보자께서는 화해의 '유일한 희생제물'(unum sacrificium)이시며 동시에 '유일하고 영원한 제사장'(sacerdos unicus et perpetuus)이시다.[38] "하지만 그리스도께서는 어느 누구보다 더 참된 의의 왕, 평강의 왕이시다. 그분은 어느 누구보다 더 참된 제사장이시다. 이 제사장만이 자기 자신을 제물로 드려 하나님을 만족시키신다."[39] 죽음으로부터의 해방과 영원한 생명은 '그

---

35 B. Eph. (1527), 30a: "···, uitam ad uoluntatem patris, pro nostris commissis ultro, et proposito sibi gaudio impendit. Huius sanguine ille placatus, quos ad uitam elegit, spiritu sancto donat, quo à ui Satanae, & peccati corruptela illos redimit, peccatis repurgans."

36 B. Eph. (1562), 22: "Propter meritum autem Christi habemur irreprehensibiles, & condonatur nobis nostra imperfectio: imo perficitur etiam. Innocentia nostra in eo consistit, quod Deus nos absoluit per Christum. quare nemo electus potest condemnari."

37 B. Eph. (1562), 180: "Sed illa sanctificatio non est ilico perfecta, inchoata tantum est, ···"

38 Martin Bucer, *In sacra Qvatvor evangelia, enarrationes perpetvae, secvndvm recognitae, in qvibvs praeterea habes syncerioris Theologiae locos communes supra centum, ad scripturarum fidem simpliciter, & nullius cum insectatione tractatos, adiectis etiam aliquot locorum retractationibus* (Basel : Johann Herwagen, 1536), 450. 이후로는 'B. Ev. (1536)'로 표기.

39 BOL 2, 143 (Ioh. 1536): "Longe verius autem rex iustiae et pacis est Christus, verior sacerdos qui solus sacrificio suo placare Deum potuit, ···"

리스도의 죽으심의 열매'(fructus mortis Christi)다.**40** 그리스도께서 지상에
머무셨을 때 제사장과 선지자와 왕으로서 기도하시고 병을 고치시고 회복시키
시고 가르치시고 다스리셨다.**41** '그리스도의 삼중직분'(munus Christi
triplex)에 대한 부써의 개념은 하나님이시면서 동시에 인간이신 구속자 예수
님의 중보 개념과 연관되어 있다.**42** 삼중직분은 중보자 사역의 세 가지 측면과

---

40 B. Ev. (1536), 512.
41 비록 부써가 그리스도를 '제사장'으로, '선지자들의 머리', '교수' 혹은 '교사'로, 그리고 '왕'으
로 말하는 것은 맞지만 그리스도의 삼중 직분(munus triplex)을 교의학적으로 분석한 것은
아니다. 그것은 다만 구약 시대에 모든 제사장들과 선지자들과 왕들이 기름부음을 받은 것처럼
그리스도께서도 성령에 의해 기름부음 받은 분이심을 말하는 것일 뿐이다. 다음 참고. B.
Ev. (1527) I, 10b: "Vt igitur longe alia unctione, quam uulgo reges, sacerdotes,
& prophetae, inungi solebant, unctum hunc regem expectabant, nempe sancto
spiritu: tum ad hoc ut saluos faceret in se credentes, non tantum externe
gubernaret, aut doceret, sed ut participatione huius unctionis beatificae, reges
omnes, prophetas atque sacerdotes constitueret, quod certe munus nulli alii
potuit contingere, unctum absolute, id est, Christum, uel sua lingua Maschiach,
coeperunt ueteres appellare. ⋯: Vnctum est, ut sit rex, doctor & sacerdos noster
in aeternum, qui gubernabit nos, ne quid boni desideremus, aut malo ullo
premamur, docebit ueritatem omnem, & placatum reddet patrem nobis in
aeternum."; BOL 2, 100 (Ioh. 1536): "Ungebantur olim reges, sacerdotes et
prophetae ac ita ad officia sua initiabantur. Iam Rex regum Christus est, summus
sacerdos et prophetarum caput qui non imperio externo modo regit, non brutis
pecudibus sacrificat, non externa voce tantum docet et monet, sed Spiritu sancto
mentes, sed spontaneas, regit ad salutem sempiternam."
42 제사장직에 대해서는 다음 참고. B. Ps., 22: "Iam glorificatio Christi, et in Sacerdotem,
hoc est mediatorem unctio hominis est."; Over het profetenambt, BOL 2, 51 (Ioh.
1536): "Quin hunc unicum igitur et coelestem Magistrum qui unus divina enarrat
agitque iam inter vos homo, auditis, misso Moseche, me et prophetis quibuslibet?
Nam si eos et quicunque ex Dei spiritu unquam locuti sunt sancti audieritis, ad
illum communem nostrum Doctorem et Mediatorem uno ore vos ablegant."; Over
het koningschap, BOL 15, 30-31 (RC. 1551): "Eundem uocat *iustum*, quia solus
legem Dei impleuit, nec peccatum admisit ullum; unde mediator constitutus est
inter Deum et nos, factus nostrae iustificationis author. Quam tum efficit in nobis
gustandamque nobis donat, cum nos illuminat cognitione sui, hoc est, solida fide
Euangelii, qua ipsum propitiatorem et seruatorem nostrum uere agnos[31]cimus,
qui peccata nostra in se transtulit et sanguine suo expiauit, ne illa nobis pater
imputaret. Hinc itaque illud obseruemus regis nostri proprium, quod *cum inimici
eius essemus, mortem ipse pro nobis subiit*, ut in gratiam nos patris restitueret,

관련된다.[43]

그리스도의 삼중직분은 부활하심과 승천하심 이후에 가장 분명하게 드러난다. 낮아지신 그리스도의 대표적인 직분인 선지자적-제사장적 사역은 영화롭게 되신 그리스도의 대표적인 사역인 제사장적 왕직을 통해 완성되었다. 메시야의 사역은 십자가 상의 죽으심으로 완성된 것이 아니다. 예수님은 "기름부음을 받으신 것은 우리에게 기름부으셔서 하나님의 아들과 참된 왕과 제사장이 되도록 하시기 위해서이다."[44] 부써는 '높아지신 그리스도의 사역'(opus Christi exaltati)을 강조한다. 중보자 사역의 절정은 그리스도께서 높아지심으로 획득하신 그의 왕되심에 있다.[45]

그러므로 그리스도께서는 부활 하셔야 했고 하늘로 올라가셔야 했다. "주님은 낮아지심으로부터 어마어마한 영광에로 높아지셨다. 왜냐하면 만일 그분이 스스로 죽으시기까지, 심지어 십자가 상에서 죽으시기까지 낮아지신 것이 그분을 어마어마한 영광에 이르도록 할 만큼 그분께 유익한 것이었다면 우리가 우리 자신을 부인하고 매일 우리의 십자가를 우리 스스로 지는 것은 또한 우리를 그 영광에 이르도록 할 만큼 우리에게도 유익한 것일 것이다."[46] '우주의 창조물 가운데 장자'(primogenitus universae creaturae)로서의 말씀은 '죽

---

beatique regni sui faceret participes, Rom. 5 [8-10]."

43 참고. Genderen & Velema, *Beknopte*, 426.

44 Martin Bucer, *Enarationvm in evangelia Matthaei, Marci, & Lucae, libri duo. Loci communis syncerioris Theologiae supra centum, ad simplicem scripturarum fidem, citra ullius insectationem aut criminationem, excussi* I (Strassburg : [Johann Herwagen], 1527), 10b: "Vnctus est, ut nos ungat in filios Dei, uere reges & sacerdotes." 이후로는 'B. Ev. (1527) I'로 표기.

45 참고. Willem van 't Spijker, *De ambten bij Martin Bucer* (Kampen: J.H. Kok, 1970), 41sq.

46 B. Eph. (1527), 43b-44a: "…, à cuius humilitate, in tantam dignitatem Dominus euectus est. Si etenim ipsi ad tantam gloriam profuit, quod sese ad mortem usque & mortem crucis[44a] humiliauit, & nobis proderit ad gloriam, abnegare nos metipsos, & crucem nostram cottidie assumere."

은 자들로부터 일어난 장자'(primogenitus é mortuis)로서의 그리스도가 되셨다.[47]

부써에게 그리스도께서 하나님 우편에 계신다는 의미는 무엇일가? 부써는 하나님 우편을 그분의 나라를 다스리시기 위한 왕의 권세로 해석하고 '하늘 나라에서'(in caelestibus)를 '불가시적 영광 속에서'(in inuisibili gloria)로 해석한다.[48] 높아지신 그리스도는 더 이상 이 지상에 계시지 않는다. 이제 그분 자신의 육체가 거하는 장소는 하늘 즉 하나님 우편이다.[49] "바로 이분이 하늘로 올리우신 분이시다. 왜냐하면 이분은 이전에 바로 그곳으로부터 낮아지셨고 육체로 계셨기 때문이다. 분명한 것은 참으로 인간되심의 낮아지심 속에 숨겨지신 분이 하나님의 사랑하시는 아들이셨다면 이제 하늘에, 즉 신성을 더 직접적으로 누리시는 곳에 머무신다는 것이다."[50]

부써에게 '그리스도께서 아버지 우편에 앉으심'(Christum ad dexteram patris sedere)이 의미하는 것은 그분이 신적인 위엄으로 옷입으시고 아버지 다음으로 권능을 행사하신다는 것이다.[51] "이와 같이 교회는 분명 그리스도를 통해 다스려지고 통치된다. 그리고 여기서 일은 일로 비교되지만 일의 방법은 그 일의 방법과 비교되는 것은 아니다. 왜냐하면 그리스도께서는 교회를 그분 자신의 방법으로 다스리시고 통치하시기 때문이다."[52] 바로 이 순간에도 왕적

---

47 B. Eph. (1527), 73a-b.
48 B. Eph. (1527), 43b.
49 B. Eph. (1527), 43b: "…, recte inde concluditur, corpore eum non posse hic aliquid pati, aut praesentem esse."
50 B. Eph. (1527), 84a: "Ipsum esse qui ascendit in caelum, quia inde ante, descendit, & sit in caelo. Vere enim etiam humanitatis humilitate tectus, ut dilectus Dei filius fuit, ita in caelo, hoc est, praesentiore diuinitatis perfruitione egit."
51 B. Eph. (1527), 43b: "…, id est, diuina maiestate, & proxima à patre potestate fruentis, …"
52 B. Eph. (1562), 179: "Sic Ecclesia à Christo plenè regitur & gubernatur. Et hic res cum re, & non modus rei cum modo rei comparatur. Regit enim Christus

인 중보자로서 그분은 자신의 백성을 위해 하나님께 기도하시며 그들을 자신의 사역자들과 성령을 통해 가르치시고 다스리신다.

높아지신 그리스도의 왕직은 교회 위에 세워졌을 뿐만 아니라, 또한 온 세상 위에도 세워졌다. "하지만 그분은 또한 모든 자들의 머리로 세워지셨다. 하늘과 땅 어디에서든 탁월한 것과 훌륭한 것은 무엇이든지 그분의 발 아래 종속되었다."[53] 왕직은 머리되심을 의미한다. "... 즉 하나님의 가장 사랑하는 아들 우리 주 예수 그리스도를 아는 것이다. 하나님께서는 그분을 죽은 자들로부터 일으키시고 이 세상뿐만 아니라 오는 세상의 모든 왕국과 능력과 권세와 정세와 그렇게 불릴 수 있는 모든 것 위에 뛰어나도록 하늘 보좌 우편에 앉히셨다. 그리고 하나님께서는 만물을 그분의 발 아래 놓으시고 그분을 만물 앞에 교회의 머리로 세우셨는데, 이 교회는 그분의 몸이요 만물 안에 만물을 채우시는 그분의 완전이다."[54]

"죄 용서, 성령의 교제, 부활, 영원한 생명 등, 이러한 자원은 우리를 위해 준비된 것, 그리스도의 피와 죽으심과 아버지 우편에 앉으심에 의해 준비된 것이다. 그분은 그 모든 것을 자신의 나라, 즉 교회에 있는 자신의 백성에게 나누어 주신다."[55] 그분의 죽으심과 부활하심과 승천하심을 통해 그리스도께

& gubernat Ecclesiam modo suo: ···"

[53] B. Eph. (1527), 42b: "···, sed & princeps simul constitutus omnium, subiectis pedibus eius, quicquid eximium & praeclarum uspiam est, tam in caelis, quam in terra."

[54] BDS 1, 195 (Grund un ursach. 1524): "···, nemlich die erkantnuß seins allerliebsten suns unsers herren Jesu Christi, *den er von den todten aufferwecket hat und gesetzet zu seiner gerechten im hymelischen wesen über alle fürstenthumb, gewalt, macht, herschafft und alles, was genent mag werden, nit allein in diser welt, sonder auch in der zukünfftigen und hat alle ding under seine fuß gethan und hat in gestzet vor allen dingen zum haupt der gemeine, welche do ist sein leyb und die fülle des, der alles in allen erfüllet. Eph. 1.*"

[55] B. Eph. (1562), 96: "Remissio peccatorum, communicatio spiritus, resurrectio, & vita aeterna &c. opes sunt nobis paratae Christi sanguine & morte,

서는 그분 자신의 자리, 즉 두 번째 위격으로서의 말씀의 자리에 회복되셨다. 종-인간으로서 그리스도께서는 이 세상에 오셨고 죽으셨다. 그러나 부활하신 후에 그분은 이제 왕-하나님으로 하나님 우편에 좌정하고 계신다. "그러므로 그분의 아버지께서는 그분을 자기 백성의 머리와 수장이 되게 하셨고 자신의 성령을 통해 그들을 그분의 참여자로 삼으신다. 만물이 그분을 통해 창조되었으므로 아버지께서는 그분을 통해 또한 만물을 회복시키기를 원하셨다."[56]

이런 사상은 부써의 첫 저술에서도 발견된다. "우리가 믿을 수 있는 것은 영원한 아버지께서 그리스도 우리 주를 자신의 교회의 머리로 삼으셨다는 것인데, 만물이 하나님의 영광을 위해, 그리고 모든 피조물들의 유익을 위해 살도록 그분을 통해 화해되고 연합되고 자신의 옳은 방법으로 다시 회복되게 하신다."[57]

V. 그리스도 안에서의 선택

부써에 따르면 하나님께서는 창세전에 자신의 백성을 그리스도 안에서, 그리스도를 통하여 예정하셨다.[58] "성도들은 한번 부어진 그분의 피 덕분에 세상

---

resurrectione, & ad dexteram patris sessione, quas impertit suis in suo regno, id est Ecclesia."

56 B. Eph. (1527), 22b: "…, ita posuit eum pater suis caput & principem, qui suo spiritu eius quoque participes, illos reddat. Condita sunt per eum omnia Iohan 1 ita instaurare quoque cuncta per ipsum pater uoluit, …"

57 BDS 1, 60 (Das ym selbs. 1523): "…, mochten wir glauben, das der ewig vatter Christum, unsern herrn, darum ein haubt seiner gemeyn gemacht hat, das durch in alles versunet und zusammengefasset wurde, das ist, in sein rechtes wesen widerbracht, zu leben zum preiß gottes[61] und nutzbarkeit aller creaturen in sonderheit aber der menschen."

의 기초가 놓이기 전에 하나님의 자녀의 명부에 기록되었다."**59** 그래서 바울은 "그리스도 안에서 우리를 택하사"라고 말했던 것이다. "이것은 문자적으로 '하나님께서 우리를 그리스도 안에서 선택하셨다'를 의미한다." 그런데 부써는 이것을 "그분을 통하여"라고 번역하길 원하고 이런 번역이 우리의 택하심을 그리스도의 공로로 돌리는 바울의 표현을 훨씬 더 분명하게 나타내는 것이라고 생각한다. "아무튼 하나님께서 그리스도와 함께 그의 지체인 성도들을 자신의 자녀라는 신분으로 선택하셨다는 것은 머리이신 그리스도의 공로로 그들과 친밀해지셨다는 것이다. 또한 그리스도 안에서 선택된 것은, 그리고 거룩하고 복된 삶이 선물로 주어진 것은 전적으로 그리스도의 공로와 그의 은혜로 택자들에게 주어졌으며 하나님 덕분에 거룩하고 복되게 살기 위한 능력을 받는다는 것을 의미한다."**60**

그리스도께서는 선택의 기초이실 뿐만 아니라, 선택의 동역자시며 주체이시다. 왜냐하면 친히 "나는 내가 선택한 자를 안다."라고 말씀하셨기 때문이다.**61** 그리스도께서는 아버지의 선택에 중보자로 참여하실 뿐만 아니라, 제2위격의 하나님으로 참여하시는 것이다. 신자들은 이러한 선택을 그리스도를 통해, 즉 그리스도와의 교제를 통해 누린다. 왜냐하면 "하나님 아버지께서 우리의 구원자 예수 그리스도를 통해 우리에게 자신의 은혜를 베푸시기 때문이다."**62** 그리스도

---

58 B. Eph. (1562), 22.

59 B. Eph. (1527), 25a-b: "…, sancti in album filiorum Dei inscripti fuere."

60 B. Eph. (1527), 25b: "Id enim que sanctos Deus simul cum Christo, ut eius membra, in sortem filiorum suorum elegit, utique merito capitis Christi, ipsis contigit. Et in Christo electum esse, uitaque sancta & beata donari, haud aliud est, quam Christi merito & gratia electis adnumeratum esse, facultatemque sancte & beate uiuendi, diuinitus accipere."

61 B. Eph. (1562), 21: "…: & de ea electione hic sermo est, & de ea loquitur Christus, vbi dicit: Ego scio quos elegerim."

62 BDS 1, 44 (Das ym selbs. 1523): "Der vatter der gnaden verlyh durch unsern heyland Jhesum Christum, …"

안에서 선택된 자들은 그를 통해 보존된다.[63] 그리스도의 참된 교회는 단지 하나님께서 버리지 않으신 택자들, 즉 생명에로 선택된 자들로만 구성된다.[64]

그리스도께서 교회의 기초이신 이유는 참된 교회가 오직 그리스도 위에만 세워지기 때문이다.[65] 교회의 터는 사도들과 선지자들이 세워진 기초와 동일한, "참으로 모든 성도들이 의지하는 그리스도시다. 하지만 그분은 시온에 기초로 세워진 그 돌과 동일한 돌이시며 값비싼 모퉁이 돌로서 전체를 한 곳으로 모으신다."[66] 이 점에 있어서는 베드로 역시 그리스도와 동일한 교회의 기초로 인정 받을 수 없다.[67] 지옥의 문들은 그리스도 위에 세워진 교회를 대항할 수 있는 어떤 능력도 없다.[68] 교회가 그리스도 위에 세워지지 않았다면 사람들 앞에서는 그리스도인들의 공동체로 보여질 수 있을지 모르지만 하나님 앞에서는 확실히 사탄의 지체들이 모인 공동체로 드러나게 될 것이다.[69] "그러므로 교회는 그들 자신을 전적으로 오직 그분만 의지하고 신뢰할 것이며 자신의

---

63 BDS 2, 108 (Handel mit Cunrat Treger. 1524): "dobey doch wie bewerdt, seind die erwolten uff Christo und durch yn erhalten worden."

64 BDS 2, 120 (Handel mit Cunrat Treger. 1524).

65 BDS 2, 104 (Handel mit Cunrat Treger. 1524): "Ist dann nun die wore kirch uff Christum gebawen, und ist er das fundament, das sye tregt, so würt es ye nichts anders sein."

66 B. Eph. (1527), 66b: "…: Inaedificati fundamento, quo & Apostoli & Prophetae inaedificati sunt, id Christus est, quo utique nituntur sancti uniuersi, praeter quod aliud poni non potest 1. Corinth. 3. Idem autem & lapis ille est in Tziion pro fundamento positus, qui & angulum preciosum consummat, …"

67 B. Ev. (1536), 355: "Primum enim ne Petrus quidem Ecclesiae fundamentum fuit, quum nemo aliud queat ponere, quam positum est; Dominus noster Iesus Christus, prima Corinthiorum tertio cap. Quem pater electum lapidem in fundamentum Ecclesiae uerae Tzion posuit."; B. Eph. (1562), 38: "Et Petrus non est dictus Petrus, nisi à petra fundamentali Christo: nec aliud quisquam potest fundamentum ponere."

68 BDS 2, 112 (Handel mit Cunrat Treger. 1524): "Unsere ist, so wir die Kirch Christi nennen, die uff yn bauwen ist, wider die die porten der hellen nichts vermogen."

69 B. Eph. (1527), 67a: "Cum sancti repositi in Christum, certi de beneuolentia Dei, …"; BDS 2, 112-13 (Handel mit Cunrat Treger. 1524).

구원과 모든 것을 오직 그분께만 놓을 것이다."70

부써에게 있어서 교회를 그리스도 위에 세운다는 것은 그분을 믿는다는 것, 바로 이것을 의미한다.71 이러한 '그리스도 위의 건설'이라는 원리는 전체로서의 교회에만 적용되는 것이 아니라 또한 교회의 각 지체인 개인에게도 적용되는 것이다.72 우리는 믿음을 통해 그리스도 위에 세워졌고 세워지고 있으며 세워지게 될 교회의 실제를 받아들일 수 있다. 그리스도께서는 자신의 백성을 구원하시기 위해 오셨고 죽으셨고 묻히셨고 부활하셨고 승천하셨다. 그리스도의 구원사역 전부는 참으로 그의 백성의 모임인 교회를 위한 것이다. 오직 그리스도를 통해 그의 백성들은 은혜로 경건하게 되고 복을 받게 된다.73

교회 공동체는 그리스도를 믿는 믿음으로부터 떨어져 나가지 않는다.74 신자들이 그리스도인들이라 불리는 이유는 그들이 그리스도를 신뢰하며 그분의 성령으로 인쳐졌기 때문이다.75 그러므로 머리이신 그리스도 안에 머물면서 그분께 속해 있는 그리스도인들로 구성된 교회 공동체는 악마의 힘으로도 대항할 수 없을 만큼 막강하다.76 그리스도 안에, 즉 '그리스도를 믿는 참된 믿음

---

70 BDS 2, 104 (Handel mit Cunrat Treger. 1524): "darumb würt sye sich gantz uff yn allein endtlich verlassen, ym glauben, ir seligkeit und alles uff yn allein setzen."

71 BDS 2, 104 (Handel mit Cunrat Treger. 1524): "Dann in yn glauben, ist uff yn gebawen werden, …"

72 BDS 2, 115 (Handel mit Cunrat Treger. 1524): "Judas aber, sobald er seiner sünd ynnen ward, verzweifelt er. wie auch Cain, dann ir keiner ye recht glaubt, noch uff Christum gebawen war."

73 BDS 2, 103 (Handel mit Cunrat Treger. 1524): "…, dat wir durch Christum allein uß gnaden frumm und selig werden, …"

74 BDS 2, 107 (Handel mit Cunrat Treger. 1524): "…, das die Kirch vom haubtstuck des glaubens, nemmlich das sye durch Christum frumm und selig werd, nit abfellt…"

75 BDS 2, 107 (Handel mit Cunrat Treger. 1524).

76 BDS 2, 113 (Handel mit Cunrat Treger. 1524): "Diß ist allein von der woren christlichen Gemeyn, das ist von den christen, wider die der teüffelisch gewalt nichts vermag, die in Christo bleiben, deren haubt er ist, die ym underthanig seind."

안에'(in worem glauben Christi) 거하는 자들은 하나님께서 모든 죄를 용서하신 자들,[77] 즉 하나님의 자녀이며 참으로 그리스도께 속한 자들이다.[78] 왜냐하면 "모든 것이 믿음과 그리스도를 아는 지식에 의존하기 때문이다."[79] "그리스도께 속한 자는 그분 안에 거한다."[80]

VI. 머리이신 그리스도와 몸인 교회

부써에 따르면 그리스도께서는 육체가 되시기 전에 이미 "성도들로 구성된 교회의 머리가 되기로 예정되어 있었다."[81] 이 그리스도를 통해 만물이 창조되었다. 그래서 이 만물은 항상 하나님 앞에서는 현존하는 것이다. 심지어 낮아지심을 통해서도 두 번째 위격으로서의 그리스도의 신성 중 아무 것도 제거되지 않았다. "우리의 그리스도는 항상 하나님이시며 동시에 인간이시다. 모든 성도들의 머리시며 하나님의 아들들 가운데 장자이시다."[82] 그가 이 세상에 오신 것은 말씀을 통해 자신의 머리되심을 나타내시고 선포하시기 위해서이다. "수

---

77 BDS 2, 117 (Handel mit Cunrat Treger. 1524).

78 BDS 2, 118 (Handel mit Cunrat Treger. 1524).

79 B. Eph. (1527), 86a kanttekening: "Omnia á fide & cognitione Christi pendent."

80 BDS 2, 119 (Handel mit Cunrat Treger. 1524): "…, Christi ist, in ym bleibt, …"

81 B. Eph. (1527), 73b: "…, qui ut caput Ecclesiae sanctorum esse, praedefinitus fuit." 참고. B. Eph. (1562), 23: "…, per Iesum Christum vnigenitum filium Dei & nostrum mediatorem, ab aeterno destinatum caput Ecclesiae, ac reconciliatorem, secundum aeternum & immutabile propositum suum, …"

82 B. Eph. (1562), 158 (= TA, 540): "Est Christus noster semper simul deus & homo, & caput sanctorum omnium, primo genitus filiorum Dei."; 비교. BOL 2, 326 (Ioh. 1536): "…: se non tantum hominem, sed et Deum esse qui semper fuerit et sit. … Denique notandum Christum et semper fuisse et esse eoque Deum esse; ac etiam semper fuisse et esse sanctorum gaudium et salutem."

고하고 무거운 짐진 자들아, 다 내게로 오라. 그러면 내가 너희를 쉬게 하리라."(마 11:28) "나는 길이요 진리요 생명이니, 나로 말미암지 않고는 아무도 아버지께로 갈 수 없느니라."(요 14:6)[83]

지상의 그리스도께서는 하나님 나라가 올 것을 선포하셨다. 부써는 그 하나님 나라를 그리스도의 나라와 그리스도의 몸인 교회로 해석한다. 만일 누군가 그리스도 안에서 성령을 통해 중생하지 않는다면 그는 결코 그 나라, 즉 교회에 들어갈 수 없다.[84] 이런 점에서 그리스도께서는 단지 그분 자신의 중보자이심을 공적으로 알리시기 위해서뿐만 아니라 또한 그분의 왕되심을 알리기 위해서 내려오셨다고 말할 수 있을 것이다.[85]

부써는 '그리스도의 신비'(mysterium Christi)란 단지 인간되심에만 연관된 것이 아니라 교회의 머리되심과도 연관되는 것으로 생각한다. "그리스도의 신비와 비밀은 그리스도께서 성도들의 머리와 수장이시라는 점에 있다."[86] 교회가 그분의 몸이라는 것 때문에 그리스도와 교회 사이의 통일성은 '그리스도의 몸의 신비'(mysterium corporis Christi)로 특징 지워진다.[87] "왜냐하면

---

[83] 참고. BDS 1, 196 (Grund und ursach. 1524).

[84] B. Eph. (1562), 111: "Quod Ecclesia Christi non sit, nisi eorum, qui in corpus Christi sint consociati & coagmentati, manifestum est cum ex aliis multis, tum ex his locis: Amen, Amen dico vobis: Nisi quis de integro fuerit natus ex aqua & spiritu, non potest ingredi regnum Dei: At regnum Dei, Christi Ecclesia est: nec nosse itaque quid sit Ecclesia Christi, nec in eam poterit recipi, nisi in Christo domino renatus." 비교. TA, 556.

[85] 참고. BOL 15, 23 (RC. 1551): "…, Christum Dominum, ut hominem natum ex semine Dauides, esse nobis a patre regem et seruatorem constitutum."

[86] B. Eph. (1527), 69b^ver: "Mysterium autem & arcanum Christi, …, est, Christum esse caput & principem sanctorum, …"; 비교. BOL 2, 5 (Ioh. 1536).

[87] B. Eph. (1562), 94: "Concorporati &c). Adsis nobis Domine Iesu, vt intelligamus mysterium corporis tui, quo vere nostram conditionem, complexionem, & consociationem teneamus: vt reformemus nos, & tantum communicemus verae Ecclesiae, & credamus, ac ad aedificationem regni tui, pro nostris facultatibus cooperemur."

그분이 우리의 머리, 즉 교회의 머리시라면 우리는 모든 것을 그분과 공유해야 할 것이고 그분은 우리 없이는 행복을 누릴 수 없다. 그렇다면 모든 것에서 우리를 인도하시고 살게 하시는 것은 바로 그분의 일이다. 왜냐하면 우리가 그분 없이는 절대로 아무 것도 할 수 없기 때문이다. 그러므로, 그분을 통해 만물이 창조되었던 것 같이 비록 그분이 만물 안에서 만물을 충만케 하신다 해도 우리가 그분의 충만이라고 불리는 것은, 그분께서 자신의 능력과 선행을 우리를 향해 충만하게 부어주시기 때문이며 특히 자신의 신성을 우리 속에 진열하시기 때문이다."[88]

그리스도의 '몸의 신비'(mysterium corporis)는 과거에 묻힌 단회적인 사건일 수 없다. '교회의 유일한 머리'(das einig haupt der kirchen)이신 그리스도께서는 '자신의 교회에 항상 현존하신다.'(alweg bei seiner Gemein selb gegenwertig)[89] 자신의 약속을 따라 예수 그리스도께서는 세상 끝날까지 자신의 백성에게 어디에서나 매일 '우리의 하늘 왕'(noster rex coelestis)이시다.(마 28:20).[90] "그리스도께서는 우리 속에 거하시지만 믿음을 통해 거하신다."[91] 더 이상 우리가 우리 자신을 위해 살지 않고는 그리스도께서 우리 속에 사신다.[92] 그리스도 안에 살지 않는 한 아무도 그리스도의 몸의 지체가 될 수 없다.[93]

---

88 B. Eph. (1527), 45b: "Si enim ille caput nostrum, Ecclesiae suae, omnia cum ipso communia habebimus, neque poterit ille, sine nobis sua felicitate frui, eius praeterea erit, nos in omnibus ducere & uiuificare, q[uod] nihil prorsus sine ipso poterimus. Cumque omnia in omnibus perficiat, ut per eum omnia condita sunt, nos tamen plenitudo eius ideo recte dicimur, quod in nos scilicet uirtutem & beneficentiam suam effundit cumulatissime, suamque in nobis potissimam diuinitatem ostentat."

89 BDS 7, 104 여백주 (Von der waren seelsorge. 1538).

90 BOL 15, 7 (RC. 1551).

91 B. Eph. (1562), 99: "Habitat Christus in nobis, sed tamen per fidem."

92 B. Eph. (1562), 114: "Viuo iam non ego, sed vivit in me Christus." 참고. Gal. 2:20.

그리스도께서는 지상 교회를 다스리시기 위해 누군가를 자신의 '대리자'로 삼으실 필요가 없다.[94] "이 교회의 지체들 가운데 지상에서 어떤 지체도 교회의 머리인 자는 없다. 교회는 그리스도를 천상의 머리로 가진다. 각 지역의 통치자들과 교사들이 정치적인 단체와 정치적 통치에서는 머리들로 불릴 수 있겠지만 교회의 영역에서는 아니다."[95] 하늘 왕이신 그리스도께서 친히 자신의 교회를 다스리신다. 통치의 권능과 권위는 오직 교회의 유일한 머리이신 그분께만 속한다. 그리스도의 머리되심은 그분의 높아지심을 통해 완성되었다. 왜냐하면 그리스도께서 모든 하늘 위에 높이 들리우셨기 때문이다. "이것은 만물을 충만케 하시기 위해서이다. 즉 하늘과 땅에 있는 만물을 완성하시고 새롭게 하시기 위해서이다. 분명 하늘 도시, 즉 교회를 세우시기 위해서이다."[96]

유일한 머리이신 분께서 자신의 몸인 교회를 자신의 성령을 통해 살리시고 복되게 하신다.[97] 영광스럽게 되신 중보자로서의 그리스도께서는 자기 백성의 머리이시다. "이들은 하나님으로부터 난 자들이요 그리스도의 몸이다."[98] 부써

---

93 B. Eph. (1562), 112: "…: Neutri tamen membra fiunt vnquam vera corporis Christi quia in Christo non viuunt."

94 BOL 15, 44 (RC. 1551): "His enim docemur, sicut ex sequenti dicto: *Et seruus meus Dauid erit princeps in medio eorum*, Ecclesiam Christi unicum tantum habere caput, summum pastorem et principem Christum, ipsumque esse semper in medio suorum, nec ullis habere opus uicariis, tametsi utatur ministris, ut supra dictum."

95 B. Eph. (1562), 36: "Inter huius Ecclesiae membra nullum est in terris, quod sit eius caput, sed caput in caelis habet Christum. Principes quidem & singulorum locorum magistratus, capita dici possunt, sed non in Ecclesiastico: verum in politico corpore, & in politica gubernatione: …"

96 B. Eph. (1562), 106: "Vt impleret omnia: id est perficeret & instauraret omnia, quae in caelo sunt, & quae in terra: vt plene exaedificaret ciuitatem caelestem, id est Ecclesiam."

97 BDS 4, 49 (Berner Disputation. 1528): "Paulus nennt Christum dahar das houpt der Kirchen, das er sy durch sin geyst labendig und salig machet, wie min bruder Berchtold anzogen hat. Solichs vermag nun niemant, dann alleyn Christus."

98 BDS 2, 117 (Handel mit Cunrat Treger. 1524): "Die uß Gott geporen seind, die

에게 있어서 교회는 '높아지신 그리스도의 몸'(corpus Christi exaltati)이다. 교회는 자신의 생명을 하늘로부터 받는데, 그곳에는 그리스도께서 머리로 좌정하고 계신다. "머리가 있는 곳에 지체도 있기 때문에, 또한 그리스도의 부활과 이분의 천상의 생명으로부터-이 생명으로 그분은 우리 속에 사신다-천상의 생명이 우리에게 거져 주어졌기 때문에 우리는 확실히 지상의 시민권을 포기했다. 그리고 우리의 시민권은 하늘에 있다."(빌 3:20)[99]

하나님께서는 자신의 백성을 구원하시고 마귀의 독재에서 해방시키시기 위해 자신의 아들을 모든 피조물의 머리로 세우셨을 뿐만 아니라 또한 그분을 신적인 선과 권능의 모든 통치 위에 세우셨다. 따라서 머리이신 그리스도께서 그들 속에 교회를 충만케 하신다. 왜냐하면 교회는 그분의 살 중의 살이요, 몸 중의 몸이며 뼈 중의 뼈이기 때문이다.[100] "그분께서 우리 자신의 비천함과 버려짐이라는 계곡으로부터 산, 하나님의 도성, 그리스도의 교회, 진리의 산 위에 세워진 도성에 오르신 후에, 바로 이 산 위에서, 저 돌로 모든 왕국을 허물어뜨림으로써 온 세상을 충만케하시는 분으로 주어진다.[단 2:34-35] 우리가 우리의 마음 가장 깊은 곳으로부터, 그리고 확고한 믿음으로 기도할 수 있고, 그래서 결국 기도함으로 그것을 얻을 수 있도록 우리 주님이신 구원자께서 이 자체를 우리에게 베푸실 수 있기를! 아멘!"[101]

---

seind der leib Christi, …"

99 B. Eph. (1562), 59: "Quia vbi est caput, ibi erunt quoque membra: & quia ex resurrectione Christi, & vita eius caelesti, qua in nobis viuit, donata est nobis vita caelestis: nam terrestrem deposuimus, & nostrum polu,teuma est in caelis. Philip. & Coloss. 2."

100 B. Eph. (1562), 35: "Proposuit Deus filium suum omnibus creaturis, quamadmodum paulo ante dictum est, vt suos seruet, et asserat à tyrannide diaboli: posuit, inquam, super omnem administrationem bonitatis & potenttae diuinae, ac gratiarum infusionem, vt eis impleat Ecclesiam, cuius est caput, quae est caro de carne eius, corpus eius, os ex ossibus eius."

101 Scripta duo (1544), 124: "Ex hac ualle humiliationis & abiectionis nostri ipsorum,

그리스도께서는 자신의 몸인 교회의 머리이시다. 머리가 몸을 위해 존재하는 것처럼 그리스도 역시 자신의 몸을 구성하고 있는 자기 백성들을 위해 존재하신다. 이 머리는 그 지체들에게 나쁘고 해로운 수액을 주입시키는 것이 아니라 생명만을, 그것도 영원한 생명만을 주입시킨다.102 그들 모두의 생명과 활동과 생각과 행동은 그리스도로부터 나온다.103 그러므로 모임들은 오직 그리스도만을 바라보아야 하는데, 그분은 "모든 사람의 수장이시고 성도들의 머리이시며 새롭게 하시는 분이시다."104 하나님의 지혜이신 그리스도만이 온 몸을 통치하시기 때문에 그 몸의 참된 지체들은 철저하게 그분에 의해 다스려지기 위해서 자신을 그분께 굴복시킨다.105

"그리스도의 교회는 중생을 통해 그리스도의 몸에 연합되고 결합된 온 백성이며 사람들의 모임이다. 그리스도께서 친히 그 백성과 모임을 영원한 생명을 위해 모으시고 거룩하게 하시고 다스리시고 고치시고 새롭게 하신다."106 "그

---

datur post ascendere in montem, & ciuitatem Dei, Ecclesiam Christi, ciuitatem constructam in monte ueritatis, in monte, qui ex lapide illo comminuente omnia regna pro genitus, impleuit totam terram. Hoc ipsum Dominus & Seruator noster largiatur nobis, ut ex intimo corde, & certa fide possimus orare, & tandem exorare. Amen."

102 B. Eph. (1562), 35: "Caput hoc nullum vitiosum ac noxium humorem, nullum pituitam in sua membra instillat, sed solam vitam, & eam aeternam." 비교. BOL 15, 302 (RC. 1551): "…, Christum regem datoremque uitae aeternae inter suos et subditos praesto ubique futurum, …"

103 B. Eph. (1527), 45b: "…, omnis uita, motus, sensus & actus, ab ipso est, …"

104 B. Eph. (1527), 43a: "…, omnium princeps, & Sanctorum caput, atque instaurator …"

105 B. Eph. (1562), 35: "Sapientis est gubernare totum corpus: ergo vera membra eius, ei se tota contradunt gubernanda, …" 비교. B. Eph. (1527), 97b: "…, ei se totam subdit, idque ex animo, sciens ipsum sui saluatorem."

106 B. Eph. (1562), 111 (= TA, 556): "Ecclesiam Christi esse omnem populum & hominum coetus, in corpus Christi regeneratione coaptatum, & compactum, quem ipse colligit sibi, sanctificat, regit, gubernat, sanat, instaurat ad vitam aeternam."

러므로 성경은 그분을 하늘의 왕으로, 교회를 하늘 나라로 부르고, 그분을 스승으로, 그리스도인들을 제자들로 부르며, 그분을 목자로, 교회를 그의 양떼로, 그분을 머리로, 그리스도인들을 그의 지체로 부른다. 또한 그분을 신랑으로, 교회를 신부로 부르는데, 이 교회는 그분께서 이 교회를 자신 앞에서 점도 흠도 없는 영광스러운 교회로 세우실 때까지 친히 깨끗하게 하시고 순결하게 하시는 신부이다. 그리고 성경은 그분을 의사로, 그리스도인들을 환자들로, 그분을 심판자와 징벌자로, 그리스도인들을 심판을 받고 징벌을 받는 자들로 부른다."[107]

하나의 머리 아래 모든 선택받는 자들은 한 몸과 한 무리, 즉 한 교회를 이루는데, 이방인들과 유대인들로 구성된 이 교회는 한 목자요 교회의 머리이신 그리스도 아래 하나가 된다.[108] 그리스도의 한 몸인 교회의 특성은 역동적이다. 살아 있는 몸은 성장하기 때문에 교회는 결코 정적일 수 없다. "여기서 우리는 참된 그리스도의 교회인 그리스도의 몸이 매일 좋아져야 한다는 것이다. 즉 그리스도에 대한 우리의 믿음과 지식이 점점 증가하고 자라가야 한다는 것이다."[109] 모든 지체들에게 머리이신 그리스도의 '살게 하는 힘'(vis vivifica)이

---

107 BDS 7, 103 (Von der waren seelsorge. 1538): "Darumb dann die schrifft in heisset den Konig der himel, die kirch das reich der himel, in den Meister, die Christen seine junger und schuler, in den hirten, die Kirch seine herd, in das haupt, die Christen seine glider, in den breütgam, die Kirch die braut, welche er im reinigt und seübert, bis er sie im selb darstelle ein herliche Gemeinde, die weder flecken noch runtzel habe, in den artzet, die Christen die krancken, in den richter und zuchtiger, die Christen die, so gerichtet und gezüchtiget werden."

108 BOL 2, 344 (Ioh. 1536): "De electis ex gentibus loquitur quae non erant de ovili, in quo pridem erant electi ex Ebraeis. Et has igitur adducturum tempore comprobatum est factumque ita est unum ovile [Io 10, 16], id est una ecclesia ex gentibus et Iudaeis congregata sub uno pastore, capite huius ecclesiae, Christo [Eph. 1, 22]."

109 BDS 2, 106 (Handel mit Cunrat Treger. 1524): "Hye horen wir, das der leib Christi, welchs ye die wor christlich Kirch ist, mussz taglich bessert werden, das ist, wir mussen im glauben und erkanntnüß Christi zunemen und wachsen."

그들과 가지는 '그리스도의 교제'(communicatio Christi)를 통해 주어진다.110 그리스도와의, 그리스도 안에서의 이 교제를 통해 몸인 교회는 머리이신 그리스도의 완전하심에 이를 때까지 성장해갈 수 있고 성장해가야 한다. 왜냐하면 교회는 그리스도의 몸이요 그분의 충만이기 때문이다.111

VII. 결론

그리스도께서는 "모든 영적 축복과 믿음과 성령의 저자, 즉 중생 전체의 저자"(autor omnis benedictionis spiritualis, fidei, spiritus: totius regenerationis)이시다.112 하나님께서 자신의 백성을 선택하신 예정은 그리스도 안에서, 그리고 그리스도를 통해 이루어졌다. 즉 그리스도께서는 이러한 하나님 선택의 유일한 기초이시며 또한 유일한 중보자이시다. 따라서 참된 그리스도인들은 그리스도 안에서 선택된 자들을 의미한다. 또한 그들은 하나님이시고 동시에 인간이신 그리스도, 자기 백성의 기쁨과 구원이신 그리스도를 믿는 자들이다.

하지만 하나님이신 그리스도께서는 그 선택의 주체이시기도 하다. 그리스도 없이는 선택도 구원도 교회도 없다. 그리스도의 한 몸인 교회는 하나의 기초와 모퉁이돌이신 그리스도 안에서 세워진다. 그 몸의 지체들은 오직 그리스도 안에서, 그리스도를 통해 하나님을 만날 수 있다. 그리스도께서 자신의 보배로

---

110 B. Eph. (1562), 36: "Caput in omnia membra vim quandam viuificam influit, ac communicat: similis est cum suis membris, ···"
111 B. Eph. (1527), 45b: "···, quod Christus nobis caput, & nos illius corpus, et plenitudo sumus."
112 B. Eph. (1562), 21.

운 피로 그들의 모든 죄를 제거하셨고 그들을 하나님과 화해시키신 중보자요 구원자이시기 때문이다. 하나님께서는 자신의 백성 모두를 그리스도 안에서, 그리스도를 통해 부르신다. 자신을 낮추어 선지자와 희생제물과 대제사장으로 이 땅에 오신 중보자께서 지금은 높아지셔서 하나님의 우편에 앉으신 왕으로 하늘과 땅의 모든 것을 다스리신다.

영광을 받으신 그리스도께서는 특별히 자신의 몸인 교회를 다스리신다. 왜냐하면 그분은 교회의 유일한 머리시기 때문이다. 그러므로 영광스럽게 되신 왕 그리스도께서는 자신의 몸인 교회를 지금도 자신의 성령과 말씀으로 통치하신다. 교회에 대한 그리스도의 통치는 세상에 대한 그분의 통치와 다르다. 그분은 교회의 머리시며 또한 세상의 머리로서 그 둘 다를 다스리시지만 그분의 몸은 오직 교회뿐이다. 그리스도의 몸인 교회는 그분의 뼈 중에 뼈요 살 중의 살인 그리스도의 신부다. 그분은 왕으로서 자신의 백성을 다스리시고 신랑으로서 그들과 교제하신다.

그분은 성령을 통해 교회를 다스리시되 사랑의 교제 안에서 다스리신다. 통치와 교제는 교회가 그리스도의 몸이라는 사실의 이중적 의미이다. 그리스도와의 교제는 성도들의 교제를 통해 이 세상에 실현된다. 그리스도와의 교제, 그리스도 안에서의 교제는 성령을 통해 유지되고 완성된다. 그리스도와의 교제, 그리스도 안에서의 교제가 부써 교회 개념의 중심이다. 그러므로 우리는 부써에게 있어서 교회를 믿음공동체와 사랑공동체로 특징 지울 수 있다. 이러한 그리스도와의 교제, 그리스도 안에서의 교제는 세상 끝 날까지 계속해서 성장한다. 이와 같은 교제를 달리 말하면 통치, 즉 그리스도의 통치다. 그러므로 부써에게 교회는 그리스도의 나라다.

필립 멜랑흐톤의 기독론

김진국

(대신총회신학연구원, 교회사)

Philip Melanchthon(1497-1560)

필자는 안양대학교 목회학과를 졸업하고, 안양대학교 신학대학원에서 목회학석사(M. div)와 신학 석사(Th.M)학위를 받고, 네덜란드 아펠도른 기독 개혁 신학 대학교에서 헤르만 셀더하위스 교수 지도로 "멜란히톤의 후기 저작들에 있어서 종교개혁적 교회사역론 그리고 루터와 칼빈과의 비교 연구"로 신학박사를(Th.D) 취득했다. 현재 대신총회신학연구원 교회사 주임 교수로 섬기고 있으며, 시흥동에 동산교회(대신)에서 교육목사로 사역하고 있다.

김진국

I. 들어가며

종교개혁이란 무엇인가? "교회개혁", "회복", "갱신", "변화", "재형성" 등 여러 가지 내용을 포함할 수 있겠지만, 삼위일체적인 기독론적 관점을 보자면, 그리스도께서 성자(또는 하나님으로서)로서와 중보자로서 일하시는 것이 구별되지만 역동적으로 상호 관련을 가지며 일어나는 일을 종교개혁(Reformation)이라 볼 수 있을 것이다. 이런 일이 특정한 시기에 두드러지게 지속적으로 일어났다.

멜랑흐톤이 루터를 만나서 그에게서 복음을 듣게 되어, 종교개혁에 가담하게 되었다. 루터와의 만남이 멜랑흐톤의 생애를 종교개혁가로 이끄는 계기가 된 것이다. 멜랑흐톤의 신학은 루터에게 토대를 두고 있으며, 그의 생애 가운데 진전을 이루게 된다. 멜랑흐톤의 기독론도 역시 루터의 기독론 위에 전개되고 있음은 부정할 수 없을 것이다. 그렇다고 루터의 신학을 그대로 모방한 것은 아니다. 루터의 기독론을 토대로 멜랑흐톤적 기독론이 더 발전하게 되어 루터파와 개혁파에 공히 영향을 미치게 되었다.

헨드릭 스퇴셀은 멜랑흐톤이 기독론에 관한 독립적인 항목을 쓰지 않고, 성찬론과 본성론에 대해 삼위일체론과 연결지어 설명했다고 한다.1 그래서 이제껏 이 주제에 대한 단행본이 출판된 적이 없어도 놀라운 일이 아니라고 한다. 그는 멜랑흐톤이 루터를 만난 후에 중세 스콜라 신학과는 전혀 다른 의미에서 "1519년 테제" 가운데 9번째에서 "그리스도의 은택은 의이다"2라고

---

1 Hendrik Stössel, "Christologie", in Günter Frank(H.g.), *Philip Melanchthon: Der Reformator zwischen Glauben und Wissen ein Handbuch* (Berlin/Boston, de Gruyter, 2017), 377.

2 Hendrik Stössel, Christologie, 377. "무엇이 그리스도께서 그의 피를 통해 온 세상에 야기한 그 참된 은택보다 더 무거운 것이 있으랴!(MSA 1, 30, 10-12)"라고 한 멜랑흐톤의 논조가

선언함을 주목한다. 그에 따르면 한 해 후에 "바울서신에 대한 짧은 강의"에서 "그리스도의 은택은 양심과 마음이 효과 있도록 작용 한다"고 언급했다고 한다. 멜랑흐톤의 (신앙)정서론(Affektenlehre)이 멜랑흐톤의 인간론에서와 같이 신학에도 중심임을 지적한다. 각각 가장 강한 정서가 의지를 주관한다는 말이라 한다.3 이런 그의 전제들 아래 신학과 기독론이 특별히 사변적이지 않고 실천적인 부문으로서 드러남에 방점을 둔다.

헨드릭 스퇴셀에 따르면, 마틴 루터가 이미 형성했던 "참된 신학은 실천적이고, 그리고 그 기초는 그리스도이고, 그의 죽음이 신앙을 통해 받아들여진다. 오늘 그 참된 신학이 우리와 일치하지 않는 신학을 몰아내고, 우리의 가르침을 견고히 한다. 왜냐하면 그 신학은 숙고함으로부터 기인하는 것이 아니라, ... 그러므로 사변적 신학은 지옥에 있는 마귀들 안에 속한 것이다"라는 관점에 멜랑흐톤이 연결지어 신학을 펼친 것이라고 한다.4 루터가 일찍이 신학에 대한 이런 기초를 토대로, 루터의 발전된 구별인 영광의 신학과 십자가 신학이 나오게 된 것이라고 한다. 멜랑흐톤은 루터의 이런 관점을 잇고 있으며, 이에 따라서 통일된 탁월한 진술이 나타나게 되는데, 필립 멜랑흐톤의 기독론이 성찬론과 본성론과 삼위일체론의 관점에서 뿐만 아니라, 더욱더 통일적 신학적 목회적 무게를 가진다고 한다. 그의 기독론은 종교개혁자의 실천적 규율로서 이해되었고, 조직적 세분화라는 측면에서 뿐만 아니라 사람의 신앙과 생활을 위한 실존적인 일상의 관점으로 이해하는 것을 통해 도달한다고 말한다.5

수백년 후에 바르멘 테제 두 번째 항목, 즉 '예수 그리스도가 모든 우리의 죄에 대한 용서의 하나님의 약속이신 것처럼, 그렇게 그리고 그런 진지함으로 그리스도가 우리의 전 인생의 하나님의 더 강력한 요구이다; 그리스도를 통해 이 세상의 불경건한 관계들로부터 그의 피조물들에게 기쁜 자유가 자유롭고 감사하는 봉사로서 우리에게 미치게 하였다'라는 테제에 받아졌다고 스퇴셀은 보고 있다.

3 Hendrik Stössel, "Christologie", 378.
4 Hendrik Stössel, "Christologie", 378.

헤르만 셀더하위스 교수는 그의 멜랑흐톤 연구와 멜랑흐톤의 제자들을 통한 17세기 개혁신학의 영향의 연구를 통해 멜랑흐톤의 신학에는 교회 성도들을 고려한 목회적, 신학적 진술이 특징임을 밝혔다.6 그런 신학적 경향은 멜랑흐톤의 신학에 뿌리놓여져 있다고 볼 수 있는데, 멜랑흐톤의 그런 신학적 특징으로 말미암아 기독론이 구원론적인 관점과 연결되고 있다. 멜랑흐톤은 그리스도에 대한 이해를 신론과 기독론 관점에서 분명히 구별하고 있으며, 신론 관점에서 삼위일체 관점과 기독론 관점에서 구원론 관점을 명확히 구별하고 있다.7 그와 동시에 이번 연구에서 주목하고자 하는 바는 멜랑흐톤의 기독론이 교회론 및 교회사역과 밀접하게 연결되고 있다는 것이다.

본 고에서는 멜랑흐톤의 기독론이 어떤 관점에서 쓰여졌고, 무엇을 위해 쓰여졌는지 논의하고자 한다. 그의 기독론의 특징과 의미가 무엇인가 알아보고자 한다. 그리고 기독론이 그 외에 다른 교의와 어떻게 연관이 있는지, 그리고 끝 부분에서 루터와 칼빈과의 비슷한 점과 차이점은 무엇인지 살펴보고, 멜랑흐톤의 기독론이 후대에 끼친 영향에 대해 짧은 언급을 하고 마치고자 한다.

II. 멜랑흐톤의 기독론의 전개과정

1. 신학총론(1521)에서

---

5 Hendrik Stössel, "Christologie", 378.

6 김진국, "필립 멜랑흐톤의 신학", 「갱신과 부흥」 19호 (2017), 7-37.

7 김진국, "멜랑흐톤의 신론", 개혁주의학술원 편, 『종교개혁과 하나님』 (부산: 고신대학교 개혁주의 학술원, 2018), 94-95.

멜랑흐톤은 특히 그의 종교개혁 초기 신학에 있어서 중세 스콜라 신학자들의 사변적 신학에 반대하여 하나님에 대한 이해나 성자 그리스도에 대한 가르침을 복음의 관점에서 구원과 관련된 칭의, 죄사함, 영생과 관련하여 집중하여 전개하여 그리스도 안에서 주어진 약속을 드높이고 있다.[8] 은혜로운 언약적 관점에서 그리스도 안에 구원과 삶에 필요한 모든 것이 있음을 설파한다: "한 마디로, 그리스도를 소유하고 있는 사람은 모든 것을 가지고 있고 모든 것을 할 수 있다. 왜냐하면 의, 평화, 생명, 그리고 구원이 그리스도 안에 있기 때문이다"[9]. 하나님이 그리스도를 통해 자비로운 약속 안에서 알리신 은혜가 복음 안에 있다. 그리스도를 믿는다는 것은 그리스도의 역사 자체를 지식적으로 알고 믿는 것이 아니라, 그리스도께서 신자의 유익과 구원을 위해 이루신 일을 믿는 것이라며, 구원론적으로, 목회적으로 그리스도에 대해 말한다.

"그리스도가 왜 육신을 입고, 왜 십자가에 못 박혔으며, 왜 죽음 후에 생명으로 돌아오셨는지를 믿는 것이다. 물론 그 이유는 그리스도가 그를 믿을 많은 사람들을 의롭게 하시려는 것이다. 여러분이 이러한 일들이 여러분의 유익과 구원을 위하여 행해졌다고 믿는다면, 여러분은 축복된 믿음을 가지고 있는 것이다."[10]

멜랑흐톤은 그리스도를 안다는 것은 그리스도만 아는 것이 아니라 죄의 능력, 율법, 그리고 은혜에 관해 알아야 그리스도를 진정 안다고 말하고 있다. 스콜라주의자들처럼 그리스도의 본성들과 성육신의 방법을 지나치게 사변적으로 철학적으로 추구하는 것에 대해서 반대하며, 그리스도의 구속과 그 구속

---

8 멜란히톤 · 부처, 『멜란히톤과 부처』, 이은선, 최윤배 역 (서울: 두란노아카데미, 2011), 158-59.
9 멜란히톤 · 부처, 『멜란히톤과 부처』, 157.
10 멜란히톤 · 부처, 『멜란히톤과 부처』, 159.

사역이 신자에게 적용(은총의 내용들)되는 것에 기독론의 중심이 있다. 즉 그에 따르면, 기독론은 그리스도의 위격을 단지 지식적으로 아는 것만으로 의미가 없고, 기독론 그 자체로서 분리된 것이 아니라, 기독론은 구원론과 이어져야 하고, 구원론의 토대로서 기독론이 제시되어야 한다. 기독론은 구원론의 토대요, 구원론은 기독론의 바탕 위에서 전개되어야 한다. 구원론과 연결지을 수 없는 기독론은 사변적이고, 참된 기독론이 없는 구원론은 결국 공로사상 내지 신비주의사상에 빠지게 되는 우를 범하게 된다.

"그러나 나는 다른 근본적인 것들, 즉 '죄의 능력', '율법', 그리고 '은혜'에 관해 무지한 사람에 대해, 그를 어떻게 그리스도인이라고 부를 수 있는지 알지 못한다. 왜냐하면 이러한 근본적인 것들로부터 그리스도를 알 수 있기 때문이다. 그리스도를 아는 것은 그들이 가르치는 바와 같이, 그리스도의 본성들과 성육신의 방법들을 아는 것이 아니다. 그의 은총들을 알아야 하기 때문이다. 우리가 그리스도께서 육신을 입고 십자가에 못 박히신 이유를 알지 못한다면, 단지 그에 대한 역사를 아는 이러한 것이 여러분에게 무슨 유익이 있을 것인가? … 그러므로 우리는 스콜라주의자들이 제시하는 것과 다른 방식으로 그리스도를 아는 것이 타당하다."[11]

기독론과 구원론의 연결점을 멜랑흐톤에게는 "그리스도 덕분에", "오직 믿음", "오직 은혜(은총)"로 보고, 은택의 내용으로서 칭의론, 죄의 용서, 영생, 새로운 순종 등으로 잇고 있다. 훗날 칼빈은 루터와 멜랑흐톤과 다른 방식으로 이 연결점을 찾았는데, 그것은 그리스도와 신비한 연합으로 잇고 있다.[12]

---

11 멜란히톤 · 부처, 『멜란히톤과 부처』, 56.
12 Calvin, Johannes, *Unterricht in der christlichen Religion, Institutio Christianae Religionis*, Übersetzt von Otto Weber (Neukirchen-Vluyn, Neukirchener Verlag,

멜랑흐톤이 그의 신학총론의 율법, 복음 그리고 신앙에 대한 전체의 논의를
명제로 정리하였다. 그 가운데 그리스도에 대한 기독론적인 내용을 살펴보면
다음과 같다.

"8. 죄를 인정하고 있고 율법으로 절망한 양심에게, 복음은 그리스도를 계시한
다. 9. 그러므로 요한은 회개를 설교하는 바로 그 시간에 그리스도를 드러낸다.
... 10. 우리가 우리에게 그리스도를 보여주는 복음을 믿고 그리고 그리스도를
은혜를 주시는 아버지와 화목케 하신 분으로 수용하는 이 믿음이 우리의 의이
다. ... 11. 실질적으로 믿음만이 의롭게 한다면, 분명히 우리의 공로들 혹은
우리의 행위들에 대한 고려는 없고, 오직 그리스도의 공로만이 고려된다. 12.
이러한 믿음은 심령을 고요하게 기쁘게 만든다. ... 13. 믿음의 결과는 그리스도
로 인한 죄의 용서라는 매우 중요한 복에 대해, 우리가 차례로 하나님을 사랑하
게 만든다. ... 19. 하나님께서 그리스도를 보여주며 복음을 통해 인간의 마음을
위로하고 위문하실 때, 그 때에 마침내 마음은 하나님을 알게 된다. ... 22.
자비는 약속을 통하여 드러난다. 23. 때때로 물질적인 것들이 약속되고, 때때로
영적인 것들이 약속된다. 24. 율법에서 가나안 땅, 왕국 등과 같은 물질적인
것들이 약속된다. 25. 복음은 은혜 혹은 그리스도를 통한 죄의 용서의 약속이다.
26. 모든 물질적인 약속은 그리스도에 대한 약속에 달려있다. 27. 첫 번째
약속은 은혜 혹은 그리스도에 대한 약속이기 때문이다. 이 약속은 '그가 네
머리를 깨뜨릴 것이라'라는 창세기 3:15에서 발견된다. ... 29. 그러므로 그리
스도가 아브라함의 자손에게 태어날 것이기 때문에, 땅 등의 소유에 대한 율법
에 첨가된 약속이 오실 그리스도에 대한 희미한 약속들이었다. ... 30. 그리스도

2009), 287. "III 권. 우리가 그리스도의 은혜에 참여하는 것이 어떤 방식으로 되어, 우리에게
어떤 열매가 자라나고 어떤 효력을 주는 것인지", "IV권. 하나님께서 그리스도와의 공동체로
초대하고 유지하는 외부적 수단들"; Randall C. Zachman, "Communio cum Christo",
in Selderhuis, J. Herman (Hg.), *Calvin Handbuch* (Tübingen, Mohr Siebeck 2008),
359-66.

의 탄생으로 인류에 대한 약속들은 성취되었고, 그리스도가 이를 위해 태어난 죄의 용서는 공개적으로 이루어졌다. 31. 구약의 약속들은 오실 그리스도와 또한 미래의 어느 시기에 공표될 은혜의 약속의 표지들이다. 바로 은혜의 약속인 복음은 이미 알려져 오고 있었다."[13]

여기서 기독론은 구원과 그 은택과 연결되고, 기독론은 복음, 즉 은혜 혹은 그리스도를 통한 죄의 용서의 약속 후에 있다. 여기서 개신교, 개혁신학의 기독론의 위치가 정해졌다고 볼 수 있다. 즉 은혜언약 안에 인간을 구속하기 위한 중보자 그리스도에 대한 신학적 로찌(기독론)가 정돈되었다고 볼 수 있다. 하나님의 언약 뒤에 기독론(예수 그리스도)이 이어진다. 중세의 스콜라주의는 주된 관심사가 하나님, 존재, 피조물인 자연과 인간, 그리스도의 인성이 신성에 흡수되는 된다는 사상이었고, 아퀴나스는 속죄교리를 성례전과 연결시켰다.[14] 그들은 구속주 그리스도를 구원론적, 목회론적으로 방점을 두지는 않았다. 이와 대조적으로 멜랑흐톤은 언약론 다음에 기독론이 있고, 기독론은 구원론으로 연결하는 개신교 신학을 열었다. 이미 멜랑흐톤은 로마서를 강해하고 신학적 주제들을 정리한 결과 1521년에 개신교 개혁신학적 로찌의 체계를 수립했다.[15]

멜랑흐톤은 그리스도의 직분에 대해서도 그리스도의 왕직과 제사장직에 대해서 믿는 자들의 위로와 구원과 관련하여 명료하게 증거한다.[16] 다소 불분명

---

13 멜란히톤 · 부처, 『멜란히톤과 부처』, 176-78.

14 뱅트 헤그룬트, 『신학사』, 박희석 역 (서울: 성광문화사, 2014), 262.

15 멜란히톤 · 부처, 『멜란히톤과 부처』, 55. "하나님, 일체, 삼위, 창조, 인간; 인간의 능력, 죄, 죄의 열매, 악덕들, 형벌, 율법, 약속들, 그리스도를 통한 갱신, 은혜, 은혜의 열매들, 믿음, 소망, 사랑, 예정, 성례의 표지들, 사람의 신분, 관리, 주교들, 정죄, 행복"

16 Jin Kook Kim, *Die reformatorische Amtslehre bei Melanchthon*, in seinen späteren

한 것은 그리스도의 선지자 직분인데, 그럼에도 불구하고 그에 대해 함의하고 있다고 볼 수 있다. 멜랑흐톤은 신명기 18장 18절을 그리스도의 약속과 관련하여 인용하여 설명하는데, 그것을 선지자직을 함의한 것으로 볼 수도 있다. 그리스도의 삼중직분이 조직적이지 않으나 이미 포함되어 있다고 볼 수 있다. 여기서부터 목회자나 교사는 하나님의 말씀의 사역자라는 인식이 나오게 되는 것이다. 하나님 말씀은 그리스도께서 주셨는데, 그 말씀을 섬기는 자들이 교역자인 것이다.[17]

2. 아우구스부르그 신조(1530, 1531 변증서)에서

아우구스부르그 신조는[18] 종교개혁 시기의 루터를 중심한 개신교회의 공식적 신앙고백이다. 여기서 멜랑흐톤이 '하나님의 아들(성자)에 대해서'라는 3번째 항목에서 고백한 내용이 기독론에 해당되는 내용이다. 이 고백은 고대신조들에 충실하며, 특히 사도신경의 내용을 기초로 하고 있다. 그리스도의 성육신

Werken und im Vergleich Luther und Calvin (Münster: Lit Verlag, 2017), 27-28. "멜랑흐톤은 신학총론(1521) 이래로 육신적인 것의 구약의 약속된 왕국이 자체를 위해 있지 않고, 오히려 믿는 자들의 구원론적 관점으로 그리스도와 함께 연결되어 있다. 만약 그들이 그리스도를 왕으로 믿는다면, 그리스도 아래 예속된 모든 것은 그리스도의 형제인 믿는 자들에게도 또한 예속되어 있다. 그가 서론에서 그에 대해서 확증하였던 것처럼, 그리스도의 왕직이 멜랑흐톤에 의해 믿는 자들의 위로나 구원론적으로 1521년에 특징화되어 있다. 하나님 아들은 시편 2편에 따라 구원할 것이고, 너희들의 왕이며 너희들의 요새이다. 멜랑흐톤은 의식적인 법에 관련하여 레위적 대제사장과 아론의 제사를 그리스도의 제사직으로 가리키고 있다. 믿는 자들의 칭의는 그리스도의 제사장 사역을 통해서 확정된다."

17 Jin Kook Kim, *Die reformatorische Amtslehre bei Melanchthon*, 28. "그리스도의 삼중직분은 신학총론에서 조직적이지는 않으나, 구원론적 강조의 관점에서 땅 안에 씨앗처럼 근거 지워지고 있다. 구약의 이 약속은 멜랑흐톤에 의해서 은혜의 약속을 향해 기독론적으로 확정된다... 그리스도라는 이름은 멜랑흐톤에 의해 1521년에 하나님아들이란 이름보다 더 많이 기록된다. 그것을 가지고 생각할 수 있는 것은, 멜랑흐톤이 1521년에 구원론적인 역점을 가르치고 있다는 점이다. 그리스도의 삼중직에 관한 교리는 이 교리의 씨로서 다른 종교개혁자들과 개신교 정통주의에 영향을 미친다고 할 수 있다."

18 마르틴 융, 『멜란히톤과 그의 시대』, 이미선 역 (서울: 홍성사, 2013), 66-74.

을 말하면서, 이어서 그의 이성일인격을 고백한다. 그리고 그리스도가 원죄뿐만 아니라 모든 다른 죄들을 위한 희생제물이 되심을 그리고 하나님의 진노를 화목케 하셨음을 고백하고 있다. 이어서 4번째 항목(칭의에 대해서)에 대해서 고백하는 바, 죄용서와 칭의가 그리스도 덕분에 은혜로부터 신앙을 통해서 (gratis iutificentur propter Christum per fidem, gerecht werden aus Gnade um Christi willen durch den Glauben) 주어진다고 했다. 그렇게 될 수 있었던 것은 바로 그리스도의 구속사역 때문이라고 고백한다.19

아우구스부르그 변증서는 아우구스부르그 신앙고백에 대한 로마 가톨릭의 악한 반론에 대해 변증한 신앙고백서이다. 여기서 그리스도의 이성일인격에 대해서 로마 가톨릭도 동의하고 있음을 말한다. 하지만 로마 가톨릭이 집요하게 반대하고 공격하는 것은 기독론에 근거한 구원론의 내용에서 칭의, 교회사역, 새로운 순종에 대해서이다. 아우구스부르그 신조에서 칭의, 교회사역, 새로운 순종 항목에서 그리스도에 대해서 다음과 같이 고백했다.

"... 우리가 고백하는 바, 그리스도가 우리를 위해 고난받았고, 그분 때문에 죄가 용서받았고 의와 영생을 선물받았다. 왜냐하면 이 신앙은 바울이 로마서 3,4장에서 말하듯이, 하나님께서 그 앞에 의로서 보시고 간주하신다."20
"... 우리가 가르치는 것은 우리가 이것을 믿을 때, 우리의 공로가 아니라 그리스도의 공로를 통해 은혜로운 하나님을 받아들인다."21

---

19 *Die Bekenntnisschriften der evangelisch-lutherischen Kirchen* (Göttingen: V&R, 1986), 62.
20 *Die Bekenntnisschriften der evangelisch-lutherischen Kirchen* (Göttingen: V&R, 1986), 62.
21 *Die Bekenntnisschriften der evangelisch-lutherischen Kirchen* (Göttingen: V&R, 1986), 63.

"... 왜냐하면 그리스도께서 '이와 같이 너희도 명령 받은 것을 다 행한 후에 이르기를 우리는 무익한 종이라'고 말씀하신 것처럼, 우리가 그리스도를 믿음으로 죄용서와 칭의를 받는다. 그렇게 교부들은 가르친다. 왜냐하면 암브로시우스가 '그렇게 하나님께서 결정하셨는데, 그리스도를 믿는 자는 복되고, 행위를 통해서가 아니라 공로 없는 신앙을 통해서만 죄용서를 받는다'라고 말했다."[22]

개신교회가 신앙고백한 것에 대해서 즉 '사람이 그의 공로 때문이 아니라 값없이 그리스도 때문에[23], 그리스도를 믿는 신앙을 통해서 죄용서에 도달하는 것이다'는 가르침을 로마 가톨릭은 맹렬히 공격한 정도가 아니라 신적인 저주를 하였다는 것을 아우구스부르그 변증서를 보면 알게 된다.[24]

"왜냐하면 그들은 양쪽을 저주했는데, 우리가 사람이 그의 공로 때문에 죄용서에 도달한다는 것을 부정한다는 것과 또한 우리가 사람이 신앙을 통해서 죄용서에 도달한다는 것과 그리스도를 믿음으로 의롭게 된다는 것에 대해서 저주한 것이다. ... 이 주된 항목들의 논쟁에서 그리스도의 명예(honor Christi, die Ehre Christi)가 올바른 빛으로 움직이고 더 풍성하게 인식되어 경건한 양심을 필요로 하고 수여되는 위로가 성립되는데, 황제적인 위엄이 우리에게 그렇게 결정적인 요구로 은혜롭게 들릴 것을 우리가 요청하고 있다. 왜냐하면 거기 대적자들이 죄용서가 무엇인지, 신앙이 무엇인지, 은혜가 무엇인지, 칭의가 무엇인지 이해를 하지 못하고 있기 때문이며, 그들이 이런 항목들의 명예를 추악하게 떨어뜨리고, 그리스도의 명예와 은택(Wohltaten)들을 어둡게 하고, 경건

---

22 *Die Bekenntnisschriften der evangelisch-lutherischen Kirchen* (Göttingen: V&R, 1986), 64.

23 Hendrik Stössel, Christologie, 384. "그리스도 때문에"라는 형식(propter-Chrstum-Formel)이 아우구그부르그 신앙고백 변증서에서 173번이나 쓰였다고 한다.

24 *Die Bekenntnisschriften der evangelisch-lutherischen Kirchen* (Göttingen: V&R, 1986), 142.

한 양심들에 있는 그리스도 안에서 약속된 위로들을 빼앗아 버린다"[25]

개신교회의 대적자들인 그 당대의 로마 가톨릭 교회는 "인간의 공로"를 주장하기 위해서 개신교회가 고백하고 있는 그리스도의 명예와 은택들을 어둡게 하고 그리스도 안에서 약속된 위로들을 빼앗아 가는 자들이었다. 로마 가톨릭 교회는 그리스도께서 성도와 참된 교회를 위해 이루신 일과 중보자 그리스도에 대한 은혜로운 약속된 위로를 숨겨 버렸다. 그렇기에 멜랑흐톤과 개신교회는 그리스도의 구속이 성도와 교회를 위해 이루신 일을 높이 알리고, 즉 그리스도의 영광과 은택들(죄용서, 칭의, 새로운 순종 등)을 바르게 세우는 신앙고백을 하였다.

3. 신학총론(1535)과 "교황의 권세 또는 교황의 우선성과 직분권세 (1537)"에서

(1) 신학총론(1535)에서

멜랑흐톤은 한 실체 하나님, 하나님은 영이시며, 고대교회가 우시아로 불리던 것으로 그 스스로 계시는 분으로 존재하시는 분으로 해석하고,[26] 세 위격에 대해서 휘포스타시스로 설명한다.[27] 많은 이단들에 반대해서, 하나님의 아들이 하나님이시라는 관점을 말하면서, 로고스와 영광의 광채(히 1:3)와 하나님의 형상(골 1:15)으로 아들의 신적 존재와 본성, 즉 그리스도의 위격에 대해 바른

---

25 *Die Bekenntnisschriften der evangelisch-lutherischen Kirchen* (Göttingen: V&R, 1986), 142-43.

26 Philipp Melanchthon, *Loci Communes*, das ist, die furnemsten Artikel Christlicher Lere, Übers. v. Justus Jonas (Wittenberg 1536), IV.

27 Philipp Melanchthon, *Die furnemsten Artikel Christlicher Lere* (Wittenberg 1536), VI.

해석을 한다. 중요한 성경, 교부적, 신조적 해석을 통해 세 위격에 대해 해설한다. 뒷 부분에 위격적 연합에 대해서 설명한다. "하나님의 아들이 정해진 때에 동정녀 마리아로부터 인성을 취하셨고, 그 주 그리스도께서 하나님의 독생자이시고, 그 분이 신성과 인성 두 본성이 한 위격 안에 계시다고 한다."[28] 멜랑흐톤은 성령께서 아버지와 아들로부터 나오신다고 하며, 창세기 1장에 "하나님의 영이 수면 위에 운행하시니라"를 고대의 모든 교부들이 말하듯 신성을 드러내는 성령의 위격으로 말한다. 멜랑흐톤은 바로 이어서 창세기 1장에 "하나님이 이르시되"의 말씀을 성자의 위격으로 말한다.

"창세기 1장에 모세가 말한, "하나님이 이르시되..."를 거기서 모세는 영원한 말씀, 즉 하나님이 모든 피조물을 태초에 '창조하시니라(역자주: 말씀하셨던)', 즉 그 말씀은 성부의 말씀이고, 본질적인 하나님의 형상이시고, 즉 하나님의 아들, 성자라고 한다."[29]

마태복음 28장 19절에 아버지와 아들과 성령의 이름으로 세례를 주라는 것으로 삼위의 신적 능력과 죄용서와 은혜가 동일함을 말한다.

멜랑흐톤은 말하기를, 그리스도가 고난 받으심 등에 대한 말은 그의 권세나 신적 본성이나 존재에 대한 말이 아니라, 그의 직분(Amt)에 대해서라고 한다.[30] 또한 '나는 아버지보다 작다', '나는 아버지로부터 명령 받았다', '나는

---

28 Philipp Melanchthon, *Die furnemsten Artikel Christlicher Lere* (Wittenberg 1536), VI.

29 Philipp Melanchthon, *Die furnemsten Artikel Christlicher Lere* (Wittenberg 1536), VII

30 Philipp Melanchthon, *Die furnemsten Artikel Christlicher Lere* (Wittenberg 1536), XIX.

보냄 받았다(missio)'등의 말은 그의 신적 본성이나 존재에 대한 말이 아니라, 그의 위격의 직분에 대한 말이라고 한다. 그리고는 그리스도의 상태에 대해서 까지도 여기서 다루고 있다. 빌립보서 2장의 하나님의 아들이 우리 육신 안에 서 스스로 낮아지신, 종의 형체를 입으신 것을 말하며, 그리스도께서 사망을 이기신 것을 말한다.[31] 두 가지를 기억해야 하는데, 하나는 그리스도가 본성적 으로 하나님의 아들로서 기도를 받으시고 경배를 받으셔야 하는데, 그가 전능 하신 분이시다. 다른 하나는 그리스도가 참된 하나님으로서 신적인 권세와 능력이 있으시고, 사람이 그리스도에게 신적인 명예와 신적인 예배를 드려야 하며, 그리스도인들은 위로받고 확신가운데 간구하고 감사와 찬송과 영광을 돌리며 신뢰할 수 있다고 한다.[32] 멜랑흐톤이 하나님에 대한 항목에서 성자와 성령의 신성에 대해 말하면서, 그리스도의 두 본성과 위격적 연합에 대해서도 짧게 말하고, 그의 신분과 직분에 대해 전개하면서, 그리스도는 기도와 예배의 대상이며, 신적 권세와 명예와 능력이 있는 분임을 놓치지 말아야 함을 굳게 말하고 있다. 신학총론 1535년부터 신론과 기독론의 중요한 주제들을 담고 있고, 멜랑흐톤은 하나님, 삼위 하나님, 성자의 항목에서 다루고 있다.

핸드릭 스퇴셀은 멜랑흐톤이 1528년 이래로 연구했던 골로새서 주석에서 철학과 신학의 관계가 초기 종교개혁과 달라진 점에서 철학을 신학의 방법론으 로는 유용하게 사용하였다고 본다.[33] 멜랑흐톤에 의하면, 철학이 신학의 내용 이 될 수 없고, 철학적 사변을 배제하는 것을 유지해야 한다는 조건하에서

---

31 Philipp Melanchthon, *Die furnemsten Artikel Christlicher Lere* (Wittenberg 1536), XIX.
32 Philipp Melanchthon, *Die furnemsten Artikel Christlicher Lere* (Wittenberg 1536), XX.
33 Hendrik Stössel, "Christologie", 386.

사용하는 것이 바람직하다고 본다. 이런 면이 1530년 초중반에 멜랑흐톤의 신학적 방법론의 변화라고 한다. 하지만, 그의 기독론은 철저히 스콜라주의자들의 사변을 반대했고, 죄를 깨달아 놀란 영혼을 위해 복음, 즉 그리스도를 통한 자비와 은혜의 목소리를 통해 하나님의 알게하는 목회적인 위로하는 그리스도론을 펼쳤다고 한다.

여기서 한 가지 더 주목해 볼 것은 멜랑흐톤의 기독론이 1530년대 중반 교회론과 교회사역론과 밀접한 관련을 갖는다는 점이다. 이것은 1530년대 중반 멜랑흐톤의 신학총론(1535)의 내용 가운데 "교회권세에 대한 항목(열쇠권)"이 자세히 서술되고, 특히 "교회정치(de politia ecclesiatica, Kirchenregiment)" 항목이 새롭게 생겨 교회정치에 대한 중요성과 관심이 많아진 것을 확인할 수 있다.[34] 이 주제를 전개할 때, 그리스도께서 이루시는 면이 많이 부각되고 있다. 이 관점을 볼 수 있는 예를 보면, "주 그리스도께서 모든 경건한 마음을 그리스도의 지식과 신적 진리로 거룩한 기독교회 안에, 기독교적 순수한 가르침으로 일치로 유지하시기를 원하신다."라고[35] 말한다.

(2) "교황의 권세 또는 교황의 우선성과 직분권세(1537)"에서

로마 가톨릭의 교황의 권세를 평가하고 개신교회의 교회사역과 직분을 말한 것으로 "교황의 권세 또는 교황의 우선성과 직분권세"라는 문서로 표현되었다.[36] 필립 멜랑흐톤의 이 글 안에서 교회의 권세와 우선성과 감독에 대해

---

34 Jin Kook Kim, *Die reformatorische Amtslehre bei Melanchthon*, 46-59.
35 Jin Kook Kim, *Die reformatorische Amtslehre bei Melanchthon*, 58-59. 재인용: "Der Herr Christus wölle alle frome hertzen leiten/ zu erkentnis Christi/ und Göttlicher warheit/ und inn der heiligen christlichen Kirchen/ christliche reine lere/ und einigkeit erhalten. Amen."

강하게 반대했으며, 종교개혁적 직분이해 즉 교회사역론, 직분들에 대해, 개신교의 임직의 정당성을 설파했다. 거기서도 그리스도께서 교회에 열쇠권을 주시고(마 18:17,18), 교회사역을 유지함을 말했다.

4. 삭소니 신조(1551)와 목회자 지침서(시험)(Examen Ordinandorum, 1552)에서

(1) 삭소니 신조(1551)에서

멜랑흐톤의 구원과 교회론적 관심을 엿볼 수 있는 신앙고백이 바로 삭소니 신앙고백이다.[37] 멜랑흐톤은 CS(Confessio Saxonica)에서 죄용서와 교회론이 중심 주제였다. 그리스도의 위격과 직분(사역)이 화해자와 중보자로서 CS(Confessio Saxonica)에서 교회사역과 관련해서 앞서 제시되었다.[38] 하나님 아들과 영원한 말씀과 에덴동산에서의 설교자와 교회사역이 교회에 대한 항목 안에 담겨 있다. 멜랑흐톤은 핍박받는 작은 교회를 위해서 하나님 언약과 성령과 그리스도의 함께 하심을 세상 끝날까지 위로로서 연결짓고 있다.

(2) 목회자 지침서(시험)(Examen Ordinandorum, 1552)에서

멜랑흐톤은 이 책에서 다섯가지 항목을 제시하는데, 두 번째 항목에서 그리스도에 대해 교회와 교회사역의 주권자라고 말한다.

"교회사역의 유지, 즉 복음사역에 대해서, 하나님께서 영원한 교회를 커다란 자비와 그의 아들 예수 그리스도 때문에 모으시고 공적으로 회집하시며, 그

---

36 Jin Kook Kim, *Die reformatorische Amtslehre bei Melanchthon*, 59-63.
37 Jin Kook Kim, *Die reformatorische Amtslehre bei Melanchthon*, 90.
38 CR Vol. 28, 496.

안에 사람들이[역자주: 목회자들이] 복음을 회중에게 전해주며, 성례를 수여한다. 하나님의 아들이 스스로 에덴동산에서 첫 설교자와 제사장이 되셨다. 그리고 후에 그가 인간이 되셔서 선포자(설교자)로 보내지셨다. 그리고 앞서 그가 선지자를 그리고 후에 사도들을 보내셨고, '내 아버지가 나를 보낸 것처럼 나도 너희를 보내노라'라고 한 것처럼 보냈다는 말이다."39

여기서 하나님 아들께서 선포자(설교자)와 제사장이 되시고, 구약의 선지자들과 사도들을 보내는 분임을 말하면서, 그리스도께서 기독론적 직분들을 수행하시며, 그가 교회 직분자들을 보내시는 분으로 연결 지으셨다. 멜랑흐톤은 이 책 서론에서 "하나님의 아들께서 에덴동산에서부터 마지막까지 영원한 제사장과 교회사역의 유지자 되신다."40고 말한다. 그는 복음의 사역 관점에서 '로고스'를 설명하는데, 바로 "하나님의 아들이 영원하신 아버지로부터 복음의 사역을 유지하시며, 그리스도인의 마음에 위로를 가르치시고 소생시키신다"41 라고 한다. 말씀이신 그리스도께서 복음사역에서 직접적으로 일하심을 말한다. 그리고 기독론적인 내용을 전개하는데, "속성교류"와 그리스도의 직분들(중보자, 구원자, 제사장, 왕 등), 그리고 그 직분들은 단지 인성만이 아니라 그리스도의 전 위격을 말한다.42 하나님의 아들이 교회에 항상 계시고 약속(언약)을 제공하시며 교회를 모으시고 유지하시고 그의 교회에 순종을 요구하신다고 말한다.43 거기서 그리스도의 보내심과 순종에도 불구하고 그리스도의 권세,

---

39 CR Vol. 23, XXXV.
40 Jin Kook Kim, *Die reformatorische Amtslehre bei Melanchthon*, 90.
41 Jin Kook Kim, *Die reformatorische Amtslehre bei Melanchthon*, 93.
42 Jin Kook Kim, *Die reformatorische Amtslehre bei Melanchthon*, 93.
43 Jin Kook Kim, *Die reformatorische Amtslehre bei Melanchthon*, 94. 재인용 CR Vol. 23, 6. "Filius perpetuo adest Ecclesiae, patefacit promissionem, colligit et servat Ecclesiam, et vult illam suam obedientiam, est intercessor, propitiator et Salvator, propter illam futuram obedientiam, quae est personae, postquam

즉 하나님과 동등한 권세를 가진 것은 포기되는 것이 아니라는 키릴루스의 관점을 견지하고 있다.[44]

 이 책에서 특히 주목할 점은 멜랑흐톤의 기독론이 단지 구원론적인 가르침과 연결될 뿐 아니라 교회론, 즉 그리스도께서 교회를 모으시고 유지하시는 분이며, 특히 교회사역의 주체로서 가르쳐 주고 있다는 점이다. 후기 멜랑흐톤은 이 책에서 보듯이 기독론을 교회론 및 교회사역론과 긴밀히 연결하고 있다. 전기 멜랑흐톤도 1528년 "시찰자를 위한 교훈서"를 작성하면서 교회법에 해당되는 책을 작성하였고, 삭센 교회는 개신교적 시찰직을 시작하였다. 그렇지만 기독론적인 접근을 분명하게는 하지 않았던 것으로 보인다. 그 증거로 아우스부르그 신조(1530년)에서는 하나님께서 교회사역의 근원자로서 제정하시고 주관하시는 것으로 고백하였는데, 아우구스부르그 개정판(1540)에서 그리스도께서 복음 설교직의 제정자이심을 고백하였다.[45] 이와 같은 관점이 7번째 항목인 교회에 대해서도 나오는데, 아우구스부르그 신앙고백 개정판(1540)에 교회를 그리스도의 교회로서 그리고 그리스도의 몸으로서 고백한다.[46] 1540년 개정판에 기독론적인 관점이 교회사역론과 교회에 분명하게 고백되고 있는데, 신학총론(1535년)의 영향이 반영된 것으로 보인다.

---

assumpsit naturam humanam."

44 Jin Kook Kim, *Die reformatorische Amtslehre bei Melanchthon*, 113. 재인용 CR Vol. 23, 6.

45 Jin Kook Kim, *Die reformatorische Amtslehre bei Melanchthon*, 63. 재인용: "CR Vol. 26, 354. "Itaque instituit Christus ministerium docendi Evangelii, quod praedicat poenitentiam et remissionem peccatorm."; Evangelische Bekenntnisse, 37"

46 Jin Kook Kim, *Die reformatorische Amtslehre bei Melanchthon*, 63.

5. 신학총론(1543, 1559)에서

(1) 신학총론(1543,1559)까지의 변화

이 세 번째 시기의 신학총론은 신학생들이 보도록 만든 저작이다. 그래서 멜랑흐톤의 초기의 신학총론과 저작의 목적이 다소 다르다. 종교개혁의 과정을 지나면서 30년 동안의 시간 속에 스콜라신학자들의 폐해는 거의 제거되었으니, 그리고 반삼위일체론자나 아리우스주의자나 세르베투스나 스탄카루스 같이 그리스도의 위격과 두 본성들을 공격하는 자들이 더 개신교를 위협하였기에, 이제 기독론에 대해서 쓸 때, 이전보다 그리스도의 위격과 두 본성들과 위격적 연합에 대해 분명한 내용을 전해야 했다. 멜랑흐톤이 스탄카루스를 반박할 때, 니케아 신경과 칼케돈 신경, 즉 에베소공의회와 키릴루스를 인용하였다.[47]

멜랑흐톤의 1553년 독일어 신학총론에서도 이런 변화를 감지할 수 있다. 특히 1553년 독일어판보다 1555년 독일어판에서 삼위일체와 특히 위격적 사역에 대해서 많이 증보되었다.[48] Ratschow와 Haendler는 멜랑흐톤을 가리켜 기독론적 결핍이 있다고 말하지만, 하인츠 샤이블레는 그것이 타당하지 않음을 논박한다.[49] 그것을 증명하듯이 삼위 하나님 각각의 소항목을 논한 뒤에 '하나님의 영원한 아들이 인성을 그 자신에게 취하심에 관해서'라는 소항목에서 기독론적인 주제가 자세히 다루어진다.[50] 신인이신 그리스도가 한 위격

---

47 Jin Kook Kim, *Die reformatorische Amtslehre bei Melanchthon*, 113.

48 Jin Kook Kim, *Die reformatorische Amtslehre bei Melanchthon*, 112.

49 Jin Kook Kim, *Die reformatorische Amtslehre bei Melanchthon*, 114. 재인용, "Heinz Scheible, TRE, Art. Phillip Melanchthon, 390. ... nahm er (Melanchthon) seit 1535 die altkirchliche Gotteslehre, zu der er sich schon in der CA bekannt hatte, in die Loci auf. ... Von einem christologischen Defizit zu sprechen (Ratschow 62 nach Haendler), scheint deshalb unangemessen."

이신데, 이 전체로서 예수 그리스도가 우리의 구원자요 우리를 위해 인성에 따라 죽으셨다고 한다. 두 번째 논점에서 주님의 전 위격이 두 본성에 관련됨을 말한다. 거기서 멜랑흐톤의 기독론은 구원론과 긴밀히 연결되어 있으며, 구원론적 관점으로 기독론을 전개한다. "중보자 때문에 죄용서와 칭의와 영원한 복이 성령을 통하여 우리에게 주어진다."[51]

(2) 신학총론(1543,1559)의 성자(아들 De filio, Der Sohn)에 대하여

신학총론 세 번째 판에서 즉 1540년대 중반부터 삼위에 대한 항목 안에서 성자에 대해서 독립적인 항목을 나누었다. 멜랑흐톤은 중보자라는 단어를 쓰고, 그리스도의 명칭 관점에서 쓴다.[52] 앞에서 언급했듯이, 삼위일체에 대해서와 성자에 대해서 많은 증보가 이루어지는데, 세르베투스의 위험성과 스텐카루스와 논쟁으로부터 그러하다.

> "그렇게 아들(성자)에 대해 기술되어 있다. 그가 요한복음 1장에 로고스로 칭해진다. 그는 골로새서에서 하나님의 형상이라 일컬어진다. 그는 히브리서에서는 영광의 광채(splendo gloriae, Herrlichkeit des Ruhms), 즉 성부의 존재의 모양 또는 형상이라 지명되었고, 그리고 그것은 공식적으로 아들의 신적 본성에 대한 본문이 말하는 것인데, 왜냐하면 그가 시작하는 말이 '만물이(모든 것이) 그로 말미암아 창조되었고'라고 한다. 니케아 신조에서는 '빛의 빛'이라고 말한다. 이 묘사들의 요약은 아들의 신적 본성에 대해서 명확하게 말한다. 성자는 형상과 말씀이라고 일컬어진다."[53]

---

50 Heubtartikel Christlicher Lere 1553, 118-26. 필립 멜란히톤, 『신학총론』, 이승구 역, (일산: 크리스챤 다이제스트, 2000), 115-24.

51 Jin Kook Kim, *Die reformatorische Amtslehre bei Melanchthon*, 114-15.

52 Hendrik Stössel, "Christologie", 391.

53 Philipp Melanchthon, *Loci praecipui theologici*, Lateinisch-Deutsch Band 1,

여기서 언급된 구절들은(요 1:1; 골 1:15; 히 1:3) 모두 성자의 위격에 대해서 쓰여진 본문이다. 그리고 만물의 창조에 대해 성자의 위격을 골 1:16에서 말한다. 그리고 이어서 성부께서 성자의 존재와 어떤 관계가 있는지를, 인간의 이성이 숙고하는 것과 유사점과 차이점을 들어 설명하고 있다.[54] 성자에 대해 '형상'으로 해설하는데, 빛을 반영하는 영광의 광채로 그리고 니케아 신경의 빛의 빛으로 설명한다.[55]

성자는 아버지의 존재로부터 나심을 통해 그리고 표상으로 고유성이 유지된다고 한다. 그리고 특히 성자만이 성육신하셨고, 인성을 취하신 고유성을 말한다. 오직 성자이신 그리스도께서 약속된 구원자로서 다시 말하면 중보자로서 두 놀라운 연합된 본성들 안에 한 위격을 언급한다. 여기서 주목할 것은 신성과 인성을 논할 때, 성자의 신성은 성부의 영원한 형상 또는 말씀으로 언급하고,

---

Leipzig Evangelische Verlagsanstalt 2018, 34-35.

54 Philipp Melanchthon, *Loci praecipui theologici*, 36-37. "하나님은 인간 안에 하나님의 흔적들을 보기를 원하셨고, 그리고 인간의 본성은 첫 빛이 유지되도록 할지라도, 그리고 나서 신적인 형상이 더 적게 불분명하지 않기를 원하셨다. 그럼에도 불구하고 이제 이 어둠 안에 몇몇의 흔적들을 인지할 수 있게 된다. 인간 이성이 숙고 가운데 그가 곰곰이 생각하는 것에 대한 사안의 표상(Bild, imaginem)이 형성되고, 하지만 우리는 우리의 존재들에 저 표상들이 전달되고 그리고 저 숙고들이 갑작스럽고 사라지는 행동들이다. 그러나 영원한 아버지는 그가 그 스스로를 주시하시는 동안 자신에 대한 숙고, 즉 그 자신의 표상 자체가 솟아나오고, 사라지지 않고, 오히려 어떤 고유한 분으로서 존재하시면서 그것을 통해 그에게 교류하시는 존재를 가지신다."

55 Philipp Melanchthon, *Loci praecipui theologici*, 36-37. "이 형상은 두 번째 위격과 그 호칭이 일치한다. 이 형상은 로고스라고 불린다. 왜냐하면 생각을 통해서 로고스가 생성되었기 때문이다. 그것은 형상이라고 불린다. 그 이유는 그 생각이 생각된 것의 형상이기 때문이다. 이 형상은 헬라어로 광채로서 표시되는 영광의 광채라고 묘사되는 광채, 말하자면, 그 광채로부터 다른 빛을 비추는 광채라 불린다. 그러므로 성자는 아버지의 빛에 의해 비추는 광채이고, 마치 사람이 신앙고백서, 빛의 빛이라고 읽는 것처럼 말이다. 이처럼 성부의 존재의 형상이고, 사라지지 않고, 교류하는 존재를 통해 어떤 그 고유의 것으로 존재하는 형상이다."

인성을 말하는데, 신성과 인성의 연합을 말한다. 그리스도께서 약속된 구원자로서 언급될 때, 신성과 인성의 연합을 말한다.

"우리가 성자는 사람의 인성안에 아버지의 존재로부터 생성된다고 말하는 것처럼, 성부와 동등하고, 그렇게 두 번째 위격 성자라고 일컬어 진다. 왜냐하면 그가 아버지의 존재로부터 나셨고(geschaffen, natus, 창조되어) 그의 형상이기 때문이다.[56] 그 고유성은 언급된 위격들로부터 성자가 구별되는 고유성이다. 이것은 나시고 표상이 되시는 것이다. 그리고 만약 우리가 이 두 번째 위격이 정해진 시간에 마리아의 태에 인간 형상을 취하였다는 것을 덧붙인다면, 한 분명한 차이가 따른다. 성부는 말하자면 인성을 입지 않으셨고, 그리고 성령도 인성을 입지 않으셨고, 오직 성자이신 그리스도께서, 그것은 약속된 구원자가 두 놀라운 연합된 본성들안에 한 위격, 말하자면, 영원한 성부의 저 영원한 형상 또는 말씀 그리고 인성안에서 말이다. 교회의 이 일반적 관습이 이 신조에서 그 단어인 연합(Vereinigung)으로 사용된다."[57]

뒤이어 설명하기를 이것은 신비이며 놀랄만한 일이라고 한다.

"이것은 놀랄만하고 그리고 피조물의 모든 이해를 넘어 놓여있다. 그러나 우리가 하나님을 올바르게 부르고 그리고 이 놀랄만한 축복들의 근거들에 대해 숙고하도록, 우리는 교회의 이런 비밀들이 계시되어 있다는 것을 안다. 왜냐하면 그 영원한 하나님이 인성을 언약을 통해서 그 자신과 연합했기 때문이다. 그가 실제로 이것을 돌보고 그리고 축복을 사랑하며 그리고 이 성자를 보냈고, 더 계속 아래에 자주 언급되어져야만 하듯이, 그가 구속자이고 죄를 대항해

---

56 독일어 번역자는 natus를 geschaffen으로 번역했는데, geboren 즉 '나신다'고 번역하는 것이 더 나을 것이라 생각한다.

57 Philipp Melanchthon, *Loci praecipui theologici*, 36-37.

진노를 화목케 하도록 말이다."⁵⁸

　여기서 멜랑흐톤은 독특한 표현을 하는데, 영원한 하나님이 언약을 통하여
그 자신과 인성을 통해 연합했기 때문에, 하나님을 올바르게 부르고 놀라운
축복들의 이유에 대해 묵상할 수 있도록 한다고 말한다. 여기서 멜랑흐톤이
영원한 하나님이 언약을 통해 그 자신과 인성을 연합했다고 하는데, 이런 진술
은 의외이다. 여기서 언약은 어떤 언약을 가리키는가? 구속언약의 모태가 되는
것인지 아니면 은혜언약을 염두에 두고 말하는 것인지 생각해 볼 수 있겠다.
성부와 성자와의 언약을 맺는 방식은 아니고, 영원한 하나님이 언약을 통해
자신과 인성을 연합하는 것으로 말했다. 그리고 이어서 이것을 실재로 이루기
위해 성자를 보낸 것으로 설명한다. 이에 대해 멜랑흐톤의 언약 사상이 아직
세분화 되어 있지 않음이 드러나고, 하나님 자신의 언약이 무엇을 의미하는지
더 구체적이어야 할 필요가 있다.

　그리고 나서 삼위이신 성령에 대한 위격과 사역을 짧게 말하고, 그리고 성자
에 대한 성경적 증거를 길게 나열하고 해설한다. 뒤에 성령에 대한 가르침을

---

58 Philipp Melanchthon, *Loci praecipui theologici*, 36-39. "Dies ist wunderbar und
liegt weit über allder Fassungskraft der Geschöfe. Aber wir wissen, dass diese
Geheimnisse der Kirche geoffenbart sind, damit wir Gott richtig anrufen und über
die Gründe dieser bewundernswerten Wohltat nachdenken, weil der ewige Gott
durch ein Bündnis die menschliche Natur mit sich verbunden hat. Wirklich sorgt
er sich um diese und liebt [sie] und hat diesen Sohn geschickt, damit er der
Retter sei und den Zorn gegen die Sünden versöhne, wie weiter unten öfter gesagt
werden muss.". "Mira sunt haec et longe supra omnem creaturarum captum
posita. Sed scimus haec arcana Ecclesiae patefacta esse, ut Deum recte invocemus
et causas cogitemus huius mirandi beneficii, quod Deus aeternus foedere sibi
naturam humanum copulavit. Vere igitur eam curat ac diligit et Filium misit,
ut esset redemptor et iram adversus peccata placaret, ut postea saepius dicendum
est."

주고 있는데, 성자를 설명하는 곳에서 성령의 위격과 사역에 대해 언급하는 것은 성부와 성자의 사역이 성령을 통해서 적용되는 것에 대해 알려주는 도입만 설명한다.[59]

　다음의 부분에서 강조하는 바는 성경구절들에 대해서 교회 역사속에서 성자의 신성에 대해 견지해야 하는 점을 설명했다. 그리고 그리스도에 대해서 말할 때, 요한복음 1장을 가지고 해설하면서, 로고스 신성이 반드시 견지되어야만 하고, 그 후에 인성과 성육신에 대해서 논하는 방식이 합당하다고 말한다. 그 후에 그리스도의 두 본성의 연합에 대해서 말한다.

"그리스도 안에서 동정녀 마리아로부터 태어나셨는데, 두 본성들, 즉 로고스와 인성이, 그렇게 연합되어졌다. 그리스도가 한 위격이시면서 말이다. 왜냐하면 교회는 '연합'이라는 이 묘사로 사용했고, 이 표현법을 우리 역시 따른다. 만약 고대인들이 '혼합'이라는 표현법을 가끔 사용했을 때, 그렇게 주의해서 이해해야 하며, 사람이 두 본성이 서로 침투하는 것의 혼합은 아니다. 오리겐이 말할 때, 유사함이 이 연합과 함께 고유한 것으로서 이끌리는 것이 아니고, 그렇게 그가 이 연합을 빛을 내는 철과 비교했다. 그렇게 불이 철을 통과하듯이 그 자체로 철과 혼합되듯이, 그렇게 인성을 취한 로고스가 빛나며, 인성 안에 온전해 지고 그리고 인성이 있고, 인성이 빛으로부터 불타는 것과 같이 로고스와 연합되어 있다고 했다."[60]

---

59 Philipp Melanchthon, *Loci praecipui theologici*, 38-39. "성자께서 생각으로부터 생성되는 것처럼, 그렇게 성령께서는 성부와 성자의 의지로부터 유래하는 것이다. 의지의 일들은 말하자면 움직이게 하고 사랑하는 것인데, 그처럼 사람의 마음이 형상이 아니고, 영과 호흡을 산출하는 것과 같다."

60 Philipp Melanchthon, *Loci praecipui theologici*, 52-53.

멜랑흐톤은 말하기를, 사모사타 바울과 아리우스의 반박들이 다음의 증언들부터, 즉 그리스도 안에 동정녀로부터 두 본성들이 태어나고 그리고 신적인 창조의 능력과 인간적 능력이 머물러 있다고 유지되고 있다고 한다. 하지만 성경에서는 그리스도를 참된 하나님이며, 사람으로 고백하고 있다(요 20:28; 9:5). 성경에 그리스도의 신성에 대해 누누이 강조하고 있음을 증명한다. 여기서 그가 그리스도의 신성을 증명하기 위해 인용하는 구절들을 눈여겨 볼만하다.

그리고 이어서 멜랑흐톤이 그리스도의 신성을 증명하기 위해 구약을 인용하는 면에 있어서 멜랑흐톤의 신론적 기독론적 구약신학이해를 보게 된다. 그렇게 구약의 족장들이 처음부터 예수 그리스도를 알았고, 그리스도가 교회와 함께 계심을 알았다고 한다(창 48:15). 그리스도가 왕에게 메시야로서 단지 하나님에게만 주어지는 이름을 가진다고 한다(시 45:12; 110:1,4). 시편 2편 7절에서 그리스도에 대해 오직 말한 것인데, 그리스도께서 요한에게 하나님의 독생자라고 언급된 것처럼, 양자에 의해서가 아니라 본성적으로 아들이시라고 한다.

그리고 멜랑흐톤은 그리스도의 두 본성이 혼합되는 것이 아니라, 각각 본성의 고유성이 유지되어야 함을 말한다. 그리스도가 고난받는다고 할 때, 인성이 고난받는 것이라고 하며, 거기서 강조하는 바는 그것은 그리스도의 신성이 전혀 훼손되는 것이 아님을 의미한 것이다.

"그러나 신성이 고난 받지 않고 죽지 않을 때, 하지만 그리스도께서 죽었다는 것, 그리고 참되게 필연적으로 대답될 것이다: 그리스도 안에 두 본성들이 존재하기에, 참된 고유성들이 본성들을 한 본성에 방해하지 않고, 그렇게 역시 한

다른 본성에 존재한다고 하지 않는다. 그 고유한 것이 인성이고 지체들이 훼손되는 것, 인성이 고난받고, 죽는 것이다. 그러므로 베드로는 그리스도가 육신 때문에 고난받았다고 분명히 표현한 것이다."[61]

두 본성의 구별을 유지하면서 동시에 위격의 연합도 동시에 고려해야 한다고 말한다. 하나님이 고난받았고, 십자가에 죽으셨고, 죽으셨다고 할 때, 사람이 '인성이 단지 구원자이고 하나님의 아들이 전체로서가 아니다' 이렇게 생각해서는 안된다고 한다. 왜냐하면, 역시 만약 신성이 훼손되지 않고 죽지 않는다할 때, 그렇게 사람이 알아야 하는 것은 이 성자가 성부와 영원한 구원자로서 동등하다고 한다. 여기서 중요한 "속성간의 교류"이라는 고대의 규칙이 나온다.

"그러므로 이 가르침 안에 규칙, 즉 속성간의 교류가 전수되고 있다. 그것은 양 본성들에 대해서 다함께 성격들에 대한 진술인데, 그러나 구체적인 경우 진술되는데, 그렇게 말하자면, 속성들, 즉 한 위격에 배정된 속성들이 인지되어 지는 것이다."[62]

III. 멜랑흐톤의 기독론과 루터와 칼빈의 비교 그리고 멜랑흐톤의 기독론의 후대에 영향

노트거 스렌크츠카가 말하듯 루터의 기독론은 가장 먼저 구원론적인 집중이

---

61 Philipp Melanchthon, *Loci praecipui theologici*, 60-61.
62 Philipp Melanchthon, *Loci praecipui theologici*, 60-63.

특징이며, 그리스도의 두 본성론도 구원론적 동기에서 비롯되었다고 하며, 하나님이 구원사역의 주체임을 밝히 드러낸다고 한다.[63] 또한 루터의 그리스도의 두 본성론(십자가에 계신 하나님)도 역시 구원론적 사상적 내용이라고 한다.[64] 그에 따르면, 두 본성론과 위격의 통일성 안에서 귀속은 역시 숨겨진 하나님과 계시된 하나님의 차이로 묘사된다고 하는 것이다. 이 점은 멜랑흐톤에게 큰 영향을 미친 것이다. 벵트 헤그룬트는 루터가 츠빙글리의 상징설을 반대하면서, 속성의 교류(Communicatio idiomatum)를 지지하였고, 그리스도의 몸과 피라는 표현은 인성과 관련된 말인데, 신성과 인성 사이에 존재하는 연합을 근거로 해서 인성이 신성이 가지는 특성을 공유한다고 말했다고 한다.[65] 루터의 속성의 교류라는 사상은 그리스도의 실재적 임재의 문제에 대해서 그리스도는 어디에나 계실 수 있는 분이기에, 그리스도의 인성도 이런 편재성을 공유하기에 그리스도는 성찬 가운데 주어진 떡과 포도주 속에 사람으로 임재할 수 있다고 한 것을 헤그룬트는 지적한다.[66] 멜랑흐톤은 루터의 신학적 내용은 담지하고 있었으나, 그러나 속성교류를 그리스도의 위격적 연합의 차원에서 말하지만, 성찬론에서는 전개하지 않는 점은 루터의 전개와 차이가 난다. 이 점은 멜랑흐톤이 칼빈과 개혁파와도 만난다고 볼 수 있다. 멜랑흐톤의 성찬론에 그리스도의 영적인 임재 교의는 루터와 칼빈을 연합케 할 수 있는 지점이었다. 이런 관점은 그의 기독론이 반루터적이지도 않고 반칼빈적이지 않은 둘 다 아우를 수 있는 점이다. 즉 "멜랑흐톤은 한편으로는 루터의 신학과 루터의 성찬론에 그리스도의 실재적 임재와 묶여 있고, 또 다른 한편 그 자신의 언어적

---

63 Notger Slenczka, "Christus", in Beutel, Albrecht (Hg.), *Luther Handbuch* (Tübingen, Mohr Siebeck 2010), 382.
64 Notger Slenczka, "Christus", 391.
65 벵트 헤그룬트, 『신학사』, 340.
66 벵트 헤그룬트, 『신학사』, 340.

형식, 즉 그 자신만의 성찬이해를 개척하는 형식을 발전시킨다."[67] 빌헬름 노이쳐가 1526년 이래로 멜랑흐톤의 성찬론의 언어적 형식으로 고정된 성찬론의 주된 생각을 네 가지로 말했다: "(1) 고린도전서 10장 16절의 성경적 교부적 오리엔테이션 안에 교제의 강조, (2) 재료를 향한 그리스도의 현존의 동일시되는 관계 결정의 반대로 함구, (3) 루터의 기독론적 결과들에(성찬시에 그리스도의 인성의 편재) 대한 함구, (4) 성찬론에 중재성격의 두각."[68]

코르넬리스 판 데어 쿠이(Cornelis van der Kooi)는 칼빈의 기독론이 그의 신학, 특히 신론, 칭의론, 성례론과 연관되어 있고, 그리스도의 중보자 역할에서도 드러난다고 한다.[69] 판 데어 쿠이에 따르면, 칼빈의 구원론적인 기독론은 루터와 멜랑흐톤의 종교개혁자들과 가까이 있다고 한다. 숭고한 하나님과 죄로 멀어진 인간은 오직 중보자 예수 그리스도만이 중재할 수 있다고 했다. 칼빈의 기독론에 있어 중요한 관점은 그리스도의 중보직이라고 하는데, 이는 성자의 인간됨뿐만 아니라 성자가 하나님의 사역의 인간되신 중재자 밖에도 또한 관련된다고 한다.[70] 쿠이는 칼빈의 중보자로서 그리스도를 설명하면서, 신칼빈주의적인 견해를 전개한다. 예를 들면, "중보직이 성자의 성육신에 관련될 뿐만 아니라 성자가 성육신 바깥에 하나님의 사역의 중재자에(etiam extra carnem) 관련된다."라고[71] 하거나 "성육신 바깥의 중보자로서 그리스도에

67 Johannes Ehmann, "Abendmahltheologie", in Günter Frank(H.g.), *Philip Melanchthon: Der Reformator zwischen Glauben und Wissen ein Handbuch* (Berlin/Boston, de Gruyter, 2017), 409.

68 Johannes Ehmann, "Abendmahltheologie", 409.

69 Cornelis van der Kooi, "Christus", in Selderhuis, J. Herman (Hg.), *Calvin Handbuch* (Tübingen, Mohr Siebeck 2008). 252.

70 Cornelis van der Kooi, "Christus", 253.

71 Cornelis van der Kooi, "Christus", 253.

대한 사고가 칼빈의 발견이 아니고, 그가 한 단계 더 발전시켰다고 한다."72라
고 한다. 쿠이에 따르면, 칼빈은 그리스도의 본성론보다 교회의 구원에 관련된
삼직분론에 더욱 관심이 많았다고 한다. 칼빈은 신성과 인성의 이해에 있어서
성자가 성육신 밖에 있다는 진술이 루터 진영에서 네스토리우스적이라고 비난
받았고, 신적 속성들은 또한 인성에 기인한다는 속성교류의 루터교적 버전에
의해 비난 받는다. 칼빈은 그리스도께서 중보자로서만 아니라 성자께서 삼위일
체 이 위격으로서 다스림이나 권세를 말한다(Extra Calvinisticum). 이에 대
해 루터는 비판하였다고 한다.73

하지만 멜랑흐톤의 삼위일체적 그리고 중보자적 기독론은 칼빈의 성육신
하신 그리스도 밖에 성자의 신성(Extra Calvinisticum)과 언어적인 접근은
약간 차이가 나지만, 그러나 의미론적으로 충돌하지 않고 도리어 매우 상통한
다. 멜랑흐톤의 은사와 재능으로 삼위일체적 중보자적 그리스도론을 체계화하
고 논리적으로 기술하였으며, 그런 신학이 루터만 모방하고 따르려고 하는
후대의 신학자들이 보기에 논쟁의 여지가 되기도 했을 것이다.

헤그룬트는 훗날 콘코드 신조를 작성하면서 기독론 논쟁의 발생은 성찬론
논쟁으로부터 직접 연유되었다고 한다.74 콘코드 신조에는 속성의 교류가 가지
는 의미를 세 가지로 밝히고 있다.

"(1) 그리스도의 한 본성에 속하는 속성은 동시적으로 신이면서 인간이신 그의
인격에도 속한다. ... (2) 그리스도께서 담당하신 직임들(예를 들면, 구속자,

---

72 Cornelis van der Kooi, "Christus", 253.
73 Cornelis van der Kooi, "Christus", 259.
74 뱅트 헤그룬트, 『신학사』, 394.

중보자로서의 직임)은 단지 그의 한 본성 안에서, 한 본성과 더불어, 그리고 한 본성을 통하여서만 행사되지 않고, 양 본성 안에서, 양 본성과 함께, 그리고 양 본성을 통하여 행사된다. (3) 인성은 신적 존엄성(majesty)과 영광, 그리고 권능을 받으셨는데, 이것은 인성의 본래적 속성을 초월하는 것이다. 그러나, 신성은 그것이 인성과의 연합에 의해서도 변화되지 않았을 뿐더러(하나님은 불변하시므로), 그 본래의 속성이 줄어들거나 늘어나지도 않았다."[75]

콘코드 신조의 첫째, 둘째 항목은 멜랑흐톤의 견해가 그대로 반영된 것으로 보이나, 세 번째 항목의 내용은 멜랑흐톤에게 있어 그렇게 표현하지는 않았던 것으로 보인다.

루터주의에 있어서 마틴 켐니츠는 그의 신학총론에 '성자에 대해서'를 서술할 때, 기독론에 대한 내용을 서술하였을 때 멜랑흐톤의 기독론 관점을 해설하였다.[76] 우르시누스의 경우도 기독론에 있어서 사람의 구원과 관련하여 기독론에 접근하는 것, 그의 위격과 직분과 위격적 연합 등 멜랑흐톤의 견해(루터나 칼빈의 견해도)를 대부분 받고,[77] 어디든 그리스도의 신성이 있는 곳마다 그의 인성이 있는 것이 아니면서도, 이 두 본성들이 분리되는 것이 아님을 말하면서

---

75 뱅트 헤그룬트, 『신학사』, 395.

76 Martin Chemnitz, *Locorum Theologicorum*(1599), Frankfurt: Ex officina Paltheniana, sumptibus Ioannis Spiessii, 1599. "LOCUS SECUNDUS. DE PERSONA FILII DEI. Untitled Section I. DE DIVINA CHRISTI NATURA. II DE VARIATIONE STATUS PROPTER VARIA CERTAMINA. III. DE TESTIMONIIS QUIBUS VARII ILLI STATUS, PROUT QUOVIS TOMPORE CONTRA QUOSVIS HAERETICOS CONSTITUENDI FUERUNT, PROBANTUR CONFIRMANTUR. IIII. DE PRAECIPUIS ARGUMENTIS ARIANORUM, EORUMQUE REFUTATIONE AC SOLUTIONE.[V.] DE HUMANA NATURA IN CHRISTO. .[VI.] CERTAMINA. [VII.] DE PERSONALI UNIONE DUARUM NATURARUM IN CHRISTO."

77 자카리아스 우르시누스, 『하이델베르크 요리문답 해설』, 원광연 역 (서울: 크리스챤 다이제스트, 2006), 143-200. 288-447.

루터보다는 칼빈의 입장을 더 따르고 있다.[78]

IV. 나가며

종교개혁의 표어는 오직 성경, 오직 은혜, 오직 믿음이다. 종교개혁을 통해 성경의 중심주제가 인간의 공로나 사변적 하나님 지식이 아니라 참되신 하나님과 그리스도이심을 회복하여 재형성 하였다. 종교개혁을 통해 알려진 바는 하나님의 은혜가 그리스도 때문에 주어지며, 구원에 있어서 믿음의 대상이 인간과 교회의 그 무엇이 아니라 그리스도와 그가 주시는 은택들(구원의 열매들) 그리고 그리스도께서 사역하시어(직분) 결국 하나님께 영광을 드리는 것임을 밝히 나타내었다. 그리하여 오직 그리스도, 오직 하나님의 영광이 후에 덧붙여졌을 수도 있다.

멜랑흐톤은 루터와 함께 종교개혁의 초반부의 역사가운데 사변적이고 의미없이 전개하는 스콜라주의적 신론과 기독론을 거부하였고, 구원론적 관점으로 기독론을 전개했다. 더 나아가 멜랑흐톤은 은혜와 믿음의 대상으로 그리스도에 대한 가르침을 복음안에 그리고 약속(언약)안으로 올바로 고백하고 전하였다. 또 한 가지 후기 멜랑흐톤의 기독론이 교회론과 교회사역론 내지 교회법적인 내용에 앞서 위치하고 긴밀히 연결되며, 하나님의 아들이 교회를 모으시고 다스리시고 사역자들을 보내신다고 말한다.

---

78 자카리아스 우르시누스, 『하이델베르크 요리문답 해설』, 415-23.

멜랑흐톤의 기독론은 루터의 구원론적 기독론이 토대가 되었으나, 그 후 더 발전적으로 전개되어 루터와도 연속성이 계속 있으며, 칼빈의 기독론과 서로 통할 수 있는 내용(성경적, 교부학적)으로 전개되었다. 이런 멜랑흐톤의 기독론이 후대 루터주의와 개혁파 신학자들에게 전해진다고 볼 수 있는데, 그런 기독론적 이해는 역시 성찬론에서도 특히 개혁파 성찬론에서 유효하였고, 이 점이 바로 멜랑흐톤이 지속적으로 후대에 영향을 미치는 공헌이라 할 수 있겠다.

/

버미글리의 개혁주의 기독론

/

김진흥

(시드니신학대학 한국신학부, 교회사)

Peter Martyr Vermigli(1499-1562)

서울대학교와 대학원에서 서양사학을 6년간 공부하였고, 고려신학대학원에서 신학을 전공하였다. 그 후 네덜란드 개혁교회(GKV) 캄펜신학교에서 종교개혁사를 전공으로 신학석사(Drs.) 및 신학박사(Th.D) 학위를 취득하였다. 현재 시드니신학대학(Sydney College of Divinity) 직영 한국신학부(Korean School of Theology)에서 교회사와 조직신학을 가르치고 있다. 주요 저서로는 *Scripturae et patrum testimoniis* (Apeldoorn: *Instituut voor Reformatieonderzoek*, 2009), 『오직 하나님의 메시지만 전파하라』(팜트리, 2011), 『교리문답으로 배우는 장로교신앙』(생명의 양식, 2017), 『마르틴 루터의 95개 논제와 하이델베르크 명제』(성약, 2017), 『피터 마터 버미글리: 신학적 평전』(개혁주의학술원, 2018) 등이 있고, 다수의 신학 논문들이 있다.

김진흥

I. 들어가는 말

2009년에 출판된 '버미글리 연구 편람'(*A Companion to Peter Martyr Vermigli*)에 수록된 버미글리의 기독론에 관한 클렘파(William Klempa)의 논문은 '고전적 기독론'(Classical Christology)이라는 제목을 달고 있다. 여기서 '고전적'이라는 단어는 '정통적'(orthodox)이라는 의미에 가까운데, 왜냐하면 저자는 버미글리가 고대교회의 첫 4대 에큐메니칼 공의회들(니케아, 에베소, 콘스탄티노플, 칼세돈)의 기독론을 따를 뿐만 아니라 5차 및 6차 에큐메니칼 공의회들(553, 680 콘스탄티노플)의 결정들도 받아들였으므로 그런 제목을 붙였기 때문이다.[1] 그런 버미글리의 기독론의 '정통적 성격'을 뚜렷하게 살펴볼 수 있는 주요한 자료로서 다른 무엇보다도 그의 사도신경(*Credo*) 해설에 나타난 기독론을 들 수 있다. 주지하다시피, 사도신경은 샤를마뉴 대제(742-814) 이래 서방 라틴 기독교에서는 니케아신조(*Niceanum*, 325, 381)의 권위를 넘어서 보편적 신앙의 심볼로 자리잡았다. 따라서 종교개혁자들에 대한 로마 가톨릭 교회의 비판적인 평가에 대하여, 그들의 신앙과 신학의 정통성을 증시하는 주요한 방법이 바로 사도신경에 대한 개혁자들의 고백이었다. 버미글리 역시 일찍이 그의 모국어인 이탈리아어로 사도신경 해설을 작성하여

---

1 T. Kirby, E. Campi, and F.A. James III eds., *A Companion To Peter Martyr Verimgil* (Leiden: Brill, 2009), 321-22. 이논문에서 클렘파는 버미글리의 기독론의 다양한 원천들을 소개하면서, 이 이탈리아 출신 개혁주의 신학자의 기독론이 '그리스도의 위격과 사역에 관한 고전적인 선언들과 교리적 정의들 안에서 움직인다'는 점을 주장하며, 또한 버미글리의 '정통적 보편적 기독론(orthodox Catholic Christology)이 그의 주석들과 설교들과 논쟁들과 성찬론 논문들의 저변에 깔려 있으며 철저하게 그 내용에 배여 있다'는 사실을 강조한다. 그런 정통적 기독론은 버미글리가 이탈리아어로 저술한 '사도신경 해설'(1544)에서 마지막 취리히 시절의 작품인 스탄카로(Franesco Stancaro)의 이단적 기독론을 반박하기 위하여 '폴란드 교회에 보낸 세 편지' 및 루터파 신학자 브렌츠의 공재설을 반박한 성만찬 논고인 '대화'(*Dialogus*, 1563)에 이르기까지 일관되게 나타난다고 평가된다.

이탈리아 시절에 그가 헌신하였던 수도원 공동체들과 기독교 사회에 자신의 신앙의 정통성을 밝히고, 참된 기독교 신앙으로써 당대 타락한 로마 가톨릭 당국의 치하에 남겨진 교회를 권면하였다.

　본고에서 필자는 사도신경 강해를 중심으로 버미글리의 기독론을 살펴보면서, 알프스 이남과 이북에서(ultramontane & cismontane) 일관되게 교회의 개혁자로 헌신하였던 이 독특한 이력의 종교개혁자의 '정통적' 신앙을 재확인하고자 한다. 우선 1부에서, 개혁주의 전통의 초창기 4대 편집자들(4 codifiers of the Reformed Tradition) 중 하나로 평가2되는 버미글리의 사상을 기독교 신학의 핵심인 '기독론'의 관점에서, 그리고 로마 가톨릭과 프로테스탄트의 공통된 신앙고백인 사도신경에 대한 버미글리의 해설을 통하여 검토해 보려고 한다. 이런 작업을 통하여 버미글리의 기독론을 '고전적, 혹은 정통적'으로 평가한 클렘파의 주장을 구체적으로 뒷받침할 수 있을 것이다. 2부에서는 사도신경의 몇몇 조항들에 집중하여 버미글리의 견해를 아퀴나스(Thomas Aquinas, 1225-1274) 및 하이델베르크 요리문답의 해설과 비교하여, 버미글리의 기독론의 '개혁주의적' 성격을 좀더 분명하게 강조할 것이다. 전자와는 서로 대조되는 해설 내용을, 후자와는 서로 일치하는 특징을 주목하여 살펴보고, 그 각각을 통하여 버미글리의 기독론이 어떤 의미에서 개혁주의 전통을 확립하는데 기여하였는지인지 평가하려고 한다.

　클렘파의 논문에 더하여, 이 소고가 버미글리의 개혁주의 기독론에 관한 좀더 풍성한 평가의 자료로 활용되기를 바란다.

---

2 Richard A. Muller, *Christ and the Decree. Christology and Predestination in Reformed Theology from Calvin to Perkins* (Durham, 1986), 67.

II. 본론

1. 버미글리의 '사도신경 해설'

1542년 9월 버미글리가 종교재판소를 피하여 이탈리아를 떠나 그해 12월에 스트라스부르에 정착한 다음 약 1년 후에, 이탈리아에 있는 '개혁적 정신'을 가진 독자들을 위하여 모국어인 이탈리아어로 된 사도신경 해설(*Una Semplice Dichiaratione sopra glixxi Articoli della Fede Christiana*, 1544)이 출판되었다. 이것은 이미 이탈리아 시절부터 시작된 버미글리의 복음적 종교개혁적 관점을 뚜렷하게 보여주는 작품으로서, 이탈리아에 남겨둔 신앙의 동료들을 위하여 알프스 너머에서 쓰여진 그의 주요한 교리적 저작이다. 이 작품의 짧지 않은 분량과 그것에 담긴 신학적 해설의 무게 덕택에, 버미글리의 사후에 편집된 여러 편의 '신학총론'(*The Common Places*)들에도 포함되었다.[3] 버미글리 자신은 이 해설을 '식견이 있는 그리스도인들을 위한 충분한 교리적 해설이 아니라 학습자들을 위한 요리문답'(not a full doctrinal exposition for knowledgable Christians but a catechism for learners)으로 묘사하였으나[4], 그의 제자들은 이 작품을 '신학총론'에 포함시킬 정도로 그 해설의 깊이와 의의를 높이 평가하였던 것이다. 예를 들어, 그리스도의 부활과 승귀와 같은 의미심장한 주제에 관하여 버미글리는 '독자들의 이해

---

3 마슨(Robert Masson)의 첫 번째 *Loci communes* (London, 1576)에 포함된 이래로, 주요한 확장판인 마르텐(Anthony Marten)의 *Common Places* (London, 1583)에도 수록되었다. 또한 단행본으로 "A brief and most excellent Exposition of the xii Articles of our faith, commonly called the apostles' Creede"라는 제목으로 1578년 런던에서 발행되기도 하였다. 또한 근대 이탈리아어판이 1883년 로마와 피렌체에서 *Il Credo di P. M. Vermigli*라는 제목으로 출판되었다. Peter Martyr Vermigli, *Early Writings: Creed, Scripture, Church* PML vol. I (Kirksville: Sixteenth Century Essays & Studies, 1994), 25.

4 Peter Martyr Vermigli, *Early Writings*, 43.

능력을 고려하여, 그리고 자기 시대에 부과한 한계들을 고려하여, 가능한 한 명료하게' 해설하였다[5]고 말하는데, 성찬론과 연결된 기독론 논쟁에서 로마 가톨릭 및 루터파 신학자들과 더불어 논의하는 철학적이고 신학적인 전문적 내용을 사도신경 해설에서는 지양하고 있지만, 그러나 성경적 기독론의 핵심 내용과 그 함축의미들은 빠짐없이 충분히 소개한다.

버미글리는 성자 하나님에 관한 사도신경의 조항들을 다음과 같은 다섯 가지 내용으로 요약한다[6]:

1) 성자 하나님, 복되신 그리스도 예수는 우리의 올바르고 합당한 주님이시다.
2) 그리스도 예수는 우리의 유익(good)을 위하여 탄생하셨다.
3) 그리스도 예수는 우리를 대신하여(account) 모든 수난들을 겪으셨다.
4) 그리스도 예수는 우리의 유익(benefit)을 위해 하늘로 올라가셨다.
5) 그리스도 예수는 우리의 구속(redemption)을 위해 심판의 날에 몸소 다시 오실 것이다.

버미글리는 그리스도의 위격에 관한 조항을 '주님'(Lord)이라는 열쇠말로 제시하며, 사역에 관한 나머지 조항들을 수난과 승귀와 재림으로 요약하는데, 그것 모두를 '우리를 위한'(pro nobis) 사역으로 제시한다. 이것은 사도신경을 삼위 하나님에 대한 우리의 고백으로 이해할 뿐 아니라, 그런 고백 이전에 '우리를 향하신 하나님의 극진한 사랑의 계시'로 평가한 루터의 관점과 일맥상통한다.[7]

---

5 Peter Martyr Vermigli, *Early Writings*, 47.
6 Peter Martyr Vermigli, *Early Writings*, 47.
7 마르틴 루터, 『마르틴 루터 대교리문답』 (서울: 복있는 사람, 2017), 226. "이 신조의 세 조항에는 하나님께서 열어 보여주신, 아버지의 마음속 깊은 심연과 말로 형언할 수 없는 사랑이 담겨 있습니다. 그분이 사람을 창조하신 목적은 우리를 구원하고 거룩하게 만드는데 있습니다. 그뿐만이 아닙니다. 게다가 하늘과 땅에 있는 모든 것을 주셨고 누리게 하셨습니다. 또한 그분의 소유로 삼기 위해 아들과 성령을 주셨습니다."

(1) '주님'(Lord)이신 그리스도 예수

성자 하나님에 관한 사도신경의 첫 조항을 설명하면서, 버미글리는 그리스도 예수의 '독특한 위격'(unique person)에 관한 분명한 동의를 표시한다: '신앙고백에 따르면 우리는 그리스도 예수의 독특한 위격, 곧 신성과 인성이 불가해하고 불가분리하게 연합된 위격을 인정해야 한다.'[8] 다른 무엇보다도 성경에 충실하였던 초창기 개혁파 종교개혁자들과 마찬가지로, 버미글리는 사도신경에 대한 자신의 해석을 항상 성경의 증거들로써 뒷받침하는데, '말씀이 육신이 되어 우리 가운데 거하신다'는 사도 요한의 증언을 그리스도의 두 본성을 가리키는 말로 소개한다: 사도 요한에 따르면 '말씀'(Word)은 영원 전부터 하나님과 함께 존재하였던, 하나님 자신이며, 반면에 '육신'(flesh)은 구약성경에서부터 '인성'을 가리키는 표현이었다(사 40:5; 욜 2:28). 이런 성경적 증거들은 사도신경 해설에서 뿐 아니라, 버미글리의 모든 신학적 저서들에 일관되게 나타나는 가장 기본적인 특징이다.

그리스도의 두 본성에 관한 정통적 신앙을 확인하면서, 버미글리는 그분의 인성보다는 신성에 대한 이단설이 더 많았음을 지적한다. 그래서 그리스도는 '만물 위에 계셔서 세세에 찬양을 받으실 하나님'(롬 9:5)과 같은 신성을 입증하는 성경적 증거들을 추가로 제시한다. 그리고 '인생(사람)을 의지하지 말라고 경고하는 성경의 일관된 메시지들(렘 17:5; 시 146:3)과 연결하여, 그리스도의 신성을 부정한다면 우리가 그분에게 소망을 두어서는 안되지만, '성경은 우리의 구주 예수님에게 신실한 믿음과 생생한 소망을 두도록 명령하며, 그렇게 하지 않는 자들은 하나님의 저주 아래 있다'고 해설한다.[9] 여기서 우리는 간략

---

8 Peter Martyr Vermigli, *Early Writings*, 32.
9 Peter Martyr Vermigli, *Early Writings*, 33.

하나마 '성경을 성경으로 해석한다'는 개혁주의 해석학의 기본 원리가 어떻게 실제로 활용되는지 엿볼 수 있다.

성자 하나님에 관한 사도신경의 첫 번째 조항에서 사용된 다른 중요한 칭호들, 곧 '예수, 그리스도'에 관하여, 버미글리는 각각 '하나님에 의하여 임명되고 성별된 왕'(Christ, the king anointed and consecrated by God) 그리고 '하나님의 자녀들을 그 죄와 모든 악에서 자유롭게 하신 구세주'(Jesus, Savior)라고 간명하게 설명한다. 반면에 '주님'(Lord)이라는 칭호에 관하여 버미글리는 상당한 지면을 들여 자세한 해설을 제시한다.

우선, 버미글리는 '주'(Adonai)라는 칭호가 구약에서 '만물의 창조주 하나님'에게 적용된 칭호이며, 따라서 그리스도 예수에게 적용된 그 칭호는 그분의 '신성'을 증거하는 이름이라고 밝힌다. 그뿐 아니라, 그분의 '인성'에서도 죄와 무관하심으로 자유롭게 다른 이들을 도울 수 있는 독보적인 위치('세상 죄를 지고갈 하나님의 어린양')에 있다는 사실과 연결짓는다. 사람이 되신 성자 하나님은 신적 속성과 자질들을 풍성하게 가지시고, 무죄하신 상태에서 하나님을 가장 기쁘시게 하는 일에서 있어서 성부 하나님의 완벽한 초상(portrait)이며 형상(likeness)이다. 사도신경의 '주님'이라는 칭호는 이런 점에서 우리를 온전히 구원하신 그리스도 예수께 합당하다. 그뿐 아니라 우리를 죄와 마귀의 비참한 노예 상태에서 속량하셨으므로, 그리스도 예수는 우리의 합법적인 주인(Master)이다. 이런 의미에서 사도 바울은 성부 하나님을 '아버지'로 소개하는 반면, 그리스도 예수를 '주님'으로 소개한다고 버미글리는 지적한다: '사도는 우리 '주'(Lord) 예수 그리스도의 이름으로 감사와 간구를 올린다.' 이와 관련하여 그리스도 예수를 '장자'(firstborn)라고 소개하는 사도적 증언은 모든 입양된 하나님의 자녀들의 우두머리이자 그들이 닮아가야 할 참된 하나님의

형상으로 그분을 인식하는 것이다.[10]

스트라스부르, 옥스포드, 그리고 취리히의 신학교 교실에서 성경을 강의할 때 버미글리는 그 본문의 주제(topic)에 따라 그와 관련된 교리적, 역사적, 실천적 논의를 함께 곁들였는데, 그런 특징은 일찌감치 사도신경 해설에서도 잘 나타난다. 예수 그리스도의 주되심의 은혜로운 성격을 설명하면서 - "그분의 주되심 안에 내포된 압력과 무게는 우리의 어깨들이 아니라, 주 예수 그리스도의 어깨에 지워져 있다"(참조, 사 9:6) - 버미글리는 그러한 그리스도 예수의 주되심을 본받도록 그리스도인 군주들에 대한 권면을 덧붙인다: "그리스도인 군주들은 폭정(tyranny)의 경향을 완전히 제거하고, 그리스도의 온건하고 부드러운 왕권을 자신들의 통치의 패턴과 모범으로 삼아야 한다."[11] 여기서 사도신경은 우리를 향한 삼위 하나님의 사랑의 메시지일 뿐 아니라, 그 하나님의 사랑에 대한 우리의 합당한 반응으로서의 신앙고백이라는 사실을 다시 상기할 수 있다. 버미글리에 따르면, 그리스도 예수를 '주님'이라고 부르는 사람은, 그분의 주님되심을 자신의 삶에서도 합당하게 드러내어야 한다.

(2) 그리스도의 성육신

그리스도의 인성을 대표하는 사도신경의 두 가지 표현 곧 '성령으로 잉태되사, 동정녀 마리아에게 나심'에 관하여, 버미글리는 "동정녀 마리아의 태는 신적 용광로로서, 거기로부터 성령께서 거룩해진 혈과 육으로부터 순종하는 종으로 운명지워진 몸과 고귀한 영을 이끌어내셨다"[12]는 송영과 같은 해설을 이끌어 낸다. 버미글리에 따르면, 이 두 구절은 '아담의 모든 후손이 죄와 저주

---

10 Peter Martyr Vermigli, *Early Writings*, 35.
11 Peter Martyr Vermigli, *Early Writings*, 36.
12 Peter Martyr Vermigli, *Early Writings*, 37.

아래 있는 현실에서, 그리스도의 인성이 이러한 인류의 공통된 조건에서 벗어나도록 '신적인 지혜'로 고안된 놀랍고 기적적인 계획'을 요약하여 제시하는 것이다. 여기서 버미글리는 첫 아담과 둘째 아담(그리스도 예수)의 탄생에서 주목할 만한 유사성과 뚜렷한 차이점을 함께 지적한다: 아담은 인간의 어떤 씨 없이 하나님의 능력으로 흙으로부터 기적적으로 창조되었고, 그리스도 예수 역시 동일한 그 하나님의 전능하신 능력으로 기적적으로 출생하였다. 이런 공통점과 더불어, '성령으로 말미암아 동정녀로부터 출생'하신 그리스도 예수는 '타락한 아담의 어떤 결함들에도 오염되지 않고' 죄의 영향으로부터 완전히 자유롭게 출생하셨다.[13]

이 조항을 해설하면서 버미글리는 성육신에 관한 성경의 계시가 이교의 신화들과 얼마나 구별되는지 올바르게 지적한다: 그리스 신화에서 신들이 인간의 모습으로 나타난 사례들은 '불결함의 찌꺼기들'로 인류를 오염시키기 위함이다. 우상숭배자들인 이교의 시인들이 묘사하는 '인간으로 나타난 신들의 이야기'는 몸과 영혼의 더러움과 수치 외에는 아무 것도 없다. 그 반면에, 성육신하신 하나님의 말씀은 인간의 영혼을 거룩하게 하셨고, 은혜로 가득 채우셨다. 그리스도의 성육신은 그 자신 뿐 아니라, 믿음으로 그와 연결된 모든 사람들을 거룩한 의, 인내, 중용, 신중함, 지혜 및 경비로 채우셨다.[14] 이런 대조를 통하여 버미글리는 그리스도의 성육신에 내포된 탁월한 덕성을 증거하며, 그에 합당한 반응을 그리스도인들에게 촉구한다: 첫째로 그리스도인들은 죄로 더러워진 우리의 본성을 혐오하지 않으시고 오히려 성육신을 통하여 그것을 깨끗게 하시고 그 자신으로 옷입혀 우리가 신성에 참여할 수 있도록 해 주신 하나님의 크신 사랑을 묵상하고 감사해야 한다. 둘째로, 성육신의 그런 고상한 목적을

13 Peter Martyr Vermigli, *Early Writings*, 36.
14 Peter Martyr Vermigli, *Early Writings*, 37-38.

깨닫고, 그리스도 예수의 삶을 묵상하여 그분한테서 받은 신성에 일치하는 생활 스타일을 추구해야 한다. 우리 자신의 연단되지 않은, 방탕한 삶을 뉘우치고, 거룩한 삶을 부지런히 실천해야 한다. 셋째, 이 세상의 질병이나 무거운 짐들에 부딪힐 때나 불평과 불만을 쏟아내는 우리의 연약함을 아시고 그리스도 예수께서 우리의 모든 짐을 친히 대신하여 지셨다는 사실에서 큰 위로를 받아 누려야 한다.15 여기서도 버미글리는 하나님의 은혜의 계시에 대한 우리의 올바른 반응을 깨우치며 격려한다. 사도신경은 단순히 예전적이거나 교리적인 문서가 아니라, 기독교 신앙의 생생한 교육서라는 사실을 버미글리는 이런 해설을 통하여 잘 드러낸다.

(3) 그리스도의 낮아지심

'본디오 빌라도 치하에서 수난당하심, 죽으심, 장사되심, 지옥강하'에 관한 사도신경의 조항을 설명하면서, 버미글리는 무엇보다도 먼저 그리스도의 수난과 죽음에 담긴 '말할 수 없는 수치스러움'(shamefulness)과 '비통함'(bitter)을 지적한다. 의로운 심판이라는 개념에 따라 볼 때, 그리스도 예수에 대한 정죄와 처벌은 부끄러울 정도로 부당하며 그릇된 처사이다. 바라바와 같은 악한 대신에 무죄한 그리스도 예수께서 사형수로 지목된 일은, 버미글리에 따르면, 이사야의 예언의 성취(사 53:3,12)로서 '율법의 저주로부터 우리를 구속하기 위하여 죄없는 그리스도께서 저주가 되셨다'(갈 3:13)는 성경의 메시지를 뚜렷하게 보여준다. 그리스도께서 겪으셔야 했던 무수한 고난들을 버미글리는 다음 네 가지 제목으로 요약한다: 많은 조롱들, 잔인한 매질, 십자가 처형, 그리고 육과 영의 분리로서의 죽음. 우리의 머리이신 그리스도께서 우리의

---

15 Peter Martyr Vermigli, *Early Writings*, 38.

죄악들 때문에 마땅히 우리가 겪어야 했던 그 모든 혼란과 수치와 정죄를 감당하셨고, 그 덕택에 우리는 이제 하나님 보시기에 영광스럽고 영예로운 위치에 서 있다.[16]

그리스도의 수난에 관한 해설에서도 버미글리는 계시의 진리와 더불어 그에 합당한 신앙적 반응을 함께 가르친다. 우선 그는 '하나님은 그리스도의 수난과 죽음이라는 고통스러운 방식과는 다른 (쉬운) 방식으로 세상과 자신을 화목시키실 수 없었는가?'라는 질문을 제기하고, 그와 관련된 다음 세 가지 진리를 강조하여 가르친다[17]:

1) 우리가 하나님께 진 빚이 얼마나 엄청나며, 하나님의 진노는 얼마나 큰가?
2) 그리스도께서 겪으신 엄청나게 가혹한 형벌이 없었다면, 우리의 수치스런 죄악으로 마땅히 우리가 받아야 할 정죄로부터 자유로와졌다는 확신을 어떻게 얻을 수 있는가?
3) 그리스도의 수난에서, 앞서 언급한 구속의 모든 유익들을 넘어서, 온전한 완성의 모범과 형상을 볼 수 있다. 곧 위대한 인내, 순종, 사랑이 그리스도의 죽음에서 뚜렷하게 나타난다.

그런데, 버미글리는 이런 진리들이 갖가지 시련 속에서도 우리의 견인불발(堅忍不拔)의 믿음을 강하게 해 주기 위한 것이라고 해설한다: "세상의 역경들로 고통당하며, 마귀의 유혹들에 의하여 시험당하며, 혹은 불행에 빠져 있는 그 어떤 사람이, 십자가에 달리신 그리스도에 대한 참된 신앙으로 돌아와서는, 그분의 고통 한 가운데에서 과연 위로를 발견하지 못할까?"[18] 그런 신앙의

---

16 Peter Martyr Vermigli, *Early Writings*, 38-40. 버미글리는 세 단락(13-15)에 걸쳐, 그리스도께서 당하신 수난과 죽음의 불의한 성격과, 그러한 수난과 죽음을 통하여 그리스도께서 하나님의 공의에 따라 우리의 죄악을 완전히 대신하신 그 의의를 설명한다.

17 Peter Martyr Vermigli, *Early Writings*, 41-42.

18 Peter Martyr Vermigli, *Early Writings*, 42.

위로에서 한 걸음 더 나아가, 그리스도의 십자가가 보여준 모범에 따른 합당한 삶이 마땅히 뒤따라야 한다고 버미글리는 지적한다: "그러므로 그리스도의 수난으로부터 우리는 환란과 역경과 재난들 속에서 위로를 얻을 뿐 아니라, 우리의 옛 성품을 그리스도와 함께 십자가에 못박을 수 있는 생생한 격려를 받을 수 있다."[19]

이 교훈을 뒷받침하기 위하여 인용한 사도 바울의 증언들 가운데 '예수의 흔적'(갈 6:17)에 관한 말씀과 관련하여, 버미글리는 로마 가톨릭의 왜곡된 경건 실천을 비판한다. 소위 '성흔'(stigmata)에 관한 미신적 추구를 질타하고, 성경적인 의미에서 '예수의 흔적'이 과연 무엇인지 가르치고 있다. 성흔을 얻기 위하여 성 프란체스코의 아시지 등지로 순례하면서도, 기독교 신앙 혹은 하나님의 연고로 그들 자신의 육체나 혹은 재산상으로 겪는 수난과 박해 혹은 손해들에 대하여 끊임없이 불평하는 자들은 복음으로 계몽되지 못한 자들이다. 버미글리에 따르면, 하나님의 뜻에 따라 그리고 그리스도의 영광을 위하여 우리가 견디는 죽음들, 고통들, 시련들을 존중하고 귀하게 여기고 감사하는 것이 올바른 신앙적 태도이며, 그런 신앙적 열매들이야말로 그리스도께서 십자가 위에서 남긴 것을 일깨워주는 참된 '흔적들'(marks, scars, impressions)이다.[20] 이런 해설 역시 사도신경에 대한 버미글리의 실천적 이해와 적용을 잘 보여주는 주목할 만한 사례이다.

그리스도의 육체적 죽음에 관한 해설에서도 버미글리의 이론적 실천적(혹은 목회적) 고려가 잘 나타난다. 우선 하나님의 말씀과 결합된 온전한 인성을 구성하는 몸과 영이 십자가의 죽음에서 분리되었고, 그 몸은 장사되어 사흘 동안 무덤에 머물렀다는 정통적 설명을 제시한다.[21] 그런 다음 그리스도의

---

19 Peter Martyr Vermigli, *Early Writings*, 42.
20 Peter Martyr Vermigli, *Early Writings*, 42.

죽음이 우리의 구원에 대하여 갖고 있는 의의를 설명한다. 그리스도의 죽음 안에 우리의 '죄에 대한 죽음'이 포함되었으며, 따라서 하나님의 심판 앞에서 우리의 죄가 가리워짐을 얻는다는 것이다: "그러므로 죽음과 장사되신 이후 그리스도의 육신은 하나님의 공의(divine justice) 앞에서 가리움을 받은 우리의 죄악들에 대한 비유(figure)이며, 율법의 요구들이 충족되었다는 이미지이며, 고대 구약의 예전들과 그림자들의 완전한 철폐이다."22

한편, 육체와 분리된 그리스도의 영(soul)에 관하여, 버미글리는 로마 가톨릭의 관점과는 뚜렷하게 구별되는 해설을 제시한다.23 그리스도의 영은 육체와 분리된 다른 모든 사람들의 영들과 마찬가지의 체험을 하였다. 즉 모든 사람들은 육체적 죽음 이후에 그 영이 의로운 자들과 연합되거나 아니면 저주받은 자들의 무리와 연합한다. 부자와 거지 나사로에 관한 주님의 교훈(눅 16:19-31)에 근거하여, 버미글리는 중보자 그리스도 예수께서 성도들을 자유롭게 해 주셨고 또 과거에 그들에게 약속된 모든 것을 성취하신 덕분에, 택함 받은 성도들은 육체적 죽음 이후에 가장 큰 위로를 받았으며, 하나님의 선하심에 감사하였다고 말한다. 반면에, '그리스도께서 영으로 가서 옥에 있는 영혼들에게 선포하셨다

---

21 버미글리는 그리스도의 신성과 인성의 '불가분리성'을 완고하게 주장한 루터파 신학자 브렌츠(Johannes Brenz, 1499-1570)를 논박할 때 거듭하여 사용하였던 '그리스도의 십자가 죽음 이후의 3일'에 관한 자세한 설명을 '사도신경 강해'에서는 소개하지 않는다. 루터파의 공재설 및 편재설을 반박하는 성찬 논문 '대화'(*Dialogus*)에서 버미글리는 그리스도의 참된 인성을 옹호하는 중요한 논거로 이 사흘 동안의 그리스도의 처소(신성으로서, 인성의 영혼 및 육체로서) 문제를 중요하게 제기한다. 자세한 내용은 Peter Martyr Vermigli, *Dialogue on the Two Natures in Christ* PML II (Kirksville: Sixteenth Century Essays & Studies, 1995), 46-48을 참조하라. 또한 그에 대한 해설로서, Jin Heung Kim, Scripturae et patrum testimoniis: *The Function of the Church Father and the Medievals in Peter Martyr Vermigli's Two Eucharistic Treatises:* Tractatio *and* Dialogus (Apeldoorn: Instituut voor Reformatieonderzoek, 2009), 126도 참고하라.

22 Peter Martyr Vermigli, *Early Writings*, 43.

23 이와 관련해서는 다음 단락에서 아퀴나스의 사도신경 해설에서 그리스도의 지옥 강하와 관련된 해설과 비교하여 설명할 것이다.

(벧전 3:19)는 말씀에 근거하여, 버미글리는 영원한 멸망으로 정죄된 영혼들도 육체적 죽음 이후에 그리스도와 조우하였다고 설명한다. 옥에 있는 영혼들에게 선포하신 그리스도의 말씀은 책망과 꾸중이거나 혹은 구원의 말씀일 것이라고 버미글리는 이 구절을 설명한다: "그들이 아직 살아 있을 동안 하나님께서 그들에게 보이신 말씀들과 신적인 충동들에 대하여 그들이 보여준 완고함과 불신을 그리스도께서 꾸짖으신 것이라고 이해할 수 있다… 아마도 그들에게 구원의 말씀(words of salvation)을 전하신 것일 수도 있다. 왜냐하면 그들이 지상에서 그 메시지를 배척하였기 때문에, 그들은 스스로 완전히 정죄하였고, 하나님의 지혜의 판단을 정당하게 만들었기 때문이다. 그들은 더이상 몰랐다고 변호할 수 없다."[24] 그러므로 이 구절을 '연옥'(purgatory)과 연결시키는 해석은 버미글리에게서는 전혀 찾을 수 없다. 오히려 버미글리는 육체적 죽음 이후의 영혼들이 직면하는 두 가지 전적으로 상반되는 운명과 관련하여, 참 사람으로서 그리스도 예수께서 보여주신 그 행적과 수난과 죽음에 입각하여 그리스도인이 마땅히 보여야 할 삶의 태도를 강조하여 가르친다: 그분의 거룩한 약속들에 우리의 마음의 눈을 열어야 하고, 우리가 들은 진리들에 완고하게 저항하지 않아야 하며, 단순히 인간적인 삶을 살아야 할 뿐만 아니라 그리스도께서 보여주신 천상적이고 신적인 삶을 추구해야 한다.[25] 다시 한 번 버미글리의 사도신경 강해는 목회적이고 윤리적인 교훈을 빠뜨리지 않는다.

(4) 그리스도의 높아지심

성자 하나님을 '구속주'로 소개하는 사도신경의 구조에 따라[26], 버미글리는

---

24 Peter Martyr Vermigli, *Early Writings*, 44.

25 Peter Martyr Vermigli, *Early Writings*, 44.

26 Heidelberg Catechism, Q&A 24. How are these articles divided? Into three parts:
the first is of God the Father and our creation; the second of God the Son and

그리스도의 부활에 관한 설명에서도 우리의 구원의 확신과 관련지어 해설한다. 십자가에 달리신 예수에 대하여 '그가 남은 구원하였으되 자기는 구원할 수 없도다'(마 27:42)라고 조롱하였던 유대인들을 언급하면서, 버미글리는 그리스도께서 우리를 구원하기 위하여 먼저 그 자신이 죽음에서 벗어나야 할 필요성이 있었다는 논리로 그리스도의 부활의 필요성을 강조한다. '물에 빠진 자를 구하기 위하여 물에 뛰어들었지만, 그 자신이 익사하고 말았다면, 그의 죽음이 무슨 유익이 있는가?' 하는 비유로 버미글리는 그리스도의 부활이 우리의 구원을 위하여 필수적인 사건이라는 점을 지적한다. 부활은 '죽음의 권세를 이기신 그리스도의 능력'을 증시하는 것이다. 버미글리는 부활로부터 시작되는 그리스도의 높아지심(昇貴)에 관한 사도신경의 조항을 '우리를 위한'(pro nobis) 높아지심이라는 '즐겁고 소중한 진리'라고 설명하며, 그리스도의 승귀에 관한 계시와 함께 그것이 신자들에게 어떤 용도(use)와 유익(benefit)이 되는지 함께 설명한다.[27]

그리스도의 부활과 관련하여 버미글리는 '승귀의 높이는 비하의 깊이와 비례한다'고 두 차례나 거듭하여 강조한다. 가장 수치스런 죽음을 겪으신 그리스도 예수는 이제 죽음과는 더 이상 아무런 관계가 없는 독특한 생명(extraordinary life)으로 나셨다.[28] 그분의 부활하신 육체에 관하여 버미글리는 '신령한' 몸이라는 사도 바울의 표현(고전 15:44)을 주의 깊게 해설하는데, 그것은 성령의 능력으로부터 유래한 것이기 때문에 '영적 본성을 반영하는 특성들'을 갖는다. 따라서 부활의 '영적' 몸은 '지상적이고, 사멸하며, 부패할

---

our redemption; the third of God the Holy Spirit and our sanctification. G.I. Williamson, *The Heidelberg Catechism* (Phillipsburg: P&R, 1993), 41. 사도신경의 구조에 관한 하이델베르크의 삼중적 이해는 버미글리의 사도신경 해설의 기조와 일치한다.

27 Peter Martyr Vermigli, *Early Writings*, 45.

28 Peter Martyr Vermigli, *Early Writings*, 46.

수 있는' 몸과 대조되는 개념이다. 긍정적으로 표현하자면, 부활한 몸은 연약한 것들 혹은 성령을 거스리는 감각적 충동들에서 자유롭다. 영적 몸은 성령의 모든 의로운 의도와 충동에 신속하게 순종하는 것을 방해하지 않는다. 따라서 버미글리는 부활한 몸을 '천상적'(celestial)이라는 용어보다 (성령과 관련하여) '영적'(spiritual)이라는 용어로 설명하는 것이 적절하다고 평가한다.29 부활하신 그리스도 및 하늘의 성도들의 영적인 육신의 네 가지 변화된 특징에 관한 교부 및 스콜라신학자들의 신학적 논의30를 여기서 소개하지 않지만, 버미글리는 부활을 전후한 그리스도의 예수의 육신의 연속성과 변화를 균형 있게 강조하면서, 그 핵심적인 개념으로 '영적' 몸이 무엇인지를 잘 설명하고 있다. 인간의 본성들은 부활 이후에도 여전히 남아 있을 것이지만, 그러나 부활한 영적인 몸은 성령의 인도하심에 순종하는데 더 이상 지장을 받지 않는다는 점에서 이생의 몸과 확연하게 구별된다.

'하나님 우편에 앉으심'이라는 표현을 버미글리는 '인간의 화법의 형태로 표현된 것으로, 적절하게 이해되어야' 한다고 지적한다. 이 조항은 그리스도 예수의 높아지심을 묘사하는 일종의 유비이다. 왜냐하면 하나님은 영이시므로 비육체적이시며, 따라서 그분에게는 물리적으로 좌우가 없기 때문이다. 부활하신 그리스도께서 하나님 우편에 앉으신 것은 하나님에 의하여 가장 높이 영광을 받았다는 의미이다. '하나님의 나라에서는 어떤 피조물도 높아지신 그리스도의 옆이나 그 앞에 설 수 없다'는 말로 버미글리는 이런 해석을 강조한다.31

---

29 Peter Martyr Vermigli, *Early Writings*, 47

30 고통을 당하지 않음(*impassibilitas*), 명료함(*claritas*), 섬세함(*subtilitas*), 그리고 민활함 (*agilitas*)과 같은 영체의 네 가지 특성과 관련하여, 버미글리는 부활하신 그리스도의 독특한 특성들을 그리스도의 신성과 인성 사이의 독특한 위격적 연합 개념과 연결시키는 루터파 신학자 브렌츠와의 성찬 논쟁에서 다루었다. Jin Heung Kim, *Scripturae et patrum testimoniis*, 269, 295.

그리스도의 높아지심과 관련된 몇몇 중요한 신학적 개념을 핵심을 잡아 간명하게 해설한 다음, 버미글리는 다시 한번 목회적인 관점에서 사도신경의 이 조항들의 의의를 주목한다. 왜냐하면 그는 "그리스도의 행위 가운데 우리의 구원에 막대한 중요성을 갖지 않은 일은 아무 것도 없다"[32]고 확신하고 있기 때문이다. 이처럼 사도신경의 기독론을 해설함에 있어서 버미글리는 '우리를 위한' 하나님의 뜻이 무엇인지 고려하며, 그에 합당한 경건을 가르친다. 특히 그리스도의 높아지심과 관련하여 버미글리가 제시하는 유익들은 하이델베르크 요리문답의 해설과 비교할 때, 상당한 유사성을 발견할 수 있다. 2장에서 우리는 그런 내용상의 비교를 통하여 개혁주의의 초창기 편집자로서 버미글리가 끼친 영향력을 돌아볼 것이다.

(5) 그리스도의 재림과 심판

그리스도 예수를 재판하였던 이 세상의 불의한 재판장과는 정반대로 '공의'로써 '불편부당하게' 재판하실 그리스도의 재림에 관한 이 조항을, 버미글리는 사도 바울의 표현대로 '복된 소망'(딛 2:12)으로 믿고 고백하며, 복음서에 거듭 반복하여 언급된 재림에 관한 그리스도의 비유들로써 확증한다. 여기서도 버미글리는 목회적 권면을 잊지 않는데, '육체적 생명만을 위협하는 이 세상 관원들을 두려워하지 말고, 공의로써 심판하실 하나님을 경외할 것'(마 10:18)을 가르치신 그리스도 예수의 권면에 따라 경건하게 살아가도록 그리스도인 형제들을 격려한다.[33]

최후 심판의 날에 '그 몸으로 한 행실대로' 판단 받을 것이라는 말씀과 관련

---

31 Peter Martyr Vermigli, *Early Writings*, 47.
32 Peter Martyr Vermigli, *Early Writings*, 47
33 Peter Martyr Vermigli, *Early Writings*, 51-52.

하여, 버미글리는 '이신칭의'(*sola fide*) 그리고 '오직 은혜'(*sola gratia*)라는 종교개혁의 근본 원리들을 이 조항과 연결하여 주의 깊게 설명한다. 참된 구원을 얻는 믿음과 구별되는 역사적 신앙에 관한 설명과 더불어 버미글리의 삼중적 칭의론의 핵심 내용을 발견할 수 있는 이 단락은 '최후 심판에 대처하는 올바른 신앙적 자세'라는 관점에서 로마 가톨릭 신학자 아퀴나스의 설명과 비교하여 살펴볼 필요가 있다.

2. 버미글리의 사도신경 강해에 나타난 기독론의 개혁주의적 특징

이 두 번째 단락에서 필자는 버미글리의 사도신경 강해에 나타난 기독론을 스콜라신학자 토마스 아퀴나스의 해설과 하이델베르크 요리문답의 해설과 각각 비교하여, 버미글리 기독론의 개혁주의적 성격을 좀더 분명하게 드러내고자 한다.

(1) 토마스 아퀴나스의 사도신경 강해와 비교

버미글리의 지적 배경과 관련하여, 이탈리아 파두아 대학 시절부터 그가 토마스주의적 스콜라주의에 정통하였으며, 그와 아울러 인문주의 및 아우구스티누스주의에도 익숙하였다고 평가된다.[34] 한 걸음 더 나아가 그런 스콜라주의적 배경이 버미글리의 지속적인 지적 특징이라고 주장되기도 한다.[35] 따라서

---

34 F.A. James III, "Peter Martyr Vermigli: At the Crossroads of Late Medieval Scholasticism, Christian Humanism and Resurgent Augustinianism" in Trueman C. & Clark K. eds., *Protestant Scholasticism: Essays in Reassessment* (Carlisle: Paternoster, 1999), 78.

35 J.P. Donnelly, *Calvinism and Scholasticism in Vermigli's Doctrine of Man and Grace* (Leiden: E.J. Brill, 1976), 206. 버미글리의 지적 배경에 관한 논의를 보려면, 김진흥, 『피터 마터 버미글리: 신학적 평론』, 138-55을 참조하라. J.C. McLelland, *The Visible Words of God: An Exposition of the Sacramental Theology of Peter Martyr Vermigli: 1500-1562*. (Edinburgh: Oliver & Boyd, 1957), 267-71. 그리고 "만일 그가

아퀴나스의 사도신경 강해와 버미글리의 사도신경 강해를 비교해보는 것은 로마 가톨릭의 관점과 개신교 특히 개혁주의 관점을 비교하는 의미 있는 작업이 될 것이다. 아퀴나스는 그가 소천하기 1년 전인 1273년 사순절 기간에 나폴리의 도미니쿠스회 수도회 성당에서 무수한 나폴리 시민들을 대상으로 사도신경을 대중적으로 설교하였다. 그것인 '사도신경 강해설교'(*Expositio in Symbolum Apostolorum*)라는 제목으로 출판되었는데, 필자는 그 책의 라틴어-한글 대역본(2015)을 사용하였다.

사도신경이라는 공통의 신앙고백적 기초 위에서, 한때 로마 가톨릭 성직자이자 탁월한 학식을 갖춘 신학자였던 버미글리의 신앙이 어떻게 종교개혁의 정신에 따라 변하였는지 잘 보여주는 두 주제들(topics)을 골라, 두 신학자의 사상을 비교해 보자.

1) 그리스도의 지옥강하에 관한 해설

사도신경의 해설에서 로마 가톨릭과 프로테스탄트 사이에 가장 두드러진 차이를 보여주는 대목이 바로 그리스도의 지옥강하에 관한 해설일 것이다.[36] 아퀴나스는 이 조항을 설명하면서 우선 '그리스도께서 영혼과 함께 음부에 내려가신 까닭을 네 가지로 정리하여 소개하는데, 그 마지막 이유로서 '음부에 있는 성도들을 구출하시기 위함'이라고 말한다.[37] 그리고 그로부터 역시 네

어떻게 기억되기를 원하는지 피터 마터에게 묻는다면, 그는 자신의 성경을 가리킬 것이다. 그리고 그는 성경의 가르침을 널리 보급하는 것만을 원한다고 말할 것이다."라는 버미글리의 자기 평가를 소개한 F.A. Frank III, "Translator's Preface" in Peter Martyr Vermgli, *Predestination and Justification*도 참고하라.

36 그리스도의 지옥강하와 연결된 로마 가톨릭의 연옥 및 죽은 자를 위한 기도 사상에 관해서는, 김진홍, "죽은 자를 위한 기도에 관하여" in 김진홍 외, 『담임목사가 되기 전에 알아야 할 7가지』(서울: 세움북스, 2015), 293-308을 참조하라.

37 토마스 아퀴나스, 『토마스 아퀴나스: 사도신경 강해설교』(서울: 새물결플러스, 2015), 147-53. 첫 번째 이유는 죄에 대한 모든 벌을 감당하기 위한 것이고, 두 번째 이유는 음부에 있는 자신의 친구들(구약의 족장들을 비롯하여 그리스도의 도래를 기다리며 믿음과 사랑으로

가지 교훈을 이끌어낸다: 첫째, 가장 가혹한 상태인 음부에서조차 그리스도께서 구출해주셨다면, 하나님에 대한 굳건한 소망을 얻을 수 있다; 둘째, 그리스도께서 음부에서 모든 자들 구출하지 않으시고 다만 '치명적인 죄가 없는' 이들만 구출하셨으므로, 우리는 경외심을 가지고 자만하지 말아야 한다; 셋째, 음부의 형벌을 생각하며 거기로 내려가지 않도록 조심해야 한다; 넷째, 그리스도께서 사람들을 돕기 위하여 음부에까지 내려가신 것처럼, 우리도 그 사랑의 모범에 따라 음부에 있는 사람들을 도와야 한다. 그리고 연옥에 있는 자들을 돕는 방법으로 아퀴나스는 아우구스티누스의 세 가지 제안, 즉 미사와 기도와 구제를 제시한다.[38] 이 조항을 설명하는 마지막 단락은 그리스도인들로 하여금 '하나님의 영광과 음부의 벌'을 인식하여, 형벌을 두려워하는 마음으로 죄에서 물러서고 하나님의 영광을 바라보며 거룩한 삶으로 나아가도록 권고하는 내용이다. 이것은 중세 로마 가톨릭 교회의 경건의 특징을 뚜렷하게 보여준다.

앞서 살펴보았듯이, 버미글리는 그리스도의 음부 강하에 관한 사도신경의 조항을 해설하면서 '연옥' 사상 혹은 '죽음 이후의 두 번째 구원의 기회'에 관한 어떠한 사상도 보여주지 않으며, 심지어 '연옥'이라는 단어조차 언급하지 않는다. 육체적 죽음 이후의 상태에 관하여 설명할 때 버미글리에게 중요한 성경적 근거는 '부자와 거지 나사로'(눅 16:19-31)에 관한 복음서의 가르침이다. '아브라함의 품'과 '지옥' 사이는 넘어갈 수 있는 방법이 없으며, 그 중간지대에 해당하는 것도 전혀 언급되지 않는다. 죽음 이후에는 영원한 구원과 영원한 저주의 두 가지 선택지 밖에 없다. '연옥'을 지지하는 가장 유력한 성경적

살았던 사람들)을 돕기 위하여, 세 번째 이유는 악마를 완전히 정복하기 위하여, 그리고 네 번째 이유로서, 음부에 있는 성도들을 구출하기 위함이라고 말한다. 세 번째 이유를 보면, 아퀴나스는 루터와 마찬가지로 지옥 강하부터 그리스도의 높아지심이 시작되었다고 보는 관점을 취하고 있다.

38 토마스 아퀴나스, 『토마스 아퀴나스: 사도신경 강해설교』(서울: 새물결플러스, 2015), 153-59.

증거로 간주될 수 있는 '그리스도의 영과 죽은 자들의 영들의 조우'에 관한 사도 베드로의 언급(벧전 3:19)은, 버미글리에 따르면, 소위 연옥에 있는 자들에게 주어지는 '두 번째 기회'가 아니라, 그들의 불신앙에 대한 책망과 심판의 메시지이다.39 그러므로 '그리스도의 음부 강하'에 관한 뚜렷하게 대조되는 두 해석을 통하여, 한때 '옛 길'(via Antigua)을 따른 스콜라신학에 정통하였던 버미글리가 중세 가톨릭 교회의 중심적인 교리를 깨끗이 버렸다는 사실을 알수 있다. 일찍이 나폴리의 수도원장 시절(1537-1540) 종교개혁자들의 저서들을 연구하면서, 버미글리는 '불 가운데서 구원'(고전 3:15)이라는 표현이 연옥설을 지지하는 것이 아니라, 최후의 심판에 관한 언급이라는 것을 확신하였다. 그리고 그 사실을 버미글리는 1539-1540년의 대강절과 사순절 대중 설교를 통하여 분명히 천명하였다가, 보수적인 성직자들에 의하여 탄핵당하기도 하였다.40 그로 인한 정치적인 곤경에 직면해서도 버미글리는 '성경과 교부의 가르침'에 근거하여 자신의 새로운 견해를 확고하게 유지하였다. 기독교 신앙의 공통된 기초인 사도신경에 대한 이해와 해설에서, 두 신학자의 견해가 뚜렷하게 대조된 까닭을 우리는 바로 그 종교개혁의 새로운 해석학적 방법에서 찾을수 있을 것이다. 교회가 전통으로 물려준 교훈을 '종교개혁자' 버미글리는 '오직 성경'(sola scriptura)의 원리 위에서 재검토하였던 것이다. 한 걸음 더 나아가, 그리스도의 음부 강하가 그분의 '높아지심'이 시작이 아니라 낮아지심의 가장 깊은 단계로 해석한 점에서, 버미글리는 (아퀴나스의 견해를 따른) 루터를 넘어서서 칼빈이 표명하였던 '개혁주의적' 견해를 뚜렷하게 보여준다

---

39 Peter Martyr Vermigli, *Early Writings*, 44.

40 이와 관련하여, 김진홍, 『피터 마터 버미글리: 신학적 평전』, 25-28 참조. 또한 J.C. McLelland, "Italy: Religious and Intellectual Ferment" in Kirby, T., Campi, E. & James III F.A. eds., *A Companion to Peter Martyr Vermigli* (Leiden: Brill: 2009), 25-34을 참조하시오.

고 할 수 있다. 칼빈은 이미 1536년의 『기독교강요』에서 그리스도의 음부강하를 하나님의 진노를 중재하고 우리가 받을 형벌을 대신 지신 행위의 일환으로 설명하였다.[41]

2) 그리스도의 재림과 최후 심판에 관하여

버미글리는 최후 심판과 관련하여, '최상의 사람이라도 그 자신의 행위들을 살펴봄으로써 자신의 구원에 관한 그러한 확신에 도달할 수는 없으며, 이 사실을 잘 이해하지 못하면, 행복의 날 대신에 영원한 죽음에 대한 무서운 전망 외에는 깨닫지 못하게 될 것'[42]이라고 엄중하게 경고한다. 앞서 언급한 대로, 이것은 최후 심판과 관련하여 '그 몸으로 행한 바'에 따라 판단받을 것이라는 말씀을 '공로 사상'과 연관하여 잘못 가르친 로마 가톨릭의 오류를 바로 잡기 위한 것이다. 그 오류의 단적인 예로 아퀴나스는 사도신경의 이 조항을 해설하면서 마지막으로 제시한 '최후 심판의 두려움에 대한 네 가지 치유책'을 들 수 있다. 그가 제시한 '선행, 참회, 자선, 사랑'은 모두 성경적 구절들에 뒷받침을 받고 있지만, 공통적으로 강조되는 바는 '우리가 하나님 앞에서 인정받을 수 있는 공로'를 쌓는 일이라는 점이다.[43] 아퀴나스는 최후 심판을 두려워 해야

---

41 칼빈, 『기독교강요 초판』 (서울: 크리스챤다이제스트, 1991), 134-35. 또한 칼빈은 '조상들의 연옥'(limbus patrum)을 배격하고, '그가 또한 영으로 가서 옥에 있는 영들에게 선포하시니라'(벧전 3:19)라는 구절을 "그리스도를 통해 주어지는 구속의 능력은 그 이전에 죽은 사람들의 영혼들에게도 비쳐지고 또 분명히 나타났다는 사실일 따름이다. 그로부터 올 구원을 항상 기다리며 살았던 신자들이 그 때에 분명히 그리고 얼굴을 맞대고서 그의 방문을 맞았다는 것"이라고 해석한다. 칼빈의 '음부강하'에 관한 비유적 해석은 하이델베르크 요리문답 제44문답에 반영되었다. 참조, 김헌수, 유해무, 『하이델베르크 요리문답의 역사와 신학』(서울: 성약, 2008),156.

42 Peter Martyr Vermigli, *Early Writings*, 52.

43 토마스 아퀴나스, 『토마스 아퀴나스: 사도신경 강해설교』, 193. "첫 번째 치유책은 선한 행위입니다. … 선을 행하십시오. 그러면 당신은 그것으로 인해 칭송을 받을 것입니다. 두 번째 치유책은 우리가 범한 죄들을 고백하고 참회하는 것입니다… 이것들은 참으로 영벌을 속죄합니다. 세 번째 치유책은 모든 것을 깨끗하게 하는 자선입니다… 네 번째 치유책은 사랑, 즉 하나님과 이웃에 대한 사랑입니다… 이 사랑은 진실로 많은 죄를 덮습니다."

할 네 가지 이유를 먼저 설명하고, 그 두려움에서 벗어날 수 있는 방법을 그리스도인의 실천적 공로쌓기에서 찾는다. 세미펠라기안주의에 물들어 있었던 중세 스콜라신학에서는 이와 같은 해설이 아주 자연스럽게 다가왔을 것이다. 그러나 그런 스콜라신학적 사고를 익숙하게 알고 있었던 버미글리의 해설은 완전히 달랐다. 최후 심판에서 구원의 확신을 얻으려면, 그리스도인은 자신을 보아서는 안되고 오직 그리스도의 공로에 호소해야 한다는 것이다. 버미글리는 '그 몸으로 한 일'에 따라 판단하신다는 말씀을 심판주로 오실 주님께서 그리스도인들 가운데 진정한 믿음을 가진 자들과 위선자들을 분별하신다는 뜻으로 해석한다. 버미글리에 따르면, 칭의(justification)에 합당한 믿음은 귀신도 아는 지식(약 2:19)에 그치는 역사적 신앙이 아니며, 우리의 구원의 확신은 '거룩한 삶과 연결되어 있다.' 여기서 버미글리는 칭의에 관한 그의 개혁주의적인 이해, 곧 '삼중적 칭의론'(Threefold Justification)의 주요한 내용을 제시하고 있는데, '신앙은 결코 선택된 자들을 열매 맺지 못하는 상태에 내버려두지 않으며, 최후의 심판 때 그리스도 예수께서 신자들에게 칭찬할 만하다고 선언하실 선한 열매를 반드시 맺게 한다'고 주장한다.[44] 그러므로, 버미글리에 따르면 '우리의 행위들은 우리의 의로움과 거룩함을 선언하는 기초로 최후 심판 때 제시되는

---

44 Peter Martyr Vermigli, *Early Writings*, 53. 버미글리의 '삼중적 칭의론'에 관해서는, 김진홍, 『피터 마터 버미글리: 신학적 평전』(부산: 개혁주의학술원, 2018), 212-16을 참조하라. 이 주제에 관한 주요한 자료로는, Peter Martyr Vermigli, *Predestination and Justification: Two Theological Loci* (Kirksville: Sixteenth Century Essays & Studies, 2003); F.A. James III, *De Justificatione: The Evolution of Peter Martyr Vermigli's Doctrine of Justification.* (Westminster Theological Seminary, Doctoral Dissertation, 2000); F.A. James III, "Romans Commentary: Justification and Sanctification" in Kirby, T., Campi, E., James III, F.A. eds., *A Companion To Peter Martyr Verimgil* (Leiden: Brill, 2009), 305-20; F.A. James III, "Peter Martyr Vermigli (1499-1562)" in Carter Lindberg ed. *The Reformation Theologians: An Introduction to Theology in the Early Modern Period* (Oxford: Blackwell, 2002), 198-212 등이 있다.

것이 아니라, 믿음을 통하여 얻은 의와 거룩을 외적으로 증거하는 표로 제시될 것'이다. 이런 말로써 버미글리는 우리의 구원이 우리 자신에게 달려 있지 않고 하나님의 택하심에 달려 있다는 진리를 다시 확인하여 구원의 소망을 강화하며, 그와 동시에 '그리스도 예수 안에 있는 그 긍휼에 의지하여, 그리스도인이 경건의 진보를 보이도록' 권유한다. 왜냐하면 '신앙은 내면적인 것이지만, 반드시 자비의 사역들로써 표현되어야' 하기 때문이다(갈 5:6).[45]

이상의 두 가지 사례에서 동일한 '사도신경'에 관한 해석이 정반대로 나타나는 까닭은 무엇보다도 아퀴나스와 버미글리가 가지고 있었던 해석학적 원칙에서 찾을 수 있을 것이다. 두 사람 모두 뛰어난 성경 지식과 존경할만한 경건의 실천을 보여주는 점에서는 동일하였지만, 기독교의 복음을 이해하고 선포하는 데 있어서 '오직 성경'의 원칙을 어떻게 받아들이는가 하는 점에서 뚜렷한 차이를 보여준다. 주지하다시피, 버미글리는 그의 모든 저작들에서 '오직 성경의 원칙에 따라 교부들을 활용'하는 일관된 모습을 보여주었다. 그것이 교회적 전통을 항상 존중하였던 아퀴나스와의 차이를 가져다 주었다. 다른 관점에서 보면, 두 사람 모두 자신이 가진 해석학적 원리를 가지고 사도신경을 해설하였다고 할 수 있다. 그렇다면, 두 사람의 해석 원리들 가운데 과연 무엇이 성경의 전반적 가르침과 일치하는가 여부를 가지고 평가할 수 있을 것이다. 사도신경은 무엇보다도 성경의 계시에 대한 '교회의 아멘'이기 때문이다.

(2) 하이델베르크 요리문답의 사도신경 강해 비교 평가

버미글리 기독론의 '개혁주의적 성격'을 한층 더 분명하게 보여주는 것은

---

45 Peter Martyr Vermigli, *Early Writings*, 53.

하이델베르크 요리문답의 사도신경 해설 중 기독론에 관한 몇몇 두드러진 유사점들과 비교하는 것이다. 필자는 특히 그리스도의 높아지심에 관한 사도신경의 조항들을 해설하는 방식에서 버미글리와 하이델베르크 요리문답의 유사성을 주목하려 한다.

하이델베르크 요리문답은 '위로'(comfort)라는 키워드가 대표하듯이 문답의 내용이 교리적인 가르침과 더불어 목회적인 교훈을 균형있게 함께 제시한다. 기독론을 다루는 제29-52문답들에서도 이런 성격은 뚜렷하게 나타난다.[46] 그 가운데 그리스도의 높아지심에 관한 몇몇 내용들을 버미글리의 사도신경 해설과 비교해 보자.

그리스도의 높아지심에 관한 사도신경의 조항들이 우리에게 주는 유익을 설명하면서, 버미글리는 다음 몇 가지 중요한 교훈과 권면을 제시한다[47]:

첫째, 성부 하나님의 우편에 앉으신 그리스도 예수께서 성부의 능력과 호의에 의하여 우리의 필요를 도우신다. 그 영광스런 자리에서 그리스도는 우리를 위하여 효과적으로 기도하시며, 우리의 머리이신 그리스도와 연합된 우리도 그분과 함께 높아진 것을 증시하신다(골 3:3-4). 사망의 깊은 곳에서 부활하셔서 높아지신 그리스도 예수께서 우리의 머리이시므로, 우리의 구원이 그분 안에서 이미 시작되었음을 확신할 수 있다. 버미글리는 두 가지 비유를 통하여 이 진리를 한층 더 생생하게 강조한다: '급류에 빠졌으나 머리가 물 위에 나와

---

46 그리스도라는 명칭을 설명한 다음 '그리스도인'이라는 명칭의 의미를 해설하는 제32문답, 그리스도의 거룩한 잉태와 탄생이 우리에게 주는 유익(제36문답), 그리스도께서 십자가에서 죽으신 것이 우리에게 주는 특별한 의미와 유익을 해설한 제39, 43문답, 그분의 높아지심과 관련된 조항들이 우리에게 주는 유익들을 소개한 제45, 49, -52문답들에서 이런 목회적 성격을 뚜렷하게 볼 수 있다.

47 Peter Martyr Vermigli, *Early Writings*, 47-50. 버미글리는 그리스도의 높아지심이 우리에게 주는 유익과 교훈을 비교적 긴 지면을 들어 상세하게 해설한다. '사도신경 해설'에서 그의 관심사가 교리뿐 아니라 실천에도 균형 있게 주어져 있는 것을 보여주는 또 하나의 증거이다.

있으면, 그 사람은 죽지 않고 살아 있다고 말할 수 있다; 겨울철에 앙상한 나무는 꽃도 열매도 잎사귀도 없어 시든 것 같으나, 그 뿌리가 살아 있으므로 죽지 않고 다음 봄에 그 감추어진 생명을 드러낸다.' 우리의 뿌리이신 그리스도 예수께서 부활하셨고 지금도 살아 계시므로, 우리는 자신의 부활을 의심할 필요가 없다!

이 첫 번째 내용은 하이델베르크 요리문답 제49문답에 잘 반영되어 있다. 제49문답은 그리스도의 승천이 주는 유익들 가운데 첫 번째로 '하늘에서 우리를 위해 그의 아버지 앞에서 간구'하시는 것을 가르친다. 그리고 두 번째 유익으로 '그리스도와 연합된 성도들의 장래의 승천'에 대한 확신을 가르친다.

둘째, 높아지신 그리스도는 성령의 놀라운 선물들을 우리에게 수여하셨다. 성령 하나님은 영적 생명의 기원이며 그리스도인의 중생의 시작이고, 몸의 부활의 원인이자 그 참된 저자(author)이다. 그리스도를 죽음에서 일으키신 바로 그 생명의 능력이 우리 안에 내주하여, 높아지신 그리스도 곧 그 영광의 목적에 도달하신 우리 주님을 바라보게 하므로, 그리스도인은 마땅히 기뻐해야 하고 이미 우리에게 은혜로 주어진 모든 것에 만족해야 한다(롬 8:24). 부활하신 그리스도 안에서 우리가 이미 죽음으로부터 해방된 것을 아는 것은 큰 유익이다. 그리스도 예수 안에서 우리가 확실히 새로운 생명을 미리 맛보았다는 영적 진리를 아는 그리스도인은 더 이상 죽음과 역경을 두려워해서는 안된다. 오히려 이 세상의 모든 불안들 때문에 불평하는 우리 자신의 옛 사람(flesh)에 대항하여, 그 진리로 우리 자신을 위로할 수 있다.

이 두 번째 내용은 하이델베르크 요리문답 제51문답에서 그대로 가르쳐진다: '우리의 머리되신 그리스도의 이 영광이 우리에게 주는 첫 번째 유익은 그분의 지체들인 우리에게 성령으로 말미암아 하늘의 은사들을 부어주신다'는 것이다. 또한 부활하신 그리스도에 대한 믿음이 우리를 담대하게 하고 위로한다는 버미글리의 해설은 '그분의 권능으로 우리의 모든 원수들로부터 우리를 보호하고 보존하시는 주님'이라는 고백으로 제51문답에 반영되었다.

셋째, 그리스도의 부활과 승귀는 우리에게 새로운 영적인 삶, 곧 육이 아니라 성령을 기쁘게 하는 삶, 더 이상 옛 아담이 아니라 그리스도를 기쁘게 하는 삶, 우리 자신이 아니라 성부를 기쁘게 하는 삶을 뚜렷하게 보여줌으로써 우리의 구원을 크게 진전시켰다. 부활하신 그리스도는 다시 죽지 않는 것처럼, 믿음으로 거듭난 사람도 유독하고 비참한 불신앙으로 퇴행하지 않는다. 왜냐하면 부활하신 그리스도를 기억하는 것은 의와 경건을 일깨우는 날카로운 자극제이기 때문이다(롬 6:4; 빌 3:12-14). 버미글리에 따르면, '끊임없이 내적으로 갱신되며, 우리 주변의 이웃들에게 가능한 한 최대의 선을 행하는 것', 그것이 끊임없이 다른 사람들을 축복하시고 가장 소중한 성령의 선물을 그리스도인들에게 쏟아부어 주시는 부활하신 그리스도를 닮는 일이다. '이것이 그리스도와 그 부활의 능력을 참되게 아는 것이며, 이것이 기독교의 참된 본질이다!'[48]

버미글리가 강조하여 가르친 이 교훈은 하이델베르크 요리문답 제49문답의 셋째 유익으로 요약되어 있다: "그리스도는 그 보증으로 그의 성령을 우리에게 보내시며, 우리는 성령의 능력으로 말미암아 그리스도께서 하나님 우편에 앉아 계신 위의 것을 구하고 땅의 것을 구하지 않습니다."[49] 앞서 언급하였듯이, 개혁주의 신앙과 신학은 버미글리와 같은 초창기 개혁주의 편집자들의 신학 사상에 힘입어 그 모습을 뚜렷하게 갖추어 나가기 시작하였다. 특히 버미글리의 추천을 받아 하이델베르크로 오게 된 우르시누스(Zacharias Ursinus, 1534-1583)가 하이델베르크 요리문답의 주요한 저자로 평가되는 점을 고려

---

48 Peter Martyr Vermigli, *Early Writings*, 49.
49 『하이델베르크 요리문답』(서울: 성약, 2004), 77 .

하면, 버미글리의 사도신경 해설에 나타난 교리적이고 목회적인 (혹은 윤리적인) 교훈의 균형잡힌 패턴50이 하이델베르크 요리문답에도 상당한 영향을 끼쳤을 것이라고 판단할 수 있다. 그리고 바로 그런 균형 잡힌 교훈 방식이 신약성경의 사도적 전통을 본받으려는 초창기 개혁주의 전통의 중요한 특징이라고 할 수 있다.

III. 맺음 말

버미글리의 사도신경 해설에 나타난 기독론을 분석한 결과, 우리는 이탈리아 출신의 이 개혁파 신학자의 신학이 과연 '정통적이고 고전적'이라고 평가할 수 있다는 사실을 확인할 수 있다. 아울러, 버미글리의 사도신경 해설에서 볼 수 있는 기독교 신앙에 대한 풍성한 이해와 일관된 해석을 통하여, 그리고 교리와 균형을 이룬 윤리적 목회적 권고들을 통하여 종교개혁의 균형잡힌 신학과 경건을 다시 한 번 맛볼 수 있었다.

또한 몇몇 주요한 토픽들을 중심으로 아퀴나스와 하이델베르크 요리문답의 해설과 비교평가를 통하여, 버미글리가 일찍부터 로마 가톨릭의 스콜라주의적 이해와 뚜렷하게 결별하고 개혁주의적 기독론을 확립하였으며, 한 걸음 더 나아가 그의 균형잡힌 해설을 통하여 그 다음 세대의 개혁주의 전통 확립에 분명한 영향을 끼쳤다고 평가하였다.

클렘파는 버미글리의 개혁주의적 기독론이 그의 모든 작품에서 일관되게

---

50 버미글리의 이런 균형잡힌 접근 방식은 그의 신론에서도 뚜렷하게 나타난다. 김진홍, "버미글리 신론에 나타난 성경적 윤리적 정향" in 『종교개혁과 하나님』 (부산: 고신대학교 개혁주의학술원, 2018), 111-39.

나타난다고 주장한다. 따라서 버미글리의 기독론에 관한 좀더 깊이 있고 포괄적인 연구가 계속 진행되어야 할 필요가 있다. '신학총론'을 위시하여 성찬논문과 여러 성경 주석들에 나타난 그의 기독론에 관하여 좀더 풍성하고 깊이 있는 연구가 나올 수 있도록, 이 소고가 하나의 징검다리가 되기를 기원한다.

하인리히 불링거의 예수 그리스도에 대한 이해:
1550년대 출판된 네 권의 신앙교육서를 중심으로

박상봉

(합동신학대학원대학교, 역사신학)

Heinrich Bullinger(1504-1575)

안양대학교 신대원(M. Div., Th. M.)을 졸업했다. 스위스 취리히 대학교 신학교에서 종교개혁사로 박사학위(Th. D.)를 취득했는데, 츠빙글리의 후계자인 하인리히 불링거(Heinrich Bullinger)를 연구했다. 현재는 합동신학대학원대학교에서 역사신학 교수로 재직 중이며, 강남 도곡동에 있는 강변교회에서 협동목사로 섬기고 있다.

역서로는, 파트릭 뮐러의 『하인리히 불링거』(수원: 합신대학원출판부, 2016), 에미디오 캄피의 『스위스 종교개혁』, 김병훈 외 4인 옮김 (수원: 합신대학원출판부, 2016), 미하엘 벨커 , 미하엘 바인트커, 알버트 드 랑에 지음, 『종교개혁 유럽의 역사를 바꾸다』, 김재진 외 16인 옮김 (서울: 대한기독교서회, 2017) 등이 있다.

박상봉

I. 서론

아직도 한국 교회에서 익숙하지 않는 취리히 종교개혁자 하인리히 불링거가 1550년대에 서술한 네 권의 신앙교육서들에서 확인되는 예수 그리스도에 대한 이해는 신자들에게 반드시 필요한 핵심적인 지식을 제공한다. 신앙교육을 목적으로 쓰여진 특성 때문에 논쟁적인 이해는 간략하게 다루어졌을 뿐만 아니라, 또한 각 저술들을 읽은 대상 때문에 사도적인 가르침에 따라서 초대교회로부터 계승된 정통신앙의 입장이 성경 본문에 근거하여 쉽게 해설되어 있다. 전체적으로 불링거의 신앙교육서들은 종교개혁 사상을 충실하게 따르는 그리스도 중심적인 교리체계를 따르고 있다. 물론, 기독론의 주제가 독립적으로 다루어진 것도 있지만, 이와 동시에 신론, 구원론 그리고 교회론의 다양한 주제들과 유기적으로 연결되어 있다는 사실도 쉽게 확인된다.

네 권의 신앙교육서들 안에 정리된 기독론은 전체적으로 1549-51년에 출판된 『50편 설교집』[1]의 내용을 모든 신자들이 이해하기 쉽도록 요약한 느낌을 갖게 한다. 개별적인 저술들 안에서 다루어진 기독론에 대한 구조적인 조망은 다음과 같다:

『헝가리 교회와 목사들에게 쓴 목회서신』[2]은 46개의 소제목들과 함께 8개의

---

[1] Sermonum Descades quinque, de potissimis christianae religionis capitibus, in tres tomos digestae, authore Heinrycho Bullingero, ecclesiae Tigurinae ministro, Zürich, Christoph Froschauer 1552. (현대 독일어 역본: Heinrich Bullinger, Dekaden, in *Heinrich Bullinger Schriften*, hg. von Emidio Campi, Detlef Roth & Peter Stotz, Bd. III-VI, (Zürich: TVZ, 2004) (이하, Dekade III, IV, VII.)

[2] Brevis ac pia institutio Christianae religionis ad dispersos in Hungaria Ecclesiarum Christi Ministros et alios Dei servos scripta, per Heinrycum Bullingerum Tigurinae Ecclesiae Ministrum. Ovarini M.D.LIX, (이하, Epistola). 참고로, 신학적인 주제들은 다음과 같다: 1. Heilige Schrift und Tradition, 2. Person und Werk Christi, 3.

신학적인 주제들로 구성된 것이다. 기독론은 독립적으로 '2장 그리스도의 인격과 사역', '5장 그리스도의 구속사역' 그리고 '6장 그리스도의 중보'에서 확인할수 있다. 불링거는 그리스도 중심의 구속적인 이해 속에서 하나님이 자신의아들 안에서 생명과 구원에 속한 모든 것을 우리에게 선물했다는데 초점을두었다. 그리고 그리스도의 지상적이고 또 천상적인 사역에 관하여 핵심적으로설명했을 뿐만 아니라, 또한 그리스도가 하나님과 인간들 사이의 유일한 중보자임을 강조했다. 특징적으로, 불링거가 제시한 기도론은 로마 가톨릭 교회의오류를 경계하면서도, 성경과 초대교회로부터 계승된 정통신앙의 입장에서 정리된 것이다.

101개 소제목들과 함께 10개의 주제들로 구성된 『기독교 강요』3 안에서 기독론과 직접적으로 관련된 주제는 '5장 그리스도를 통한 하나님의 은혜와 자유'이다. 이 장에서 기독론은 신론과 연결되어 있을 뿐만 아니라, 또한 구원론이나교회론과도 절대 분리될 수 없을 정도로 깊은 관계를 가지고 있다. 물론, '6장믿음과 사도신조 해설'에서도 예수 그리스도에 대한 고백과 관련하여 충분한이해를 제공한다. '5장 그리스도를 통한 하나님의 은혜와 자유'에서 다루지않는 내용이 핵심적으로 소개되어 있다. 불링거의 『기독교 강요』는 종교개혁후기의 개신교 내의 논쟁이 한참 진행될 때 혼란스러워하는 신자들의 요청에

Rechtfertigung, 4. Glaube und gute Werke der Gläubigen, 5. Das Heilswerk Christi, 6. Die Fürbitte Christi, 7. Der Kult, 8. Der Antichrist gegen Christus.

3 독일어 원본: Summa Christenlicher Religion. Darin vß dem wort Gottes / one alles zancken vnd schaelten / richtig vnd Kurtz / anzeigt wirt / was einem yetlichen Christen notwendig sye zů wüssen / zů glouben / zů thůn / v nd z ů l assen / ouch zů lyden / vnd saeligklich abzůsterben: in x. Artickel gestelt / durch Heinrychen Bullingern, (이하, Summa). 라틴어 원본: COMPENDIVM CHRISTIANAE RELIGIONIS DECEM Libris comprehenſum, Heinrycho Bullingero auchtore ⋯ TIGVRI APVD FROSCH. Anno domini, M.D.LVI., (이하, Compendium). 참고로, 신학적인 주제들은 다음과 같다: 1. Die heilige Schrift, 2. Gott und seine herrlichen Werke, 3. Sünde und Massregelung der Sünde, 4. Die Rechtsordnung Gottes, 5. Gnade Gottes und Freispruch durch Christus, 6. Der Glaube, 7. Die Anrufung, 8. Die heiligen Sakramente, 9. Die guten Werke der Gläubigen, 10. Das Ende aller Dinge.

의해서 쓰여진 것이다. 전체 성경의 내용을 신학적인 주제에 따라서 정리할 때 불링거는 사도적인 가르침에 근거하여 초대교회로부터 계승되어 온 정통신학의 내용임을 분명히 했다. 그리고 그리스도 중심적인 구원의 전제 속에서 로마 가톨릭 교회의 신학적인 오류를 경계하며 서술되었다.

『핍박받은 사람들을 위한 신앙답변서』4는 로마 가톨릭 교회의 종교재판 앞에서 자신의 신앙을 변호해야 할 개신교 신자들을 위해서 쓴 것이다. 61개의 질문과 답변이 17개의 신학적인 주제들 안에 묶여 있다. 이 신앙답변서는 로마 가톨릭 교회의 신학적인 오류들을 매우 날카롭게 지적하면서 종교개혁 사상을 선명하게 밝힌 것이다. 이 때문에 다양한 신학적인 주제들이 논의되어 있는 반면에, 지금 우리가 살피고 있는 기독론에 대한 이해는 간략하게 정리되어 있다. 오직 '11장 그리스도의 몸과 피의 위엄있는 성례'만 독립적인 주제로 확인된다. 물론, 여기에서도 불링거는 다른 신앙교육서들과 마찬가지로 종교개혁의 핵심사상인 그리스도 중심의 구원을 모든 주제들 안에 스며들게 했다는 사실은 잊지 않아야 한다.

『성인들을 위한 신앙교육서』5는 7개의 신학적인 주제들 안에 294개의 문답으

---

4 Bericht, Wie die / fo von waegen vnser Herren Jefu Chrifti vn fines heiligen Euangeliums / ires glaubens erfücht / vnnd mit allerley fragen verfücht werdend / antworten vnd fich halten moegind: befchribē durch Heinrychē Bullingern, (이하, Bericht). 참고로, 신학적인 주제들은 다음과 같다: 1. Die Trinität, 2. Die heilige Christliche und die Römische Kirche, 3. Die Satzungen der Kirchen und Konzilien, 4. Der freie Wille des Menschen, 5. Der Glaube und die guten Werke, 6. Fürbitte und Verehrung der Heiligen im Himmel, 7. Die heiligen Dinge, 8. Das Fegefeuer, 9. Die heiligen Sakramente, 10. Kindertaufe und Wiedertäufer, 11. Das würdige Sakrament des Leibes und Blutes Christi, 12. Das Opfer der Messe, 13. Busse und Beichte, 14. Die Gewalt der Priester, 15. Ehe, Gelübde und Reinheit, 16. Die letzte Ölung, 17. Obrigkeit und Gehorsam.

5 CATECHESIS PRO ADVLTIORIBUS SCRIPTA, DE his potissimum capitibus. De Principijs religionis Christianę, scriptura sancta. De Deo uero, unio et ęterno. De Foedere dei & uero dei cultu. De Lege dei & Decalogo mandatorum domini. De Fide Christiana, & Symbolo apostolico. De Inuocatione dei & Oratione dominica, & De Sacramentis ecclesię Christi, authore Heinrycho Bullinero, (이하, Catechesis). 참고로, 신학적인 주제들은 다음과 같다: 1. Die heilige Schrift, 2. Der wahre, lebendige

로 구성되어 있다. '7장 성례와 그리스도의 교회' 안에는 예수 그리스도의 희생이 매우 짧게 언급되어 있을 뿐이다. 오히려, 불링거는 기독론을 사도신조 해설과 관련하여 독립적인 주제로 126-145문답에서 다루고 있다. 예수 그리스도의 구속사역에 초점을 맞추어서 설명되어 있다. 이 신앙교육서는 모든 주제들을 문답식으로 짧게 설명하고 있기 때문에, 기독론에 대한 이해도 다른 신앙교육서들과 비교하여 반드시 필요한 지식만을 단편적으로 제공하고 있다.

불링거는 네 권의 신앙교육서들 안에서 예수 그리스도에 대한 논의를 할 때 성경의 분명한 증언뿐만 아니라, 또한 초대교회 때 작성된 니케야 신조(Bekenntnis von Nicäa)와 칼케돈 신조(Bekenntnis von Chalcedon)를 토대로 정리했다.6 물론, 어거스틴과 같은 교부들의 글들도 참고 했다는 사실도 기억될 필요가 있다. 특별히, 초대교회 속에서 고백된 신조들이 주목된 이유는 내용적으로 그 당시에 다양한 이단들과 논쟁 속에서 보편 교회(Ecclesia Catholica)의 정통신앙적인 교리로서 예수 그리스도의 인격과 사역이 정립되었기 때문이다. 불링거는 교회-교리사적으로 검증된 정통신학의 내용으로서 기독론에 관심을 가진 것이다.

네 권의 신앙교육서들 안에는 내용적으로 삼위일체 하나님의 위격적인 관계 속에서 이해되어야 할 예수 그리스도의 인격, 하나님의 아들이 육체를 취하시고 이 땅에 오셔서 행하신 구속사역들, 부활하신 주님이 하늘에 승천하여 지금도 행하고 계시는 중보사역이 해설되어 있다. 이 글에서는 종교개혁의 사상으로서 '오직 예수'(Solus Christus)에 대한 이해가 불링거의 신앙교육서들 안에

---

und ewige Gott, 3. Der Bund Gottes, 4. Gesetz und Zehn Gebote Gottes, 5. Glauben und Apostolikum, 6. Anrufung Gottes und Unservater, 7. Die Sakramente der Kirche Christi.

6 Steadtke, Die Gotteslehre, in: Glauben und Bekennen, 254f.

서 어떻게 정리되었는가를 살필 수 있을 것이다. 불링거의 신학과 삶 안에서 항상 우선적으로 강조되었던 '예수 그리스도 중심주의'를 확인할 수 있다.

II. 본론

1. 예수 그리스도의 인격

불링거는 자신의 신앙교육서들 안에서 삼위일체에 대한 이해를 매우 간략하게 다룬다. 물론, 한 통일된 구조로 설명되지는 않았지만, 그러나 내용적인 면에서 큰 차이는 없다. 각 신앙교육서의 저술목적과 대상에 따라서 고유한 형식을 추구한 결과이다. 불링거는 성경의 증언을 토대로 세계공동신조, 어거스틴 등을 기초로 하여 정통적인 입장을 철학적인 전문용어 없이 누구나 쉽게 이해할 수 있도록 제시했다. 그리고 이 신앙교육서들 안에서 직접적으로 표명하지는 않았지만, 자신의 다른 저술에서 삼위일체의 개념을 이미 구약 시대 안에서 신앙의 선진들과 신약 시대 안에서 주님의 제자들에게 일반적으로 인식되고 있었던 "기독교 신앙의 신비"(Christianae fidei musteria)로 간주했다.[7]

---

7 *Heinrich Bullinger Schriften*, hg. von Emidio Campi, Detlef Roth & Peter Stotz, Bd. III, Zürich 2004, (Predigt 3, Dekade 4, 435f): "Niemand soll meinen, dieser Glauben an die Einheit und Dreieinigkeit Gottes sei von den Vätern oder Bischöfen der Kirchen erfunden oder erst zur Zeit Christi von den Aposteln zum ersten Mal gepredigt worden. Denn so, wie ich sie im Vorigen erklärt habe, haben die heiligen Erzväter, Propheten und alle Auserwählten Gottes von Anfang der Welt an geglaubt. Gleichwohl will ich nicht leugnen, dass das Geheimnis der Dreieinigkeit durch Christus der Welt deutlicher erklärt worden ist. Dass jedoch den Erzvätern und Propheten das Geheimnis der Dreieinigkeit wohl bekannt gewesen ist, wird durch einige unzweifelhafte Zeugnisse erhellt, die ich gleich folgen lassen will, nachdem

특별히, 우리가 다루고 있는 기독론과 관련하여 불링거는 성육신 전에 성자 하나님은 삼위일체 하나님의 제2격으로서 본질에 있어서 성부와 성령과 함께 한 하나님(ein Einiger Gott)이며, 위격적으로 성부와 성령과 구별(disticio)되는데, 즉 성자는 성부와 성령이 아니며, 또한 "영원하고 말로 표현할 수 없는 발생"을 통하여 출생하신 성자는 "성부로부터 세상에 보냄을 받았다"고 소개한다.8 예수 그리스도는 하나님의 독생하신 아들로서 유일하신 구원주이시다.9 그분이 하나님의 영원한 작정 안에서 하나님과 죄 아래 있는 인간들의 화해를 위해서 중보자로 선택되셨다. 예수 그리스도는 신성에 있어서 합법적이며, 영원하며, 본질적이며 그리고 독생하신 하나님의 아들이신데, 즉 그분은 영원 안에서 아버지로부터 출생하셨으며 또 아버지와 동등한 능력과 권세를 가지셨다. 이와 동시에, 그리스도는 인성에 있어서 하나님의 아들로서 사람의 본성을 취하셔서 우리와 같이 되셨다는 것을 말한다. 이러한 전제 속에서 불링거는 예수 그리스도가 중보자라는 사실을 그분의 신분에 있어서 하나님과 인간을 화해시킬 수 있는 조건을 가지고 있다는 것을 의미한다고 강조했다.10

한 인격 안에 신성과 인성이 본질적으로 서로 구별되며 또 서로 혼합되지 않게 연합되어 있는 그리스도의 두 본성11에 대한 교리는 불링거에게 인간은

---

ich gezeigt habe, dass die heiligen Patriarchen und Propheten Gottes sich mit der einfachen Offenbarung und dem Worte Gottes begnügt und keine vorwitzigen Fragen über die Einheit und Dreieinigkeit Gottes ersonnen haben." (참고: Peter Opitz, *Heinrich Bulinger als Theologe*, (Zürich, TVZ, 2004), 72.)

8 Catechesis, 5v: "Sed pater sit qui filium aeterna & ineffabili generatione genuerit: filius genitus tandem & in mūdum à patre missus sit."

9 Epistola, 52; Summa, 91r. (참고, Catechesis, 34v: "Deinde credo, id est, firmam in Iesum Christum cordis fiduciam infigo, tanquam in saluatorem uel redemptorem meum, firmiter credens haec omnia illū fecisse propter me, & ut uiuificaret ac saluaret me.").

10 Summa, 91v-92r; Catechesis, 35r.

11 Summa, 93r.

오직 그리스도를 통하여 구원을 얻을 수 있다는 사실과 직접적으로 연결되어 있다. 그리스도의 두 본성은 그분이 하나님과 인간 사이를 화해시킬 수 있는 중보자가 될 수 있는 필수적인 조건이다. 『헝가리 교회와 목사들에게 쓴 목회서신』에서 불링거는 다음과 같이 밝히고 있다:

"그러나 중보자와 변호자는 한 유일하신 예수 그리스도이시다. 왜냐하면 오직 그분만이 한 인격 안에 두 본성을 소유하고 계시는 하나님과 인간이시기 때문이다. 그분은 지금도 실제로 하나님과 인간이신데, 즉 그분은 두 당사자들인 하나님과 인간들 사이에 계신다. 그리고 그분은 당연히 하나님과 함께 역사하면서도, 그분은 자신의 본성과 자신의 존재에 대한 고유성을 유지한다. 이와 동시에 그분은 우리와 같은 인성적인 본성에 참여하고 있기 때문에 당연히 인간의 요건을 감당한다. 이 중보자는 두 당사자들에게 매우 균형적이어야 한다. 이와 마찬가지로 하나님과 인간들 사이의 중보자는 모든 인간들의 기도를 인지해야 하며 또 구원에 필요한 모든 것을 성취할 수 있어야 한다. 끝으로 그분은 인간들의 관심사를 살필 수 있어야 한다."[12]

하나님의 아들로서 이 세상에 오시고 또 인간의 구원주가 되신 예수 그리스도는 한 분리될 수 없는 인격 안에 있는 참된 하나님이며 또 참된 인간이다. 그분은 유일한 하나님도 아니고 혹은 유일한 인간도 아니며, 오히려 동일하게

---

[12] Epistola, 57: "Unicus est autem mediator et intercessor Christus Dominus, quia solus est Deus et homo, in una persona geminam habens naturam. Quoniam vero Deus est et homo, medium inter partes, inter Deum, inquam, et homines ingerere potest. Et commode quidem agit cum Deo, cuius ipse est naturae atque essentiae. Commode item agit hominum causas, quia nobiscum humana natura communicat. Oportet autem intercessorem utrisque partibus communem esse, adeoque et aequalem. Oportet item intercessorem inter Deum et hominem et nosse omnium hominum vota, et posse praestare omnia salutaria, velle denique curare res hominum." (비교, Summa, 92r; Catechesis, 36r.)

하나님이며 인간이시다. 그리스도의 두 본성은 서로 혼합되거나 혹은 섞이지 않으며, 오히려 서로 분리되거나 혼합되지 않게 존재한다.[13] 이 교리는 칼케돈 신조의 전통으로부터 불링거에게 수용된 것이다.[14]

불링거는 루터(Luther)의 성만찬 입장을 경계하며 『기독교 강요』 안에서 특별하게 강조했다. 양성일위(兩性一位)의 속성교류(Dommunicatio Idiomatum)와 관련하여 예수 그리스도는 영원하면서도 제안되신 분이며, 죽으면서도 죽지 않으시는 분이다. 하지만 예수 그리스도가 육체적으로 땅 위에 혹은 하늘에 계실 때, 그분은 모든 곳에 동시적으로 편재하실 수 없다. 그리스도는 신성에 따라서 영원하며, 죽지 않으시며 또 모든 곳에 편재하실 수 있지만, 그러나 인성에 따라서 시간적이며, 죽으시며 또 땅 위에든 혹은 하늘에든 편재할 수 없다.[15] 신성은 자신의 고유한 본성에 따라서 태어날 수 없고, 고난 받을 수 없으며 또 죽을 수 없고, 오히려 그리스도는 자신의 인성에 따라서 태어났고, 고난 받았으며 또 죽으셨다.[16] 결과적으로, 불링거는 로마 가톨릭 교회의 화체설 뿐만 아니라, 또한 예수 그리스도의 육체적인 편재에 대한 루터의 가르침도 분명하게 거절했다는 것을 알 수 있다.

2. 땅과 하늘에서 예수 그리스도의 사역

---

13 Compendium, 75v: "… sic tamen ut duae naturae non confundantur inuicem aut tollantur, sed inseparabiliter & inconfuse simul consistant … ." (Catechesis, 36r.).

14 Peter Walser, Glaube und Leben bei Heinrich Bullinger, in: Zwingliana XI (1959-1963), 611.

15 Compendium, 75v-76r: "Nam iuxta diuinam naturam aeternus, immortalis, & ubique praesens est: uerum iuxta humanam naturam temporis principium habet, mortalis, in terris uel in coelo & non ubique esse dicitur." (Catechesis, 40r.).

16 Compendium, 76r: "Non quod diuinitas sua natura, nasci, cruci affigi, mori, aut sanguinem effundere poßit: sed quod is qui iuxta humanam naturam, natus ac crucifixus est … ."

땅 위에서 또 하늘에서 그리스도의 사역은 그분의 비하 상태 그리고 그분의 승귀 상태와 관련이 있다. 성육신, 고난, 십자가에서 죽음 그리고 지옥강하를 포함하고 있는 그리스도의 비하는 자신의 제사장적인 직무를 나타내며 또 부활, 승천 그리고 하나님의 보좌우편에 앉으심을 포함하는 그리스도의 승귀는 자신의 왕적인 직무를 나타낸다.

불링거는 성령을 통하여 동정녀 마리아의 몸으로부터 잉태되어 영혼을 가진 육체를 취하시고 이 땅에서 태어나셔서 고난 받으시고, 죽으시며 또 지옥에 내려가신 그리스도의 비하(卑下)사역을 하나님과 인간들의 화해를 위해서 반드시 감당해야 할 단회적인 사역으로 간주했다. 특별히, 이 비하사역은 죄인 된 인간들에게 그리스도 안에서 생명을 약속하신 신적인 작정의 실현으로서 그리스도의 피흘림 없이 죄용서도 없다는 것을 나타낸다.17 인간을 죄로부터 자유롭게 하고 또 영원한 죽음으로부터 구원하시기 위해서 그리스도는 친히 고난 받으시고 또 십자가에서 죽으셨다.18 그리스도의 죽음에 대한 의미는 불링거에게 다양한 정황들을 통하여 설명되었는데, 즉 본디오 빌라도의 역사적인 증언, 구약 성경의 예언에 대한 성취 그리고 그리스도의 지옥강하에 대한 고백과 관련하여 제시되었다. 무엇보다도, 불링거가 말하는 그리스도의 지옥강하에 대한 이해는 큰 이목을 끈다. 그리스도의 지옥강하는 인성적으로 그리스도가 실제로 죽었고, 그분의 영혼이 육체로부터 분리되었으며 그리고 아브라함의 자손에 속해 있는 모든 죽은 거룩한 선조들의 공동체에 참여했다는 것을

---

17 Catechesis, 36r: "Oportet Sane & peccatum & mortem aboleri aut exarmari si homines peccatores uiuere debēt, uti deus constituit, qui uitam in Christo peccatoribus promisit."

18 Epistola, 52 f.: "Dominum enim nostrum Iesum Christum semel in cruce oblatum, hostiam pro peccatis totius mundi expiandis, ita perfecte a culpa et poena credentes absolvisse lustrasseque, ut nihil prorsus relinquatur ulli creaturae repurgandum." (Summa, 93v-94r; Catechesis, 36r-v).

의미한다. 이와 동시에, 하나님의 백성이 그리스도의 고난과 죽음을 통하여 지옥의 고통으로부터 벗어나게 되었다는 최종적인 승리의 선취(先取)로도 간주되었다.[19]

의심의 여지없이, 비하의 상태에 있는 그리스도의 사역은 승귀의 상태에 있는 그리스도의 사역과 직접적으로 연결되어 있다. 먼저, 그리스도가 육체적인 죽음으로부터 사흘만에 부활하신 것과 관련하여 불링거는 그리스도가 우리를 위해서 죽음으로부터 부활하셨을 뿐만 아니라, 또한 우리를 위해 죄, 사망 그리고 지옥을 극복하셨다는 것도 강조했다.[20] 이 부활은 구속사적인 사건 속에서 신자들이 부활을 통해서 새로운 생명을 얻고 또 그리스도의 부활에 참여한다는 것을 나타낸다. 그리고 주기도문에 기록된 "하늘에, 즉 하나님의 우편에 앉아계신 그리스도"에 대한 고백에서 불링거는 '전체 그리스도'(totus Christus)는 왕으로서 하나님의 나라와 하늘과 땅의 모든 것을 다스린다는 것도 특징적으로 밝혔다.[21] 그리스도는 하늘에서 아버지와 함께 동일한 영광과 권세로 다스리신다.[22] 하나님의 나라는 이중적인 의미로 구별되는데, 한편으로 장소가 없는 신적인 권세와 나라로 영원하고 또 모든 곳에 편재하며,[23] 다른 한편으로 분명한 장소로서 모든 신자들이 영원토록 안식과 영광을 누리는 천국이다. 끝으로, 승귀의 상태에 있는 그리스도의 마지막 사역과 관련하여 불링거

---

19 Summa, S. 94v (Catechesis, 37v: "Christum a morte sua corporea ⋯ sua morte salutarem fuisse omnibus sanctis patribus, ab exordio mundi defunctis, imo Christum sua morte nobis omnibus qui in ipsum credimus, mortem aeternam atque inferos confregisse, & ab omni tartari horrore liberasse.").

20 Summa, 95r; Catechesis, 36v.

21 Summa, 95v; Catechesis, 36v.

22 Catechesis, 39v: "⋯ Christum uerum deum & hominē regnare in coelo & in terra, coaequali cum patre gloria atque potentia."

23 Summa, 95v (Catechesis, 38v-39r: "Ita autē dextera dei significat maiestantem & uirtutem diuinam, omnipotentem et per omnia sese exerentem.").

는 그리스도가 심판자로서 세상의 마지막 때에 살아있는 사람들과 죽어있는 사람들에 대해 최후의 심판을 내리는 역할을 한다고 주목했다. 유일한 중보자와 구원자이신 그리스도는 선한 사람들을 인정하시지만, 그러나 공의로운 재판장으로서 그리스도는 악인들은 인정하지 않으신다. 신자들은 그리스도와 함께 천국에 머물게 될 것이며, 그러나 불신자들은 마귀와 함께 지옥의 형벌에 떨어질 것이다.

3. 율법의 완성으로서 예수 그리스도

『기독교 강요』와 『성인들을 위한 신앙교육서』 안에서 율법의 사용과 관련하여 한 가지 중요한 질문이 제기된다: "율법은 예수 그리스도의 구속사역과 관련하여 어떻게 성취되고 혹은 폐지되었는가?"[24] 이 질문의 답변은 하나님으로부터 세상에 보냄을 받고 또 율법의 지배 아래 놓여진 예수 그리스도의 구속사역의 완전성과 직접적으로 관련되어 제시되었다.

불링거에게 분명하게 확인된 점은 율법의 성취는 실제로 하나님의 뜻을 향한 그리스도의 완전하신 순종과 죄악 된 인간들을 위한 자신의 십자가 죽음을 통해서 이루어졌다는 사실이다.[25] 그럼 이러한 이해는 신자들을 위해서 무엇을 의미할까? 신자들은 그리스도에 대한 믿음을 통하여 율법을 성취할 수 있다는 것을 말해준다. 즉, 신자들은 그리스도의 의와 죄 없으신 죽음이 자신들에게 하나님 앞에 나갈 수 있도록 도움이 된다는 사실을 온전히 신뢰함으로써 율법으로부터 완전히 자유롭게 되는 것이다. 결국, 그리스도와 연합과 그리스도 안에서 하나님의 은택들을 제공하시는 성령의 역사 속에서 이루어진 율법의

---

24 Summa, 72r.
25 Summa, 72r.

성취는 모든 신자들을 위해서 죄의 정죄와 심판으로부터 자유할 수 있는 유일한 길이다.[26]

이러한 전제 속에서 불링거는 인간은 결코 율법의 지킴으로써 의롭게 될 수 없고, 오히려 오직 그리스도에 대한 믿음을 통하여 의롭게 될 수 있다고 밝혔다. 그리고 이렇게 의롭게 된 사람들은 하나님의 영을 통하여 하나님의 계명에 따라서 살도록 지속적으로 인도된다는 것도 강조했다. 그들은 하나님과 그분의 계명을 사랑할 뿐만 아니라, 또한 인간적인 연약함이 자신들에게 죽는 날까지 머물러 있음에도 불구하고 그들은 자신들에게 요구되는 모든 신앙적인 명령들을 강요 없이 자유롭게 행한다는 것이다.[27]

4. 기도의 중보자로서 예수 그리스도

네 권의 신앙교육서들 안에서 불링거는 주기도문 해설을 다루면서 기도의 중보자로서 그리스도에 관하여 언급했다. 그는 기독교인들과 다른 종교인들의 근본적인 차이점을 기도의 대상과 방식 안에서 주목했다. 다른 종교인들은 이방인들처럼 우상들과 피조물들에게 기도하거나 혹은 유대인들과 무슬림들처럼 오직 유일신으로서 하나님께만 기도한다는 것이다. 하지만 기독교인들은 오직 하나님께만 기도함에도 불구하고 동시적으로 그리스도를 통하여 기도한다고 밝혔다.[28] 이러한 이해는 삼위일체 하나님의 위격적인 질서가 고려된

---

26 Summa, 73r; Catechesis, 29v.

27 Summa, 72v (비교: Catechesis, S. 29r-v: "I. Quomodo ergo dicuntur mandata dei facitia? R. Facilia sunt renatis & spiritu dei illuminatis, difficilia uero nondum renatis. Denique satisfecit Legi solus Christus dominus, cuius perfectio nobis imputatur, qui credimus, placetque deo propter fidem & coniunctionem cum Christo piorum obedientia & legis diuinae studium, tametsi interim propter infirmitatis humanae reliquias in carne, simper dei indigeant gratia.").

28 Summa, 125r-v (Catechesis, 55r: "Solum deum. Quia hic solus omnia nouit, ubique praesens, & omnium potens est.").

것임을 잊지 않아야 한다.

하나님이 유일한 기도의 대상이라는 사실은 가장 먼저 불링거를 위해서 이미 성경에 기록된 인물들의 모범으로부터 분명히 확인된 것이다. 대표적으로, 우리의 주님이신 그리스도는 제자들에게 친히 유일하신 하나님께 기도해야 한다는 것을 가르치셨다. 하나님만이 인간이 바라는 모든 것을 주실 수 있기 때문에, 우리의 기도가 오직 하나님만을 향하는 것이 옳다는 것을 나타내신 것이다. 하나님은 어느 때 반드시 말라버리는 샘과 같은 분이 아니시다. 오히려, 하나님은 은혜와 복락의 끝이 없는 근원과 같다. 그리고 천상에 있는 구원받은 영혼들이 하나님의 은혜와 생명을 가졌음에도 불구하고, 그들은 피조물로서 결코 숭배의 대상들이 될 수 없다는 것도 강조되었다. 기도는 그들에게 드려져서는 안 되며, 오직 하나님께만 드려져야 한다. 하나님이 기도의 대상으로서 간주되는 또 다른 이유로 오직 하나님만이 모든 사람들의 기도를 들으시고 보실 수 있다는 것이 주목되었다. 하나님은 언제 어디서나 존재하실 수 있는 분이며 또 전지전능하신 분이시기 때문이다. 특별히, 불링거는 우리의 기도가 응답되지 않는 것과 관련하여 하나님은 도울 수 없거나 돕지 않으시는 것이 아니라, 오히려 인간을 최상의 의도 안에서 항상 도우시기를 원하시기 때문이라고 밝혔다.29

바른 기도는 일반적으로 하나님과 함께 행하는 것일 뿐만 아니라, 또한 심령 깊은 곳에서 그리스도와 함께 행하는 것이기도 하다. 하나님은 자신의 독쟁자이신 그리스도를 그분 자신과 인간들 사이를 중보하는 변호자로 세우셨다. 신자들은 자신들의 무가치함에 대한 통찰에 근거하여 신적인 영광 안에서 하나님 앞에서 우리를 대변할 수 있는 유일한 변호자인 그리스도를 갈망한다.30

---

29 Summa, 127v.
30 Summa, 128r; Catechesis, 55v.

이와 관련하여 불링거는 성경에 기록된 것처럼 그리스도가 선한 목자이시며(요 10장), 길, 진리 또 생명이시며(요 14:6), 대제사장이시며(히 5:7,9) 그리고 건강한 사람이 아닌 병든 사람을 위해 오신 치료자라는 사실을 주목하도록 했다.31 그리스도는 천사와 성인들 같은 다른 중보자들을 필요하지 않을 정도로 하나님과 인간들 사이의 완전한 중보자가 되심을 강조한 것이다. 성인들도 동일하게 그리스도를 통하여 구원을 받아야 하기 때문에32, 당연히 그들은 신자들의 기도를 중보할 수 있는 자격을 가지고 있지 않다. 불링거는 성경의 가르침에 따라서 천사와 성인들을 통하여 하나님을 부르며, 이와 동시에 그리스도를 통하여 하나님도 부르는 것은 기도도 아니고 약속도 아님을 확신했다.33 천사와 성인들이 경배의 대상이 될 수 없음을 분명히 밝힌 것이다. 그들은 하나님의 수종자들로 평가되어야 하며 또 우리의 믿음과 경건을 위한 모범으로서 기념되어야 한다.34 오직 기도는 그리스도를 통하여 하나님께 드려진다.

---

31 Summa, 128v-130r.

32 Epistola, 60; Summa, 130v-131r (Bericht, 91: "So süchend gloeubigen kein anern Christū / kein priester / mittler / noch fürspraechen / oder fürbitter / weder und dē Engelē noch heiligē im himmel / sonder lassend sich allein Christi vernuegen … ."; Catechesis, 55r-v: "I. Quid ergo? Sanctos coelites non inuocandos nobis putas? R. Sancti non sunt inuocandi. Non enim omnia norūt, neque ubique praesentes sunt & omnipotentes. Inuocatur item, in quem creditur: at in solum deum creditur, non in sanctos: proinde deus inuocandus est, non autem sancti. Et cum deus omnia solus benigne liberaliter, quaecunque nostra uota sunt, sufficiat nobis, nulla restat causa adeundi diuos.").

33 Bericht, 92f: "Soemliche heitere vnwiderwyßliche zügnussen von der fürbitt vnsers Herren Christi in himmlen / habend wir in der Goettlichen geschrifft: von der fürbitt aber der Englen vnd der Heiligen in himmlen / habend wir kein soemliche zügnussen / darumm setzend die wargloeubigen nüt daruf. Ja welche recht gloubend dem wort Gottes / das vns den einigen fürbitter in himmlen Christum / fürstellt / die begaerend keiner anderen fürbitt in himmlē / als die soemliche vollkommen in Christo habend."

34 Epistola, 62; Summa, 131r (Bericht, 101: "… sy als Gottes fründ fürtraeffenlich wirdig schetzen / sy prysen vnd loben / ouch als herrliche diener Gottes vnd mitglider Christi lieben / so gloubend vnd veriaehend wir fry vnd gütwillig / one

결과적으로, 불링거에게서 신자들은 그리스도 안에서 모든 간구하는 것들에 대한 가장 높은 만족을 발견할 수 있다고 강조되었다. 하나님과 인간들 사이의 중보자로서 오직 그리스도에게만 어느 누구와도 나눌 수 없고 또 하늘에 있는 천사 혹은 성인들에게 분배될 수 없는 영광이 돌려져야 한다는 것이다.[35] 그리스도를 통하지 않은 기도는 참된 기도가 될 수 없다.

5. 예수 그리스도 중심적인 구원

(1) 그리스도 안에 있는 하나님의 은혜

신앙교육서들 안에서 구원론은 하나님의 주권적인 역사와 관련된 신론, 죄인들을 위해서 온전한 순종과 십자가의 죽으심을 통해서 율법을 성취하신 예수 그리스도와 관련된 기독론, 구원의 은택을 제공하시는 성령의 역사와 관련된 성령론 그리고 택자들의 모임과 그리스도의 몸인 교회와 관련된 교회론의 구조의 안에서 다루어졌다. 이러한 이해를 통해서 불링거는 구원은 처음부터 끝까지 삼위일체 하나님의 사역과 교회와 관련된 사역임을 분명히 했다.

하나님의 계명에 근거한 선을 행할 수 있는 능력이 없는 인간은 구원의 성취와 관련하여 아무 것도 할 수 없다. 불링거에게서 "인간은 모세의 율법을 통해서 의롭게 되거나 구원받지 못하고, 오히려 예수 그리스도 안에 있는 하나님의 은혜를 통하여 의롭게 되거나 구원받을 수 있다"고 강조되었다.[36] 칭의와 구원의 원인이 그리스도 안에 있는 하나님의 은혜임을 분명하게 밝힌 것이다.

---

falsch vnnd betrug / das alle rechtgloebigen die wirdigen hochgelobten můter Gottes Mariam / ouch die Engel Gottes / die saeligen Apostlen vnd Martyrer / sampt allen anderen Gottes heiligen / billich vereeren soellend.").

[35] Epistola, 60f: "… eiusque solius esse hanc gloriam, quam alten non communicet, neque eam ulli divi coelites invadant." (Bericht, 96.).

[36] Compendium, 62v: "Homines uero non iustificari ac saluari lege Mosis, sed gratia Dei in Christo … "

구원과 영원한 삶의 근원으로서 하나님의 은혜는 선택, 믿음, 칭의 그리고 선한 행위의 직접적인 근거인데, 특별히 하나님은 이러한 구원의 은택들을 오직 그리스도 안에서 죄인들에게 베푸신다.37 죄 아래 있는 인간은 그리스도 안에서 성령을 통하여 분배되는 하나님의 은혜를 통하여 구원을 얻는 것이다.38 그리스도는 율법의 완성이시고, 유일하신 구원주이시며 그리고 교회의 유일하신 주인이시다. '그리스도 밖에서'(Extra Christum) 인간은 구원을 위한 어떤 하나님의 은혜도 기대할 수 없다.

이러한 전제 위에서 불링거는 구원의 역사 속에서 하나님의 은혜는 결코 그리스도로부터 분리될 수 없다는 사실을 밝혔다. 그리스도 안에 있는 하나님의 은혜는 인간의 구원과 관련된 영원한 작정 안에서 결의된 것인데, 그래서 하나님의 은혜와 그리스도는 결코 분리될 수 없이 서로 긴밀하게 연결되어 있는 것이다.39 그리스도 안에 있는 하나님의 은혜는 불링거의 구원론에 대한 토대로서 인간의 구원을 위한 유일한 원인이다.

(2) 그리스도 안에서 선택

네 권의 신앙교육서들 안에서 '그리스도 안에 있는 하나님의 은혜'의 개념은 직접적으로 하나님의 특별한 작정으로서 영원한 예정에 대한 이해와 관계되어 있다. 하나님의 영원한 예정은 그리스도 중심적이며 또 구원론적으로 기초되었는데, 즉 그것의 핵심은 "그리스도 안에서 선택"이다. 개혁주의 전통 안에서 전형적으로 '타락후선택론'(Infralapsarismus)으로 이해되는 불링거의 예정

---

37 Compendium, 61v: "… Deus sua sponte, hoc est ex mera bonitate et misericordia, absque ullis meritis hominum, peccatores in gratiam recipit, peccata illis condonat, atque aeternae uitae haeredes facit."

38 Summa, 87r; Bericht, 75.

39 Summa, 74v.

론은 논쟁의 여지없이 바울과 어거스틴의 입장 아래 놓여있다.

불링거에게서 "하나님의 자유로운 은혜로부터 인간의 선택"[40]은 그리스도와 그분의 사역 안에서 인간에게 계시된 하나님의 은혜의 행위로써 또 하나님의 인간을 향한 사랑의 표현으로써 강조된 것이다. 특별히, 불링거는 『기독교 강요』 안에서 가장 먼저 인간의 구원에 대한 영원한 작정(der ewige Beschluss vom Heil des Menschen)을 말한다. '하나님의 영원한 의논'으로 이해될 수 있는 대상의 고려가 없는 타락한 세상을 향한 하나님의 구원계획이 표명된 것이다. 그리스도를 죄 아래 있는 인간을 구원할 수 있는 '치료제'(Remedia)로 간주했던 어거스틴의 이해 속에서 정리되었다:

> "하나님은 자신의 영원한 작정 안에서 확실하게 자신으로부터 확정된 시간에 그리스도를 통하여 세상에 자신의 은혜를 입증하는 것을 결정하셨습니다. 왜냐하면 하나님은 영원으로부터 인간의 타락을 예지하신 것처럼, 그래서 그분은 또한 영원으로부터 타락한 세상을 새롭게 하길 원하시는 치료제도 준비하셨는데, 즉 그분은 인간의 본성을 취하신 자신의 아들을 세상에 보내시고 또 그 아들을 통하여 인간의 타락이 다시 회복되고 극복되도록 결정하셨기 때문입니다."[41]

이러한 전제 속에서 불링거는 곧 이어서 에베소서 3장 3-8절에 기록된 바울의 교훈에 근거하여 대상이 고려된 '그리스도 안에서 선택'을 제시했다. 즉,

---

40 Epistola, S. 25: "Ante omnia docet inspicere Deum Patrem misericordiarum, qui gratis homines elegit et gratia sua iustificat."

41 Compendium, 64r: "Gratiam suam Deus aeterno consilio destinauit in Christo mundo declare temporibus certis à se constitutis. Nam quemadmodum ab aeterno hominis lapsum praeuidit, ita etiam ab aeterno remedia praeparauit quibus mundus perditus reparetur, ac constituit filium suum, qui humanā assumeret naturā, in mundū mittere, per quem lapsus hominis restituatur ac reparetur."

하나님은 우리를 예수 그리스도 안에서 자녀들로서 인정하시기 위해서 선택하셨다는 것이다.[42] 물론, 모든 사람들이 선택된 것은 아니다. 하나님은 오직 그리스도 안에서 그분의 형상대로 창조되었지만, 그러나 곧바로 사단의 유혹과 자유로운 불순종 속에서 타락하여 영원한 정죄와 죽음의 형벌 아래 있는 모든 인류 중에 일부를 선택하셨다. 이 선택은 그리스도 안에서 사랑으로 받아들이신 하나님의 영광스러운 은혜의 찬미를 위해서 이루어진 것이다. 이 선택 안에서 우리는 예수 그리스도의 죽으심을 통하여 죄로부터 자유롭게 되었으며 또 영원한 생명을 얻게 되었다. 그러므로 그리스도 안에서 선택은 특별히 그분이 오직 유일한 중보자로서 타락한 인간을 하나님과 화해하도록 하셨으며 그리고 그분을 통하여 인간이 구원을 받고, 정결해지며 또 새롭게 되었다는 의미 안에서 구원을 떠올리게 한다.[43] 그래서 선택된 사람들은 그리스도와 함께 연합하며 또 그분 안에서 온 생애를 살아간다. 이와 관련하여 그리스도는 자신의 교회의 기초이며 또 자신의 몸, 즉 자신의 공동체의 머리이다. 불링거는 우리의 주님이신 그리스도 안에서 모든 은혜와 천상의 모든 유업이 보존된다는 것을 밝힌 것이다.[44]

결과적으로, 선택은 그리스도 안에서 의도된 신적인 행위로서 선택된 사람들의 예지된 믿음으로부터 근거를 찾을 수 없으며, 오히려 절대적이고 유일한 하나님의 의지에 근거한다. 불링거에게 영원한 예정은 하나님의 주권적인 은혜의 온전한 행위이며, 이 예정에 근거한 모든 신적인 구원의 약속은 세상의 첫 시작부터 그리스도 안에서 성취되었다고 밝히고 있다. 하나님은 오직 그리

---

[42] Summa, 77v.
[43] Summa, 77v-78r.
[44] Summa, 78r.

스도 안에서 타락한 인간의 구원을 위한 모든 계획을 작정하신 것이다. 불링거는 하나님의 구원계획 속에서 우리는 하나님의 자유로운 은혜로부터 선택되었고, 우리는 그리스도를 통하여 받아들여졌으며 그리고 우리는 그리스도와 연합되고 또 의롭게 되었다는 사실을 강조했다. 그리스도 밖에서 소명, 회개, 믿음, 칭의, 성화 그리고 영원한 삶은 발생되지 않는다. 즉, "그리스도 밖에는 구원도 생명도 없다"는 의미이다.45

물론, 불링거는 자신의 예정론을 목회적인 의도 속에서 표명했다는 것도 기억되어야 한다. 철학적인 방법론을 거부하며 성경해설적인 이해 속에서 어느 누구도 거부감 없이 받아들일 수 있도록 분명하면서도 쉽게 정리했다. 신자들이 그리스도를 통해서 제공된 구원의 확실성에 대해 의심하지 않을 뿐만 아니라, 또한 그리스도 안에서 참된 위로를 누릴 수 있기를 기대했던 것이다.

(3) 그리스도 안에서 구원의 성취

신앙교육서들 안에서 불링거에게 인간의 구원과 관련하여 그리스도의 인격과 사역이 한 분리할 수 없는 조건으로 이해됐으며, 또한 기독론과 구원론도 서로 유기적으로 깊이 연결되어 설명되었다는 사실이 확인된다.

그리스도의 인격은 그분이 하나님의 아들로서 인간이 되시고, 십자가에서 죽으시며 그리고 부활하신 그분의 사역의 근본적인 이해를 포괄하고 있으며, 이와 반대로 그리스도의 사역은 그분이 하나님의 아들로서 인간이 되어야만 했고, 십자가에서 죽으셔야만 했으며 그리고 부활하셔야만 했는가를 분명하게 인식할 수 있는 그분의 두 본성의 바른 이해를 확신시킨다. 그리스도의 인격과 사역에 대한 기독론은 타락한 인간의 구속과 관련된 구원론을 위한 전제조건이

---

45 Epistola, 28: "Extra Christum non set salus vel vita."

며, 또한 타락한 인간의 구속과 관련된 구원론은 그리스도의 인격과 사역 없이 이해될 수 없다. 하나님의 아들인 예수 그리스도는 구속역사의 중심에 서 있다. 그리스도의 인격과 사역에 대한 불링거의 이해는 직접적으로 신론, 율법의 이해, 구원론 그리고 교회론과 연결되어 있다. 선택, 칭의 그리고 믿음은 그리스도 안에서, 의해서 그리고 통해서 실행되는 신적인 구속사역의 내용이다. 하나님의 은혜는 하나님이 구원과 생명에 속한 모든 것을 값없이 주시기 위해서 그리스도 안에서 충만히 채워진다.[46] 참된 믿음을 통하여 그리스도를 소유한 사람은 더 이상 구원과 생명을 위해서 어떤 것을 필요로 하지 않는다. 신자들은 오직 그리스도 안에서 구약 시대의 율법, 성직제도, 희생제물 그리고 모든 제사의식들 안에 예표 되었던 구원에 관한 모든 것을 소유한다.[47] 그러므로 그리스도는 불링거에게 구원의 기초, 수단 그리고 목적으로 간주되었다.[48]

그리스도 안에서 하나님의 은혜에 대한 성취와 관련하여 불링거는 그리스도의 중보사역과 그것의 효력을 제시했다. 그리스도는 하나님과 인간 사이를 연결하고 또 그 둘 사이를 중재하는 '유일한 중보자'(solus mediator)이시다.[49] 그리스도의 성육신은 하나님과 인간 사이의 실제적인 화해를 나타낸다. 이와 함께 그리스도는 인간의 구원을 완벽하게 성취하신 것이다. 결과적으로, 구원은 한편으로 그리스도 안에서 이루어진 영원한 선택과 관련하여 하나님의 주권적인 사역이다. 그러나 다른 한편에서 하나님과 인간 사이의 화해를 결과

---

46 Epistola, 22; Summa, 77v-78r.

47 Compendium, 65r: "… in ipso inquam uno omnia habere quae lege, sacerdotio, sacrificijs, & omnibus cerimonijs praefigurata fuerunt …".

48 Hans C. Brandy, Die späte Christologie des Johannes Brenz, hg. von Johannes Wallmann, Beiträge zur Historischen Theologie (80), Tübingen 1991, 99.

49 Compendium, 64r: "… mediatoris enim Christi perspicua mentio omnino facienda est."; Catechesis, 36r: "… Iesum Christum meditatorem hūc inter deum & hominem …".

시킨 그리스도의 중보적인 사역인 것이다.

불링거는 그리스도의 중보적인 사역과 관련하여 그분의 사역적인 직분들을 같이 제시했다: 중보자, 구원자, 왕, 대제사장, 희생제물, 변호자, 교회의 주인 등.50 하지만 그리스도의 각 직분들이 어떤 의미를 갖는지 설명되지 않았으며, 오히려 구원과 생명이 오직 유일한 위로와 구원주로서 그리스도에게 속해 있다는 것이 강조되었다. 그리스도는 하늘과 땅의 모든 권세를 가지셨다. 이와 관련하여 인간은 거듭남을 위해서, 구원을 위해서 그리고 새롭게 됨을 위해서 그리스도에게 와야 한다. 그리스도와 연합 없이 어느 누구도 부족함을 채울 수 없으며 또 평안을 누릴 수 없다. 사람은 그리스도를 영원한 생명을 위해서 배부르게 하는 하늘의 빵과 음료를 먹고 마셔야 한다. 이러한 증명 위에서 특별히 불링거에게서 그리스도의 두 가지 사역이 강조되었는데, 즉 그분이 자신의 절대적인 순종을 통하여 하나님의 요구를 충족시킨 것과 관련이 있는 것이다. 한 가지는, 이미 앞서 언급된 것처럼, 하나님의 율법의 성취이다. 그리스도는 율법을 성취했으며, 그래서 그분은 하나님의 구속은혜를 실현하기 위해서 인간에게 죄와 죽음에서 벗어날 수 있는 법적인 권리를 얻게 했다.51 그리스도의 율법성취는 하나님이 인간을 높이 평가하도록 한 것이며 또 인간에게 자유를 선언한 것이다. 다른 한 가지는 인간의 죄를 위해서 십자가에서 죽으시고 또 인간을 위해서 죄값을 지불하신 그리스도의 희생이다.52 죄에 대해서

---

50 Summa, 78r.

51 Epistola, 23; Compendium, 65r: "Quemadmodum uero Christus consummate nostra perfectio est, ita etiam diuinae legi satisfecit, eamque nostra causa impleuit, eiusque iustitia & impletio nostra fit, ex gratia eius per fidē."

52 Catechesis, 49r: "Ille ergo es mera sua misericordia, filium tradidit in mortem, propter cuius sanguinem fusum nobis iam condonat, aut non imputat peccata nostra ad cōdemnationem. Recipit enim innoxium sanguinem pro dignißima & plenißima satisfactione omnium peccatorum nostrorum."

진노하시는 하나님의 공의 때문에 인간은 죄 아래서 벌을 받지 않을 수 없게 되었다. 하지만 하나님은 죄 없으신 그리스도의 희생에 근거하여 인간의 죄를 용서하셨다. 그리스도는 인간의 죄책을 위해서 희생제물로서 십자가에서 죽으셨는데, 그래서 그리스도의 죄없는 죽음이 인간의 죄를 위한 만족이 된 것이다. 그리스도의 순종과 죽음을 통하여 인간에 관한 영원한 형벌의 심판이 철회된 것이다.[53] 그리스도의 희생은 하늘과 땅에서 죄의 용서를 위한 다른 이유가 없을 정도로 단회적이며 또 영원한 것이다. 이와 관련하여 불링거는 돈을 위해 면죄부를 파는 교황주의 교회를 질책했다.[54]

불링거는 그리스도의 중보사역의 효력에도 주목했다. 먼저, 그는 "어떻게 인간이 의롭게 되며 또 자신의 죄를 용서받는가?"를 질문했다. 인간은 참된 믿음을 통하여 그리스도의 의를 전가받음으로 의롭게 되며 또 죄를 용서받는다고 대답했다. 이 때문에 죄는 더 이상 예수 그리스도를 믿는 믿음 안에 있는 인간에게 적용되지 않는다. 불링거는 『기독교 강요』에서 다음과 같이 밝혔다:

"예수 그리스도는 우리의 유일하고 영원한 의이시다. 그분은 우리를 위해서 죽으셨으며 또 죽음에서 다시 일어나셨기 때문이다. 그래서 우리의 죄가 우리에게서 제거되었으며, 하나님은 더 이상 우리에게 죄를 묻지 않으신다. 오히려, 하나님은 우리와 화평을 누리시며, 우리에게 그리스도의 의를 귀속시키셨다. 그럼으로 믿음은 (행위가 아니라 우리가 믿음으로 말미암아) 예수 그리스도를 받아들이는 것이며 또 우리에게 그리스도의 의, 즉 모든 구원의 은택들에 참여

---

53 Compendium, 66r: "Haec autem paßio & immerita innocētis Christi mors atque obedientia, est reconciliatio pro peccatis nostris, pretiū redēptionis, quod à Deo acceptatur, quodque Christus in cruce persoluit. Ideoque Deus captious morti & damnationi iam adiudicatos absque omni noxa liberos dimisit, & denuo in filios ac haeredes adobtauit."

54 Summa, 80v.

하는 것이다."[55]

결과적으로, 불링거는 마지막 때 믿음이 없는 사람들과 신자들이 분명하게
구분된다는 것을 밝혔다. 예수 그리스도를 믿는 믿음을 소유하지 못한 사람들
은 마지막 때 하나님의 심판대 앞에서 자신들의 죄 때문에 영원한 형벌을 피할
수 없다. 하지만 신자들은 예수 그리스도 안에서 죄를 용서받고 또 영원한
형벌에서 벗어났기 때문에, 하나님의 경건한 자녀들로 받아들여지며 또 영원한
삶의 유업을 받게 된다는 것이다.[56]

III. 정리하며

"이는 내 사랑하는 아들이요 내 기뻐하는 자니 너희는 그의 말을 들을지어
다"(마 17:5)는 불링거가 평생 동안 삶의 좌우명으로 삼았던 말씀이다. 그의
대부분의 저술들의 표지에는 이 성경구절이 표기되어 있다. 의심의 여지없이,
예수 그리스도는 불링거를 위해서 신학의 중심에 위치해 있는 것이 사실이다.
그렇다고 해서 그의 신학적인 체계의 중심이 기독론을 의미한다는 것은 아니

---

55 Summa, 82v: "Christus Jesus vnsere einige ewige gerächtigkeit ist / als der für
vns gestorben vnd widerumb von todten vferstanden ist / vnd hiemit vnsere Sünd
vns abgenommen hat / das vns die Gott nit mee rächnen / sunder mit vns
zuofriden / vns die gerächtigkeit Christi vfrächnen wil: vnnd aber der gloub (
vnnd nit die werck die wir vß dem glouben thuond) Christum Jesum annimpt
/ vnd vns sin vnd siner gerächtigkeit ja alles heils teilhafft macht." (비교, Epistola,
29: "Fides enim illud est organum, quo participamus Christo, vel quo Christum
percipimus, ut iustitia et vita Christi nostra et in nobis sit, adeoque nobis
imputetur propria, non aliena.")
56 Bericht, 74.

다. 그는 특정한 신학적인 주제에 관심을 집중하기 보다는 설교자와 목회자로서 하나님과 신자들 사이의 살아있는 관계를 깊이 인식하도록 하기 위해 예수 그리스도의 존재와 사역을 온전히 드러내는데 관심을 가졌기 때문이다. 그래서 불링거의 신학에서 기독론은 모든 개별 신학적인 주제들과 자연스럽게 만나는 소실점(Fluchtpunkt)과 같다.[57]

실천적으로 불링거의 종교개혁과 취리히 교회를 향한 헌신은 중보자이시며 또 교회의 머리이신 예수 그리스도에 대한 순종 없이 생각할 수 없다. 예수 그리스도 없이 행해지는 모든 종교적인 행위들을 거짓된 것으로 규정하면서, 참된 신앙은 무엇을 하든지 예수 그리스도를 통해서 하나님의 면전에 서는 것임을 분명히 했다.[58] 예수 그리스도에 대한 이해는 불링거에게 종교개혁과 관련하여 성경적인 구원과 교회를 규정하는 토대였을 뿐만 아니라, 이와 동시에 삶의 다양한 정황 속에서 흔들림 없는 삶의 태도를 지향하도록 하는 좌표와 같았다.

불링거의 신앙교육서들은 이러한 특징들을 잘 드러내준 저술들이라고 할 수 있다. 신학적인 체계를 위해서 쓴 것이 아니라, 오히려 신자들의 유익과 교회적인 실천을 위해서 쓰여진 것이기 때문이다. 기독론에 대한 신학적인 체계보다는 신자들에게 예수 그리스도가 "왜 죄인을 위한 유일한 구원주가 되시는가?"를 설득력 있게 소개한 것이다.

---

57 Peter Opitz, Bullinger, der Theologe, in: Der Nachfolger Heinrich Bullinger (1504-1575), Katalog zur Ausstellung (11. 07 - 17. 10. 2004), Hg. Emidio Campi, Hans Ulrich Bächtold, Ralph Weingarten, TVZ 2004, 53.
58 박상봉, 불링거에게 배우는 신자의 기도, 합동신학대학원출판부 2018, 53.

하나님의 언약과 그리스도:
고마루스의 신학에서 그리스도론의 위치

김지훈

(신반포중앙교회, 담임목사)

Frnaciscus Gomarus(1563-1641)

1998년과 2001년에 각각 안양대학교 신대원 M.Div.과정과 Th.M.(조직신학전공) 과정을 마쳤다. 그 후에 유럽으로 넘어가서 2013년에는 네델란드 아펠도른 신학교(Th.D) 교회사 박사 학위를 취득하였다(논문 제목: Providentiae divinae pars & Evangelii materia: Die Prädestinationslehre des Franciscus Gomarus(1563-1641) in ihrem theologischen und historischen Kontext). 그 후 한국으로 돌아와서 2014년부터 현재까지 대신대학교 신대원, 안양대학교 신대원, 국제신학교 등에 교회사로 출강하였으며, 2016년에는 종교개혁500주년 기념사업의 일환으로 윌리엄 퍼킨스의 『황금사슬:신학의 개요』와 아만두스 폴라누스의 『하나님의 영원한 예정』을 번역, 출판(킹덤북스)하였다. 그리고 2017년부터 현재까지 서울 잠원동에 있는 신반포 중앙교회 담임 목사(예장대신)로 봉사하고 있다.

김지훈

Ⅰ. 서 론

종교개혁 이후에 유럽에서 활동하였던 16,17세기 개혁파 스콜라주의 (reformierte Scholasticismus), 혹은 개신교 스콜라주의에 속한 학자들이 받는 주된 비평들 중의 하나는 종교 개혁자들이 가졌던 '그리스도 중심주의적 이해'(Christo-zentrismus)에서부터 후퇴하였다는 것이다. '오직 그리스도'(Solus Christus)라는 은혜의 교리로부터 후퇴하여 아리스토텔레스주의에 입각한 철학적 체계가 신학의 내용이 되었다고 비판하였다. 이러한 비판의 배경에는 알렉산더 슈바이쳐(A.Schweizer)의 '중심교리 이론'(Zentraldogma Theorie)이 있다.[1] 이 이론은 개혁파 스콜라주의의 신학 중심에는 예정론이 자리 잡고 있고, 나머지 교리들은 이 예정론 교리의 논리적인 결과물이라는 것이었다. 이러한 그의 주장은 많은 신학자들의 동의를 받았으며, 개혁파 스콜라주의에 대한 비판의 근거가 되었다.[2] 그리고 이러한 '중심교리 이론'으로 인하여 비판을 받았던 대표적인 개혁파 스콜라주의자들 중에는 네덜란드 신학자인 프란치스쿠스 고마루스(Frnaciscus Gomarus, 1563-1641)가 있다.[3]

'타락전 선택론자'(Supralapsarian)인 고마루스는 강력하고 사변적인 예정론을 전개했던 사람으로 비판받는데, 그 비판에 참가했던 대표적인 신학자에는 오토 릿츨(O.Ritschl)과 칼 바르트(K.Barth) 등이 있었다. 릿츨은 그의 저서인 '개신교교리사'(Dogmengeschichte des Protestantismus) 제3권에서 두

---

1 A.Schweizer, *Die Protestantischen Zentraldogmen in ihrer Entwicklung innerhalb der reformirten Kirche*, Zürich, 1853.

2 F.Wendel, *Calvin, Ursprung und Entwicklung seiner Theolgie*, Neukirchener Verlag, 1968, 232.

3 프란치스쿠스 고마루스의 일생과 신학을 종합적으로 다룬 최초의 논문은 네덜란드 신학자인 G.P.van Itterzon이 쓴 *Franciscus Gomarus* 라는 박사 논문이다.

가지 내용으로 고마루스의 신학을 비판했는데, 그의 예정론은 급진적인 합리주의적 경향에 서 있다는 것과 칼빈의 경건에서 떠난 인과론적 신학을 전개하였다는 것이다.[4] 릿츨은 고마루스를 초기 개혁자들의 가르침에서 벗어난 사람으로 이해하였다. 이러한 평가는 바르트에게서도 비슷하게 나타나는데 그의 저서인 '교회교의학'(Kirchliche Dogmatik) II/2 에서 고마루스에 대해서 비판하기를 그의 예정론에는 '은혜로운 선택'이 아니라, 아리스토텔레스주의의 영향을 받은 '추상적인 작정'이 자리를 잡고 있다고 하였다.[5]

그러나 고마루스를 향한 부정적 비판만 있었던 것은 아닌데, 대표적인 사람으로서 네덜란드 신학자 베르끄아워(G.C.Berkouwer)가 있다. 그는 고마루스에게서 보이는 추상적인 신학 전개가 그의 신학의 근본 내용이라기보다는 아르미니우스와의 논쟁 속에서 나온 것이라고 주장하였다. 비록 그에게 철학적 방법론이 나타난다고 할지라도, 그것은 개혁신학을 변호하는 데서 생겨난 결과물이라는 것이다. 그는 고마루스의 신학, 특히 그의 예정론이 개혁파 전통의 '그리스도 안에서의 선택'을 벗어나지 않는다고 주장하였다.[6] 이와 함께 고마루스에 대한 획기적인 연구를 한 사람으로서 판 이털존(G.P.van Itterzon)이 있다. 그는 고마루스의 생애와 신학에 대하여 종합적인 연구를 하여 박사 논문을 썼다. 그는 고마루스의 신학이 종교개혁의 '이신칭의'의 정신에서 벗어나지 않는다고 평가하였다.[7] 이후 2013년 김지훈에 의해서 고마루스의 신학을 초기

---

4 O.Ritschl, *Dogmengeschichte des Protestantismus, B.3: Die reformierte Theologie des 16. und des 17. Jahrhunderts in ihrer Entstehung und Entwiclkung*, Göttingen, 1926, 303-08.

5 K.Barth, KD.II/2, 49: "... und unter *praedestinare*... wollte Gomarus nicht im besonderen das göttliche *eligere*, sondern allgemein und abstrakt das göttliche *decernere* als solches verstehen(*ib.corell.* I). In die Prädestinationslehre selbst wurde jetzt als beherrschender Begriff der der allgemeinen, absolut freien göttlichen Verfügung hereingetragen."

6 G.C.Berkouwer, *De verkiezing Gods* (Kampen, 1955), 166.

종교개혁자들의 신학과의 연속성 상에서 살펴보는 연구가 진행되었다.[8] 동시에 전반적인 신학의 흐름을 파악하려는 것은 아니지만 고마루스에 대한 새로운 연구들이 있었는데, 이 연구들은 개혁파 스콜라주의 안에서 성경의 교리와 당시의 철학적인 흐름, 특별히 스코투스주의(Scoticism)가 어떤 조화를 이루었는지 살펴보는 것이었다.[9]

이 논문의 주제는 고마루스의 신학에서의 그리스도론의 내용과 위치를 살펴보는 것이다. 앞에서 본 것처럼 어떤 신학자들은 고마루스의 신학이 그리스도를 중요시하는 초기 종교개혁자들의 신학에서 벗어났다고 비판하였다. 이러한 주장에 대해서 과연 그러한지 살펴보고, 만약 그렇지 않다면 그의 신학에서 그리스도론이 어떠한 위치를 차지하고 있는지를 보는 것이 주된 목적이다. 이 목적을 위해서 논문은 크게 두 가지 부분으로 전개될 것이다. 첫 번째는 고마루스가 비판받았던 대로, 예정론에서 그리스도론이 어떠한 위치를 차지하고 있는가 하는 것이다. 두 번째는 예정론 한 주제가 아니라, 그가 남긴 작품들 전체에서 그리스도론이 어떤 위치를 차지하고 있는지를 살피는 것인데, 그가 1594년 레이든 대학에서 했던 취임사, loci 방식으로 신학 전반을 서술한 '신학논제집'(*Disputationes Theologicae*), 그리고 마지막으로 그가 쓴 성경 주석인 '주석집'(Analysis) 세 가지를 살펴보고자 한다. 그리고 이를 통하여 고마루스의 신학에서의 그리스도론의 내용과 위치를 살펴 볼 것이다.

---

7 G.P.van Itterzon, Franciscus Gomarus, Bouma's Boekhuis, 1979. 이 논문의 초판은 1930년에 출판되었다.

8 S.H.Kim, *Providentia divinae pars & Evangelii materia: Die Prädestinationslehre des Franciscus Gomarus in ihrem theologischen und historischen Kontext* (TUA, 2013).

9 대표적인 작품들로는 여러 학자들이 공저한 논문집인 *Reformed Thought on Freedom: The concept of free choice in early modern Reformed Theology* (Baker Academic, 2010). 과 *Reformation and Scholasticism: An ecumenical enterprise* (Baker Academic, 2001) 등이 있다.

II. 본론

1. 고마루스의 예정론 논쟁과 그리스도론의 위치

　네덜란드의 개혁파 신학자였던 고마루스가 종교개혁의 은혜의 교리보다는 철학적 사변에 근거하여 예정론을 폈다는 것은 그의 예정론 논쟁에 근거한 것이다. 고마루스는 인생에서 두 번에 걸쳐서 예정론 논쟁에 참여하였는데, 한 번은 1604년 레이든 대학에서 야코부스 아르미니우스(Jacobus Arminius)와 함께 예정론 논쟁을 한 것이었다. 그리고 다른 한 번의 논쟁은 고마루스의 말년(1640년)에 있었던 것인데, 이 때의 논쟁은 네덜란드에서 열린 도르트 국제 총회(1618-19) 당시 고마루스가 주장하는 '타락전 선택론'이 이단으로 정죄되었는가에 대한 논쟁이었다. 도르트 총회의 문서는 그 공식적인 입장이 '타락후 선택론'이었다. 총회의 총대 대부분이 이 타락후 선택론을 시시했고, 타락전 선택론을 주장한 총대들은 소수였기 때문이다. 그런데 도르트 회의의 총대로서 참여했던 야콥 클란트(J. Edsart Jacob Clant)가 '타락전 선택론'이 총회에서 정죄되었다고 주장했으며,[10] 이에 반해서 고마루스는 '타락전 선택론'이 총회 문서에 오르지는 못하였지만 정죄되지도 않았다는 주장을 하였다. 이로 인해서 '예정의 대상'에 대한 논쟁을 하게 되었다.[11]

　고마루스는 시종일관 '타락전 선택론'을 주장하기는 하였으나, 그의 예정론이 더욱 체계화되고 견고해진 것은 1604년 레이든 대학에서 아르미니우스와 논쟁을 시작하면서부터이다. 이 논쟁을 시작으로 하여 네덜란드 개신교회 안에

---

[10] G.P.van Itterzon, *Franciscus Gomarus* (Bouma's Boekhuis, 1979), 312.

[11] 이 주제를 다룬 작품으로서 데이크(K.Dijk)의 *De strijd over Infra- en Supralapsarisme in de Gereformeerde Kerken van Nederland* (Kampen, 1912).가 있다.

서 아르미니우스의 예정론을 따르는 항론파(Remonstranten)과 개혁파 예정론을 따르는 반항론파(Contra-Remonstranten) 사이의 논쟁이 발생하였고 이것이 온 유럽 교회 안에서 관심의 대상이 되었다. 그리고 결국 국제 도르트 총회(1618-1619년)가 열렸다.

아르미니우스와 고마루스 사이에 있었던 예정론 논쟁에서 중점내용은 아르미니우스가 주장한 '하나님의 예지에 근거한 조건적 예정론'에 대한 반박이었다. 이때 고마루스는 하나님의 절대 주권에서 나오는 예정론을 주장하였다. 아르미니우스와 고마루스는 몇 번에 걸쳐서 자신들의 입장을 밝히는 예정론 논제집을 발표 하였다. 먼저 논쟁을 촉발한 아르미니우스의 예정론 논제집은 1604년 2월 7일에 발표한 '하나님의 예정에 대한 신학 논제들'(*Theses Thoelogicae de divina Praedestinatione*)이다. 여기에서 아르미니우스는 칼빈의 예정론에 대한 입장과 고마루스의 예정론을 비판하였다. 이 때 아르미니우스의 예정론의 특징은 크게 세 가지로 요약될 수 있는데, 이것을 살펴보는 것은 이후에 나타날 고마루스의 예정론의 특징을 이해하는데 도움이 될 것이다.

첫 번째로 아르미니우스는 하나님의 예정을 복음과 동일시한다. 그는 예정에 대해서 말하기를 "그러므로 예정은... 믿는 자들을... 의롭다 하시고 양자 삼으시고 영원한 생명을 선물하기로 작정하신 것"이라고 정의한다.12 아르미니우스에게 있어서 하나님의 예정은 복음의 내용과 동일하다. 즉 예정은 누구든지 하나님의 아들을 믿는 자는 구원을 받을 것이라는 내용을 정하시는 것이다. 아르미니우스는 예정에서 이 이상을 알 수 없으며, 복음 안에 하나님께서

---

12 J.Arminius, *Theses Thoelogicae de divina Praedestinatione*(이하 TT),2: "Praedestinatio itaque,... est Decretum Beneplaciti Dei in Christo, quo apud se ab aeterno statuit fideles... justificare, adoptare, & vita aeterna donare ad laudem gloriosae gratiae suae."

우리를 향한 구원에 대한 모든 의논이 담겨 있다고 말한다.13 이로 인해서 그는 개인에 대한 확실한 구원과 멸망에 대한 근거를 하나님에게서 찾지 않는다.

두 번째로 아르미니우스의 예정론의 중심에는 그리스도론이 있다. 아르미니우스에게 예정이라는 것은 예수를 제시하는 것이며, 예수를 믿는 자가 구원을 얻는다는 내용의 선포이다.14 이 뿐 아니라 예수 그리스도가 하나님의 예정의 기초이며, 하나님과 사람 사이의 중보자이다. 이 중보자 안에서 모두가 구원을 받는다. 아르미니우스는 하나님의 예정부터 최종적인 교회론까지 그리스도론으로 관통한다. 아르미니우스에 따르면 이것이 엡 1:4의 '그리스도 안에서의 선택'(*electio in Christo*)이 가지는 의미이다.15

세 번째로 아르미니우스는 이 '그리스도 안에서의 선택'이라는 이해를 '믿음'이라는 주제에까지 확장한다. 그는 선택이 그리스도 안에서 이루어졌다는 이 표현 속에 선택을 받은 자는 죄인일 뿐만 아니라, 믿는 자라는 의미가 담겨있다고 주장한다. 죄인이 아니고서는 그리스도를 믿을 필요가 없기 때문이다.16 그러므로 그리스도 안에서 선택하셨다는 것은 믿을 자를 선택하셨다는 것이다. 그렇다면 하나님께서 어떤 자가 그리스도 안에 있을 것이라는 것은 어떻게 아시는가? 그것은 하나님의 무한하신 예지로 아시는 것이다. 아르미니우스는

---

13 TT,3: "... quia Evangelio continetur totius consilii Dei de salutis nostra extrema patefatio."

14 K.D. Stanglin, "Arminius and Arminianism: An Overview of Church Research", 16 . in *Arminius, Arminianism, and Europe*, Brill, 2009: "Clarke argues that Arminius's doctrine of the person and work of Christ is fundamental to his theology as a whole, described by Clarke as Christocentric. Throughout his work, Clarke offers his theological evaluations of Arminius and his contemporaries, and Christocentricity functions as the main criterion for his positive assessment of the theological system."

15 TT, 5,6.

16 TT, 7.

하나님의 미리 아심은 그 분의 의지를 앞서는 것이며, 이 의지는 미리 아심에 어떤 원인이 되지 못한다고 한다. 이로 인해서 아르미니우스의 예정론에서는 하나님의 의지는 큰 역할을 하지 못하며, 오직 사람의 미래를 아시는 하나님의 예지만이 중요하다.17 여기에서 아르미니우스의 예정론의 특징이 나타난다. 그에게는 예정에 대한 하나님의 뜻이 별로 중요하지 않다. 오히려 그에게서 강조되는 것은 그리스도이다. 결국 예정이라는 것은 세상에 그리스도를 주시겠다는 하나님의 뜻이고, 그리스도를 믿을지, 안 믿을지는 사람에게 달려 있다. 하나님은 그것을 예지하실 뿐이다. 여기서 아르미니우스는 신론을 약화시키고, '그리스도-믿음'이라는 도식을 강화시켜서 조건적인 예정을 만들어 낸다.

　이러한 아르미니우스의 주장에 대해서 고마루스는 초기 개혁자들의 가르침을 따라서 '하나님의 절대 주권'에 강조를 둔 예정론을 주장한다. 이로서 고마루스 예정론의 전택론적인 특징이 나타난다. 고마루스는 레이든 대학에 있는 동안 네 편의 예정론에 대한 명제집을 발표하였다. 두 편은 아르미니우스와 논쟁하기 전인 1599년과 1601년에 발표한 것이고, 두 편은 아르미니우스가 자신의 논문을 발표한 후에 출판한 것이다. 그 논제집은 1604년과 1609년에 발표했는데, 이 논제집들의 제목은 '하나님의 예정에 대한 신학 명제들'(Theses Theologicae de Praedestinatione Dei)이다. 이 논제집에서 나타난 고마루스의 예정론의 특징들은 다음과 같다.

　첫 번째로 고마루스는 그의 예정론의 근거를 오직 하나님의 의지와 지혜에 두고 있다. 그는 예정에 포함된 선택과 유기가 오직 하나님의 의지에서 나온다고 주장한다. 이로 인해서 고마루스에게는 하나님의 주권과 의지에서 나오는 이중 예정론이 확고해진다. 그는 여기에서 아르미니우스의 조건적 예정론에

---

17 W.den Boer, God's twofold Love: the Theology of Jacob Arminius (1599-1609). trans. A.Gootjes (V&R, 2010), 74.

반하여 하나님의 선택과 유기가 무조건적이라는 점을 강조한다.18 그러나 여기서 고마루스가 하나님의 예정이 무조건적이라는 강조하는 것은 하나님의 의지를 전제적으로 이해하기 때문은 아니다. 그것은 다른 신학적인 목적을 가지고 있는데, 사람의 공로에 대한 거절이다.19

두 번째로 예정에 대한 하나님의 절대 주권에 대한 강조는 상대적으로 예정론 안에서 성자 예수 그리스도의 역할을 축소시켰다. 고마루스는 초기 논제집 (1599년)에서는 예정론 안에서의 그리스도의 자리를 강조하지만, 후기 논문에서는 그리스도의 자리에 대해서 이렇게 표현한다. "즉 우리가 최고의 수단, 즉 우리가 그 안에서 선택된 그 수단으로부터 목적, 다시 말하면 영원한 생명을 이루는 수단들에 이르게 되기 때문이라고 말한다."20 이것은 그리스도를 선택의 주체로 이해하기보다는 하나님께서 선택을 이루어 가시는 도구로만 제한하여 생각하는 것이다. 선택의 주체는 그리스도이기 보다는 성자 하나님이시다. 이러한 이해는 '타락전 선택론'에서 전형적인 사고 방식이다. 이로 인해서 선택의 주체로서 예수 그리스도는 오직 '삼위일체 안에서의 성자'로서만 이해가 된다. 고마루스는 엡 1:4의 '그리스도 안에서의 선택'을 '성자 안에서의 선택'으로 이해한다. 이것은 칼빈의 사고와는 차이가 있는 것이다.21

---

18 F.Gomarus, *Theses Theologicae de Praedestinatione Dei*,(이하 TP)(1599),2: "Praedestinatio Personarum est decretum Dei aeternum, sapiens, justum, & immutabile, quo secundum solam $\varepsilon\upsilon\delta o\kappa\iota\alpha\nu$ suam ab aeterno constituit in aliis ex mera gratia ad vitam aeternam electis,...."; 13: "Sed una, & verissima est sola divinae voluntatis $\varepsilon\upsilon\delta o\kappa\iota\alpha$ absoluta, sine ulla conditione."

19 TP(1599),9: "$\Pi\rho o\kappa\alpha\zeta\alpha\rho\kappa\tau\iota\kappa\eta$ non est voluntas hominis."; 10: "Nec fides praevisa."; 11: "Nec praescitorum operum meritum."; 12: "Nec quaecunque cujuscunque rei praerogativa alia."

20 TP(1601),7: Ut autem a summo medio, in quo electi sumus, ad media per quae ad finem, hoc est, vitam aeternam perducimur veniamus, dicimus.

21 J.Calvin, Inst.(1539),8,6: "Paulus quum docet (Eph.1,4) nos in Christo electos fuisse ante mundi creationem, omnem certe dignitatis nostrae respectum tollit."; Inst.,III,22,1: "Perinde enim est ac si diceret, quoniam in universe Adae semine

세 번째로 고마루스는 1604년 이후 후기 논제집에서 예정론을 전개하면서 아리스토텔레스적인 용어와 논리를 더 빈번하게 사용한다. 그는 '타락전 선택론'에서 주로 사용하는 '목적-수단'이라는 구조를 사용하여, 예정론을 목적과 수단으로 나눈다. 이러한 방법론을 사용하는 것은 아르미니우스의 예정론을 논박하기 위한 것으로 보인다. 또한 그의 신론의 이해에는 중세 신학자 둔스 스코투스의 주의주의적(scotisch-voluntarische) 신론이 나타난다.22 고마루스는 하나님의 예지를 작정된 예지(*praescientia definita*)와 작정되지 않은 예지(*praescientia indefinita*)로 구분하였으며,23 이 작정된 예지와 작정되지 않은 예지를 나누는 기준은 하나님의 의지라고 하였다. 이로서 하나님의 예지는 전적으로 하나님의 의지에 달린 것임을 주장한다.24

고마루스의 예정론에서는 릿츨과 바르트가 지적했던 내용들이 나타난다. 첫 번째로 그는 예정론을 전개하는데 있어서 아리스토텔레스의 철학적 원리를 무겁게 사용하고 있다는 것이다. 이것으로 인하여 후에 제시된 예정론 논제집에서는 성경적인 원리보다는 철학적인 원리가 더 눈에 띈다.25

---

nihil electione sua dignum reperiebat coelestis pater, in Christum suum oculus convertisse, ut tanquam ex eius corpore membra eligeret quos in vitae consortium sumpturus erat"

22 A. Vos, "Reformed Orthodoxy in the Netherlands", 166, in *A Companion to Reformed Orthodoxy*, edited by H.J.Selderhuis, Brill 2013: "Gomarus´s theory of predestination follows the Scotian model and this model continues to be the starting point for the seventeenth-century Reformed doctrine of predestination."

23 이러한 예지에 대한 구분은 고마루스와 유사하게 '타락전 선택론'을 주장하였던 칼빈과 베자와 같은 신학자들에게서도 나타나지 않는 것이었다.

24 TP(1604),16: "Effectum est praedestinatorum in Deo praescientia definita: non qua praescientia, sed qua definita. Praescientia enim Dei est quasi liber, cui voluntas Dei praedestinando, praedestinata inscripsit. Praescit enim Deus definite futura..."

25 W. den Boer, "Jacobus Arminius: Theologian of God's twofold love", in *Arminius, Arminianism, and Europe*, edit by Th. Marius van Leewen, Keith D. Stanglin & Markijke Tolsma (Brill, 2009), 30: "The increased use of scholastic method, also

두 번째로 칼빈에게 있었던 예정론에서의 그리스도의 자리가 고마루스에게서는 약화된다. 그는 '그리스도 안에서의 선택'에서 그리스도께서 선택의 근거가 되신다는 이해를 더 이상 사용하지 않는다. 그리스도는 하나님께서 정하신 예정을 수행하는 '수단'으로만 이해된다. 이로서 고마루스의 '전택론적인 체계' 속에서는 그리스도의 자리가 약화된다.

그럼에도 세 번째로 기억해야 할 것은 앞의 내용들이 제시된 것은 예정론에서 하나님의 절대 주권을 강조하기 위한 것이었다는 사실이다. 아르미니우스는 자신의 예정론에서 '그리스도-믿음'이라는 구도를 가지고 하나님의 절대 주권을 약화시켰다. 고마루스는 그 주장에 반하여 모든 것의 근원이 하나님이시라는 것을 강조하고자 했다. 이로 인해서 철학적 원리에 대한 강화와 그리스도론의 약화가 예정론에서 나타나게 된 것이다. 이러한 것을 생각할 때, 오히려 앞에서 언급한 베르크아워가 고마루스에 대해서 한 평가가 합당하다. 그는 이 논리들을 가지고 '오직 은혜'라는 종교개혁의 정신을 지키고자 한 것이다.

그러면 여기서 다음으로 넘어가야 한다. 고마루스의 예정론에서 나타난 그리스도의 자리의 후퇴가 다른 신학 작품에서도 나타는지, 그렇지 않다면 그리스도론이 어떤 자리를 차지하고 있는지 살펴보고자 한다.

2. 1594년 레이든 대학의 취임사: 언약의 핵심인 그리스도

고마루스의 신학의 특징을 단적으로 보여주는 것에는 레이든 대학에 교수로서 취임했을 때 했던 취임사가 있다. 1594년 1월에 레이든 대학의 신학부에

---

for defending God's justice in unconditional predestination, was accompanied by decreased leeway for those who held different views. This was undoubtedly connected to the process of confessionalization that occurred simultaneously with the arrival of early Orthodoxy and Reformed scholasticism."

교수로 부름을 받은 고마루스는 5개월 뒤 1594년 6월 8일 레이든 대학 신학부 교수로 취임을 하면서 취임사를 하였는데, 그 때 그가 다루었던 주제는 언약론 (De Foedere Dei)이었다.26 이 취임사는 교수직을 맡게 된 학자가 자신의 사상의 중심 내용을 밝히는 중요한 자리였다. 그리고 이 자리를 빌어서 고마루스가 다룬 주제는 예정론이 아니라, 하나님의 언약이라는 점은 주의해 볼 만하다. 고마루스가 '강한 예정론주의자'라는 평가는 그의 '타락전 선택론'의 논리를 볼 때는 타당할지 모르지만, 그의 신학 전체의 특징을 평가하는 것으로는 적합한지 고민해 볼 필요가 있다.

취임사에서 고마루스는 먼저 성경의 주된 내용이 ἡ καινή διαθήκη, 즉 '새언약'이라고 한다.27 그의 언약 이해를 살펴보면 다음과 같다. 그는 먼저 이 헬라어 단어 diadeke가 두 가지로 번역될 수 있다고 말한다. '테스타멘툼'(Testamentum)과 '포에두스'(Foedus), 또는 '팍툼'(Pactum)이다. 고마루스는 언약을 다음과 같이 정의한다. "하나님과 사람 사이의 쌍무적인 의무인데, 하나님께서 사람에게 특정한 조건 하에 영원한 생명을 허락하시는 것이다."28 언약론에 있어서 고마루스가 먼저 말하고자 하는 것은 '언약은 하나님과 사람의 쌍무의무'라는 것이다. 하나님과 사람은 언약을 맺으면서 서로에게 의무를 지고 있다. 하나님만 의무를 지시거나, 혹은 사람에게만 지우지 않으지 않으신다. 의무는 언약의 당사자 모두에게 요구되는 것이다. 그리고 그 쌍무적 의무는 자연적(naturale) 언약과 초자연적(supernaturale) 언약 모두에 공통

---

26 F. Gomarus, Opera Theologica Omnia(이하 OT) I, Amsterdami, 1644, Prolegomena.

27 OT, I., Prolegomena: "Ut igitur ad rem ipsam accedamus & inde a capite exordiamur, observandum est, titulum suscepti operi esse vel universalem, qui est universi operis, vel singularem, qui est singulis eius partibus seu libris proprius. Universalis autem est unicus ἡ καινή διαθήκη."

28 OT, I., Prolegomena: "Foedus igitur Dei, proprie dictum, est mutua Dei & hominum obligatio, de vita aeterna ipsis certa conditione danda."

적인 것이다. 여기서 '자연적 언약'은 행위언약을 말한다. 그리고 '초자연적 언약'은 은혜언약이다. 하나님은 자연적 언약에서 영원한 생명을 약속하셨는데, 그 조건으로 사람에게 완전한 복종을 요구하셨다.29 이러한 쌍방 간의 의무는 '초자연적 언약'에서도 나타난다. 이 초자연적 언약에서 하나님은 그리스도와 화목을 위한 그리스도의 완전한 순종, 그리고 영원한 생명을 값없이 주실 뿐만 아니라, 그리스도의 영에 의한 믿음과 회개를 주신다.30 물론 고마루스는 믿음과 회개는 하나님께서 주시는 것이라고 하면서도, 동시에 사람이 제시해야 하는 하나의 언약의 조건으로 이해한다.31 믿음을 하나님께서 주시는 것이면서, 동시에 사람의 의무로 제시하는 것은 모순적으로 보일 수 있으나, 성경의 표현에 충실하여 그대로 제시하는 것으로 보인다. 그런데 여기서 주의해서 봐야 할 것은 그 은혜언약의 내용이 무엇인가 하는 것이다. 고마루스는 은혜언약의 내용을 '그리스도', '그리스도의 순종과 영원한 생명', 그리고 '그리스도의 영에 의한 믿음과 회개'라고 한다. 여기서 알 수 있는 것은 은혜언약의 내용은 그리스도와 그의 사역이라는 것이다.

---

29 OT, I., Prolegomena: "*Naturale est foedus Dei natura notum, quod Deus vitam aeternam promittit tantum, & conditionem perfectae obedientiae ab hominibus requirit.*"

30 OT, I., Prolegomena: "*Foedus vero supernaturale est foedus Dei natura ignotum, & mere gratuitum, quo Deus non solum Christum, & perfectam in eo obedientiam ad reconciliationem & vitam aeternam hominibus offert: sed etiam conditionem fidei, & resipiscentiae suo spiritu donat.*"

31 흐라프란드(C.Graafland)는 쌍방향적인 언약론이 불링거(Bullinger)와 우르시누스(Ursinus)에게 독특하게 나타나는 이해라고 한다. 고마루스는 노이슈타트(Neustadt)에서 우르시누스 밑에서 공부를 하였다는 것을 생각해 볼 때, 그에게 보이는 언약론의 이해는 우르시누스에게서 온 것으로 보인다. 이러한 우르시누스의 영향은 시내산 언약에 대한 이해에서도 나타난다. C. Graafland, *Van Calvijn tot Comrie: Oorsprong en ontwikkeling van de leer van het verbond in het Gereformeerd Protestantisme, B.2*, Boekencentrum, 1994, 30; Bertus Lonnstra, *Verkiezing-Verzoening-Verbond: beschrijving en beoordeling van de leer van het pactum salutis in de gereformeerde theologie* (Utrecht, 1990), 70-71.

그렇다면 이 언약은 언제부터 시작된 것이며, 언약의 대상은 누구인가? 자연적 언약은 낙원에서 주신 것이며, 모든 인류와 맺은 언약이다. 초자연적 언약은 그 이후에 주신 것인데, 고마루스는 다음과 같이 설명한다. "초자연적인 언약은 하나님의 언약인데, 이것은 본성으로는 알 수 없는 것이며, 오직 은혜에 기초한 것이다. 이 언약과 함께 하나님은 사람에게 속죄와 영원한 생명을 주기 위한 그리스도와 그 분의 완전한 순종을 보이실 뿐만 아니라, 그는 믿음과 성령을 통한 회개 또한 선물하신다."[32] 이 초자연적인 언약은 낙원에서 사람이 타락했을 때 주셨을 뿐 아니라, 아브라함에게는 가나안과 큰 민족을 이루시겠다는 자손에 대한 약속으로 확고하게 하셨다.

고마루스는 계속해서 자연 언약과 초자연적 언약 사이의 네 가지 차이점을 말한다. 그 차이점은 다음과 같다. 첫 번째로 언약의 질료(*materia*)가 다르다. 자연적인 언약에서 하나님의 약속은 단지 영생의 약속 뿐이다. 그러나 초자연적인 언약에서는 영생의 약속 뿐만 아니라, 그리스도의 완전한 순종과 언약의 조건인 믿음까지도 선물해 주시는 것이다. 두 번째는 언약의 결과(*Effectus*)이다. 자연적인 언약에서는 죄와 정죄를 증거하지만, 초자연적인 언약에서는 죄와 심판의 제거, 그리고 구원의 선물을 약속하신다. 세 번째는 특성(*proprietates & adjuncta*)이다. 자연적인 언약은 사람의 본성에 계시된 것이나, 초자연적인 언약은 사람의 본성에 숨겨진 것이다. 네 번째는 중보자(*mediator*)이다. 자연적인 언약은 모세를 통해서 계시되었으나, 초자연적인 언약의 중보자는 그리스도이시다. 여기서 고마루스는 그리스도에 대해서 강조하는데, 왜냐하면 중보자 그리스도는 새 언약의 보증이고, 기초이시기 때문이

---

32 OT, I., Prolegomena: "Foedus vero supernaturale est foedus Dei natura ignotum, & mere gratuitum, quo Deus non solum Christum, & perfectam in eo obedientiam ad reconciliationem & vitam aeternam hominibus offert: sed etiam conditionem fidei, & resipiscentiae suo spiritu donat."

다.[33] 은혜 언약은 그리스도의 피 흘리심과 그 분의 죽으심으로 나타나며, 새 언약에서 약속된 은혜는 그리스도의 피와 죽으심을 통한 구원과 죄 사함이다. 중보자 예수 그리스도는 구약과 신약을 관통하는 은혜 언약의 중심이다.

이 고마루스의 취임사는 그의 신학에 있어서 몇 가지 특징을 보여준다. 첫 번째로 고마루스는 중요한 신학의 주제로서 '언약론'을 들고 있다. 고마루스는 자신이 논쟁했던 '예정의 대상에 대한 가르침' 즉 '타락전 선택론'과 '타락후 선택론'에 대한 문제를 교회 가르침의 기본이라고 생각하지 않는다. 그것은 성경에서 말하는 '단단한 식물'(*cibum solidum*)이기에 누구나 알아야 하는 교리를 아니다. 고마루스는 '은혜 언약'에 대한 교리를 자신의 신학에 있어서 가장 앞세울 내용으로 이해하고 있다.

두 번째로 고마루스는 '초자연적 언약', 혹은 '은혜 언약'은 성경 전체를 아우르고 있는 가르침으로 이해하고 있다. 구약 뿐만 아니라 신약의 역사가 모두 은혜 언약으로 포괄된다. 동시에 이 초자연적 언약의 기초, 내용, 중보자는 예수 그리스도이시다. 이로 인해서 성경의 기반이 예수 그리스도가 된다. 구약과 신약의 내용은 예수 그리스도이시다. 이 취임사에서 고마루스는 예수 그리스도를 언약의 중심으로, 더 나아가서 성경의 중심으로 이해하고 있다.

3. 신학논제집(*Disputationes Theologicae*)에서의 그리스도론

고마루스의 신학 전반을 소개하고 있는 Loci 방식의 작품인 신학논제집에서도 고마루스는 그리스도론을 중요한 주제로 다루고 있다. 이 신학논제집은 총 39장으로 이루어져 있는데, 이 논제집의 내용을 주제 별로 나누면 다음과 같다: 서론(1-2장), 하나님(3-10장), 창조(11-12장), 하나님의 율법(13장), 그

---

33 OT, II, 95.

리스도의 복음(14장), 그리스도(15-22장), 구원의 서정(23-29장), 교회와 성
례(30-39장). 이 신학논제집에서 볼 수 있는 바와 같이 고마루스는 그리스도론
을 '하나님의 복음'이라는 내용 안에서 다루고 있으며 그리스도론을 다루는
분량 역시 적지 않다. 여기서 고마루스가 어떻게 조직신학적으로 그리스도론을
다루고 있는지 살펴 볼 수 있다.

(1) 복음과 그리스도

고마루스는 신학논제집에서 그리스도론을 시작하는데 있어서 '복음'이라는
틀 속에서 그리스도론을 시작한다. 그렇기에 그리스도론을 다루는 가장 첫
논제의 제목은 '그리스도의 복음에 대하여'(*disputatio 14. De Evangelio
Christi*)이다. 그는 이 주제에 대하여 다루기 전에 서론에서 설명하기를 이
복음에 대한 가르침이 '이 교리의 최고의 영예와 유용성과 필요성으로 인하여
특별한 가치'를 지니고 있다고 한다. 교회를 공격하는 불경한 자들은 이 복음을
'다양한 오류를 가지고 부패케 하고 파괴하여 무너'뜨리려고 한다. 그러므로
'그 교리를 정당하게 주장함으로 신적인 진리와 교회의 구원을 지키기 위해서
모든 경건한 자들은 열심을 내야 한다'고 가르친다.[34] 그는 다른 교리의 설명에
서는 잘 덧붙이지 않는 서론을 그리스도의 복음에 대한 주제를 다룰 때 덧붙이
므로 복음의 중요성을 강조한다. 그리고 이 복음에 대한 설명의 범주에서 고마
루스는 그리스도론과 구원론을 전개시키고 있다.[35]

---

34 F.Gomarus, *Disputationes Theologicae*,(이하 DT),14,Prolegomena: "*Quoniam
suavissimae, de* Evangelio Iesu Christi, *doctrinae, adeo eximia es dignitas; ut sua
sublimitate, utilitate, ac necessitate summa, ad sui amorem, nos invitet ac rapiat;
tantaque contra adversariorum, existit impietas; ut eandem, variis erroribus,
vitiare ac subvertere mohantur: omnium piorum studium accendi debet; ut veritati
divinae, & Ecclesiae saluti, iustae doctrinae illius assertione, patrocinentur.*"
35 이와 유사한 형태를 띠고 있는 것은 하이델베르그 요리문답이다. 하이델베르그 요리문답 19문

그렇다면 복음이 무엇인가? 그는 복음이 곧 "그리스도를 통하여 받는 은혜로운 구원에 대한 신비한 언약"이라고 소개한다.[36] 하나님의 은혜 언약은 복음의 내용이다. 고마루스에 따르면 복음은 하나님께서 특정한 조건 아래에서 사람에게 영원한 구원을 주신다는 하나님과 사람 사이의 상호적인 의무를 선포하는데, 이 언약의 조건들은 믿음과 회개이다. 그러나 사람은 스스로의 힘으로 이러한 조건을 성취할 수 없다. 오히려 하나님은 택자들에게 믿음과 회개를 약속하시며, 이것을 택자들에게 이루신다.[37] 이러한 그리스도의 복음의 목적은 구원자 하나님의 영광이다. 이러한 은혜 언약의 쌍무적인 특성은 앞에서 살펴본 '레이든 대학의 취임사'의 내용과 일치하는 것이다.

그렇다면 그리스도와 복음은 어떤 관계를 가지는가? 고마루스는 그리스도를 복음의 내용으로 설명한다.[38] 복음을 만드신 분을 생각한다면 복음은 '하나님의 복음'이다. 하나님께서 복음을 약속하신 것이기 때문이다. 그렇다면 왜 고마루스는 '그리스도의 복음'이라고 부르는가? 그것은 그리스도가 복음의 내용이기 때문이다. 복음이 선포하는 것은 구원자 그리스도와 그 분의 구속 사역이다. 이 구원자 그리스도와 그 분의 사역으로 인하여 성도는 구원에 이르며, 그리스도와의 연합, 곧 교회에 참여하게 된다. 여기서 고마루스는 그리스도를 구원론과 교회론에 연결시키고 있다.

그렇다면 그리스도의 복음은 성경의 구약과 신약, 어디에서 더 강조되고 있는가? 그리스도의 복음이라는 이해는 신약과 구약에서 공통적으로 중심을 차지하고 있다. 그럼에도 불구하고 복음은 신약과 구약에서 두 가지 관점의

은 복음과 그리스도론을 함께 다루고 있다. 이것은 고마루스가 하이델베르그에서 우르시누스 (Z.Ursinus)의 가르침을 받은 것과 무관하지 않은 것으로 보인다.

36 DT,14,25.

37 DT,14,29.

38 DT,14,23: "*Divinum* vero est, quod Deum habet auctorem."

차이를 가지고 있다. 구약에서 복음은 '그리스도에 대한 약속의 복음'이다. 신약에서 복음은 '그리스도를 보내신 것에 대한 복음'이다.[39] 구약과 신약의 차이는 복음의 내용인 그리스도가 오셨느냐, 아직 오지 않으셨느냐에 달려 있을 뿐, 그 분에 대한 복음은 동일하게 선포되었다. 고마루스에 따르면 구약에서도 오실 그리스도의 직분과 사역에 대해서 선포되었는데, 그리스도의 모형이 되는 사람들의 이름, 직분, 사역에 의해서 나타났다. 다윗과 멜기세덱과 같은 인물들이 그 예이다. 여기서 고마루스는 구약을 모형론적인 해석으로 접근한다. 그리고 신약에서는 오신 그리스도께서 더욱 명확하게 선포되었다. 이렇기에 신약과 구약의 중심점은 그리스도이다. 이것은 그 다음에 나오는 신학논제집의 내용의 근거가 된다. 고마루스는 그리스도론을 전개해 나가는데, 먼저 그 분의 직분에 대해서 설명하고, 그 다음에는 그리스도의 고난과 승귀, 그리고 그로 인한 영적인 은혜들을 설명한다. 그리고 마지막으로 적그리스도에 대해서 설명한다.

(2) 그리스도의 세 직분론

고마루스는 그리스도의 직분에 대해서 설명하는데, 구약에서 그 분의 모형이 되었던 세 인물(아담, 다윗, 멜기세덱)을 다룸으로써 그 분의 삼중직에 대해서 설명한다. 먼저 다루는 것은 그 분의 대표성인데, 그것을 15장에서 다루고 있다. 이 장의 제목은 '첫째 아담과 둘째 아담의 비교에 대해서'(*De Adami primi & secundi collatione*)이다. 여기서 고마루스는 아담과 그리스도를 비교하므로 그리스도의 대표성을 제시한다. 마치 아담이 인류의 대표이기에

---

39 DT,14,65: "Etsi *Evangelium reipsa...* sit *simplex*: rei tamen *circumstantia*, *duplex* comperitur. Quippe aliud est, *Evangelium promissionis Christi*: aliud, *missionis illius*."

그의 타락으로 인하여 죄와 악이 그의 모든 후손인 인류에게 넘어간 것과 같이,[40] 두 번째 아담이신 그리스도께서 이루신 은혜와 구원이 백성들에게 전달된다. 아담은 그리스도의 모형이었다.[41]

고마루스는 아담과 그리스도를 비교하는 장에서 첫 사람 아담의 타락도 함께 설명하고 있다. 아담의 원죄에 대하여, 그리고 아담으로 인하여 내려온 '죄'와 '악'에 대한 문제, 또한 그로 인하여 온 인류가 당하게 되는 죽음에 대해서도 다룬다.[42] 아담은 불순종함으로 온 인류를 멸망에 빠뜨렸으나 그리스도께서는 순종하심으로 자신의 백성들을 구원하셨다.[43] 그리스도의 구원의 은혜는 그 분의 복종에서 나오는 공로, 그리고 부활과 그 분의 성령의 효과로서 이루어진다.[44]

그 다음의 16장과 17장에서는 각각 그리스도를 다윗과 멜기세덱에 비교하고 있다.[45] 이 구약의 인물들과 신약의 본문들을 통하여 고마루스는 그리스도의 직분을 정리한다. 고마루스는 다윗이 왕들 중에서도 하나님의 특별한 사랑을 받는 왕이었다고 한다. 동시에 다윗은 구약의 선지자의 영을 받은 자였다.[46] 또한 이 다윗은 예수 그리스도의 모형이다. 그러므로 다윗이 구약에서 하나님의 특별한 사랑을 받았던 자이면서, 선지자이고 왕이었던 것처럼, 예수 그리스도 역시 하나님의 사랑받는 독생자이시면서 동시에 이스라엘의 선지자이시고

---

40 DT,15,53-57.
41 DT,15,7.
42 DT,15,57.
43 DT,15,52.
44 DT,15,58.
45 Disputatio 16. De collatione Davidis cum Christo; Disputiatio 17. De similitudine Sacerdotii Christi et Melchisedeci.
46 DT,16,9: "Deinde, si officium spectemus, David, fuit unctus a Deo, oleo sancto, per Samuelem prophetam, in Israelis, populi a Deo electi, regem... & spiritu regio ac prophetico, ad regnum rite administrandum, donatus."

왕이시다.**47** 계속해서 고마루스는 다윗이 그리스도께서 하나님을 사랑하시며 복종하셨던 것에 대한 모형이라고 한다. 다윗은 하나님을 향한 사랑이 충만하였으며, 그 분의 말씀에 복종하고자 하였다. 이것은 후에 오실 그리스도께서 아버지를 향해서 가지셨던 열정과 복종을 보여주는 것이다. 또한 고마루스는 다윗이 그리스도에 대한 많은 예언을 하였던 것에 주목한다. 이런 면에서 그는 그리스도의 선지자직에 대한 모형이다.

신학논제집의 17장에서는 구약의 멜기세덱을 통하여 그리스도의 왕직과 제사장직을 다루고 있다. 멜기세덱은 히브리서에서 의와 평강의 왕으로 묘사되어 있다.**48** 동시에 그는 영원한 왕이며 제사장인데, 그것은 멜기세덱이 실제로 영원하다기 보다는 그리스도의 모형으로서 묘사된 것이다.**49** 멜기세덱 역시 그리스도의 모형임이다.**50** 그러므로 멜기세덱은 그리스도의 제사장되심과 왕되심을 동시에 보여주는 인물이다. 고마루스는 구약에 대한 '그리스도-모형론적인 해석'을 통하여 그리스도의 대표성과 삼중직(선지자, 제사장, 왕직)을 설명하고 있다. 이것은 그가 구약을 어떻게 이해하고 있는지를 보여준다.

(3) 그리스도의 고난

고마루스가 다음에 다루는 주제는 제18장 '그리스도의 죽으심에 대하여'(*De morte Jesu Christi*)와 제19장 '그 분의 죽으심과 죽으심으로 인하여 우리에게 주시는 유익'(*De morte Christi eiusque beneficus erga nos*)이다. 고마루스는 먼저 '예수 그리스도의 죽으심'에 대한 교리가 얼마나 중요한

---

47 DT,16,13.
48 DT,17,8.
49 DT,17,10: "Alterum vero, est regni & sacerdotii duratio, in aeternum."
50 DT,17,28.

지를 강조한다. 사탄과 세상이 큰 증오와 잘못된 교리들을 가지고 공격하는 것이 바로 이 예수 그리스도의 죽으심과 그 유익에 대한 교리이다.[51] 그것은 성도의 구원과 직접 관련되어 있는 교리이기 때문이다. 고마루스는 그리스도의 죽으심에 대해서 다음과 같이 설명한다: "그리스도의 죽으심은 십자가에 달린 것인데, 십자가 위에서 그의 생명의 영혼이 고통당하셨고 육체로부터 영혼이 분리되신 것이다. 그 분은 이것을 택자이면서 죄인인 자들을 향한 하나님의 의와 긍휼과 의지와 기쁘신 뜻으로부터 이루셨는데, 그 백성들을 죄의 형벌과 부패로부터 자유롭게 하시기 위한 것이며, 그들의 구원과 구원자 하나님의 영광을 위해서이다"[52] 이 정의에 그리스도의 죽으심에 대한 고마루스의 전체적인 이해가 들어 있다. 그리스도의 죽으심은 아버지의 뜻에 따른 것이었으며, 그 뜻에 그리스도께서 복종하신 것이다. 그리고 그 죽으심으로 말미암아서 하나님의 백성들은 형벌과 부패로부터 자유롭게 된다고 가르친다.

그렇다면 이렇게 그리스도께서 죽음을 짊어지신 동인은 무엇인가? 그 분의 백성들의 입장에서 볼 때는 그들의 죄이다. 그리고 하나님의 입장에서 볼 때는 '징벌하시는 의'와 '구원하고자 하시는 사랑'이다.[53] 하나님은 죄를 징벌하고자 하시는 의와 성도를 구원하고자 하시는 사랑으로 그리스도의 죽으심을 이루셨다. 또한 이 죽으심으로 인하여 그리스도는 그 분의 백성들을 위하여 두 가지 일을 이루셨는데, 하나는 '대속'(*satisfactio*)이다. 대속은 우리의 죄로 인해서 우리가 감당해야 할 죄의 책임을 완전하게 제거하신 것이다.[54] 다른 하나는

---

51 DT,18, Prolegomena.
52 DT,18,20: "Mors enim Christi, est cruenta, vitae animalis illius, in cruce, per separationem animae, a corpore, privatio: quam, ex Dei, erga homines, electos ac peccatores, iusta, ac misericordi, voluntate, & gratuita sponsione sua, vice illorum, pertulit: ut eos, a peccati poena, & iniquitate, liberaret: ad ipsorum salutem, & Dei redemptoris gloriam."
53 DT,18,24,25.

'자유하게 됨'(*liberatio*)인데, 자유하게 되는 것은 대속을 받음으로서 '죄의 형벌'과 '죄에서 나오는 부패'로부터 완전하게 자유롭게 되는 것이다.[55] 고마루스는 계속하여 이 죽으심의 목적을 두 가지로 정의한다. 하나는 그리스도께서 위하여 죽으신 자들의 영생이다. 그리고 다른 하나는 그리스도 안에서 구원자 하나님의 영광이다.

그리고 이 장의 마지막에서 고마루스는 예정론에 대한 질문을 덧붙인다. 그것은 '예수의 죽음이 누구를 위해서 인가?'라는 질문이다. 여기에 대해서 그는 다음과 같이 말한다. 성경에 따르면 그리스도는 그 분의 양을 위해서, 그 분의 교회를 위해서, 믿는 자들을 위해서, 대속함을 받으며 부름받은 자들을 위해서 죽으셨다. 그리고 특별히 '그 분의 양들'이라는 표현은 곧 그 분의 택자들을 가리킨다.[56] 그러므로 그리스도께서는 택자들을 위해서 죽으셨고, 유기자들을 위해서 죽으시지 않으셨다.[57] 고마루스는 그리스도께서 택자들만을 위해서 죽으셨다는 것을 상당히 많은 분량을 가지고 설명한다. 이러한 이해는 그리스도의 제한적 구속에 대한 분명한 이해를 보여주는데, 그가 예정론에 대한 확고한 이해를 가지고 교리를 전개하고 있다는 사실을 보여준다.

그 다음 19장에서 다루는 것은 그리스도의 죽으심이 성도들에게 끼칠 유익에 대한 것이다. 이 주제에 대한 고마루스의 주장들 중에서 크게 두 가지를 기억할만하다. 하나는 '그리스도의 공로'에 대한 것이다. 그는 '그리스도의 공로'에 대해서 다음과 같이 설명한다. "그리스도의 공로는 하나님 아들의 순전하고 완전한 복종인데, 그리스도께서는 이 복종을 통하여 아버지로부터 중보자로

---

54 DT, 18, 56.
55 DT, 18, 57.
56 DT, 18, 78.
57 DT, 18, 86.

서 이 세상에 보냄을 받았으며, 자신을 낮추심으로 죽음에 이르시기 까지 하셨고, 또한 저주를 당하셨는데, 이로서 완전하게 율법을 성취하셨으며 하나님의 심판을 충분히 감당하셨다. 이는 우리를 첫 번째 죽음과 두 번째 죽음으로부터 자유롭게 하시고, 우리로 영생에 도달하게 하시기 위한 것이었다"58

이 정의와 함께 고마루스는 그리스도께서 복종하셨는데, 두 가지 측면에서 하셨다고 설명한다. 하나는 '행위에서' 하신 것이고, 다른 하나는 '고난에서' 하신 것이다. 이 행위의 순종과 고난의 순종은 '능동적 의'와 '수동적 의'라고도 불리운다. '고난에서' 하신 순종은 그리스도께서 충분한 형벌을 감당하심으로 그 백성들을 율법의 저주로부터 자유롭게 하신 것이다. 그리고 '행위에서' 하신 순종은 본성과 삶에서 인간에게 요구된 율법을 다 수행하신 것이다.59 이 두 가지 순종으로 인하여 하나님의 백성들은 다음과 같은 여섯 가지 자유를 얻게 된다. 먼저 율법을 종속되어 반드시 수행해야 하는 의무로부터(*a servili praestatione*) 자유롭게 되었다. 또한 죄와 죄의 종속으로부터(*a peccato eiusque servitute*) 자유롭게 되었다. 그리고 사탄의 권세로부터(*a potestate diaboli*) 자유롭게 되었으며, 죄의 책임으로부터(*a reatu poenae*) 자유롭게 되었다. 또한 하나님의 진노로부터(*ab ira Dei*) 자유롭게 되었고, 하늘 문이 활짝 열리게 되었다.60 이것은 성도가 그리스도 안에서 누리게 될 구원이 무엇인지를 설명하는 것이다.

이 19장에서 두 번째로 생각해야 할 것은 이 그리스도의 공로가 어떻게

---

58 DT,19,3: "Est autem meritum Christi intergra & absoluta obedientia Filii Dei altissimi, qua a Patre ad officium mediatorium in mundum hunc missus voluntati eius ultro ad mortem usque & maledictionem humiliando sese subiecit, legem perfecte implevit, ac iudicio Dei plene satis fecit, ut nos a mortis cum primae tum secundae liberaret, & vitae aeternae praemium nobis aequireret."

59 DT,19,7.

60 DT,19,13.

하나님의 백성들에게 전달되는가 하는 것이다. 고마루스는 이 그리스도의 공로가 성도들에게 전달되는데 이중적 방법이 있다고 한다. 하나는 하나님께서 하시는 것이고, 다른 하나는 우리가 하는 것이다. 이 둘은 동시에 있어야 하는 것인데, 하나님께서 행하시는 것은 그 분이 성도들에게 그리스도의 은총을 전가하시는 것이다. 그리고 사람이 해야 하는 것은 그 공로를 믿음으로 받는 것이다.[61] 이러한 공로의 전가의 이해는 그의 쌍무 언약론적인 특징에서 나온 것으로 보인다. 여기서 고마루스는 예정론적인 주권적인 이해보다는 오히려 언약론적인 특징을 보인다. 이것은 그가 예정론과 언약론에서 균형을 가지고 있음을 보여준다. 특별히 이 그리스도의 공로의 전가는 성령 하나님의 역사를 통해서 이루어지는데, 하나님은 성령을 통하여 그리스도의 지체들을 머리되신 그리스도와 함께 거하게 하시며 연합시키신다. 그리고 성령께서 그 분의 은혜를 보존하시며, 성도들은 그리스도의 은혜의 교통 속에서 살고 죽게 된다.[62] 그리스도께서 이루신 공로를 성령께서 성도들에게 나누어 주신다.

(4) 그리스도의 높아지심

그리스도의 죽으심에 대해서 다룬 고마루스는 다음으로 그리스도께서 보좌 우편에 앉으셨음을 다룬다. 이 논제는 20장으로서 '그리스도께서 하나님의 보좌 우편에 앉으심에 대하여'(*De sessione Christi ad dextram Dei*)이다. 이 주제를 다루는데 있어서 고마루스는 먼저 '그리스도께서 보좌 우편에 앉으셨다'는 것은 문학적 표현이라고 한다. 이것은 두 가지 의미를 가진다. 첫 번째로 대유법적인 표현으로서는 '명예와 권세를 가지고 있다'는 의미이다. 두 번째는 은유법적인 표현으로서 '통치'와 '심판'을 의미한다.[63] 이로부터 고마루스는

---

61 DT,19,15.
62 DT,19,16.

다음과 같이 정의한다: "그리스도께서 하나님의 우편에 앉으셨다는 것은 그 분이 하늘로 승천하신 이후에 하나님께서 진리와 의에 따라서 그리스도를 인성의 영광과 왕의 직분으로 영원히 높이셨다는 것이다. 이것은 교회의 완전한 구원과 하나님 아버지의 영광을 위한 것이다"[64]

고마루스에 따르면 그리스도께서 보좌 우편에 앉으셨다는 것은 형태에서 두 가지인데, 그리스도의 인격의 높아지심, 또는 영화롭게 되심이다. 그리고 또 다른 하나는 그 분이 통치자의 직분, 즉 왕직에서 높아지신 것이다.[65] 여기서 고마루스는 그리스도에게는 두 개의 나라가 있다고 말한다. 하나는 보편적인 나라이고, 다른 하나는 특별한 나라이다. 보편적인 나라는 사람을 포함한 모든 피조물을 통치하시는 것이다. 그리스도는 만물을 통치하시는 왕이시다. 그리고 다른 하나의 나라, 즉 특별한 나라는 바로 교회를 가리킨다. 그리스도께서는 이 교회의 왕이시며, 교회는 그리스도의 나라이다. 이 교회는 하늘에 있는 교회와 이 땅의 교회를 모두 포함한다.[66]

여기서 고마루스는 교회에 대한 권세를 그리스도께서 가지고 계신다고 정의한다. 이것은 교회의 권세를 교황과 주교들이 가지고 있다고 주장하는 로마교회를 비판하는 내용이다. 그리스도께서는 그 분이 가지신 권세를 가지고 자신들의 백성들을 부르시고 세우시며 구원과 영생을 주시고 적으로부터 보호하신다.[67] 여기서 고마루스는 그리스도론과 함께 교회론을 시작하고 있다. 그

---

63 DT,20,11.

64 DT,20,16: "Sessio autem Christi, ad dexteram Dei, hoc modo definiri potest; propria, ac debita ipsius, post ascensionem in caelum, in personae gloria, & regio officio, a Deo Patre, secundum veritatem & iustitiam, in aeternum exaltatio: ad perfectam Ecclesiae salutem, & Dei Patris gloriam."

65 DT,20,22.

66 DT,20,39.

67 DT,20,40.

리고 '그리스도께서 보좌 우편에 앉으심'은 그 분이 이 세상에 다시 오시는 것과 심판의 날에 모든 피조물들을 심판하실 때까지 이루어질 것이다. 그리고 그리스도의 통치는 새하늘과 새땅이 이루어진 후에도 영원히 계속될 것이기에 그 분이 보좌 우편에 앉으시는 것은 영원한 것이라고 말한다.[68]

고마루스는 신학논제집을 통하여 그리스도의 대표성과 삼중직, 그리고 그 분의 비하와 승귀까지 다루고 있다. 이로서 고마루스는 그리스도론에 전반적인 내용을 다루었는데, 여기에서 멈추지 않고 그리스도와 관련된 또 다른 주제를 다루고 있다. 그것은 '적그리스도'에 대한 것이다. 이 부분을 놓고 각각 21장 '적그리스도에 대하여'(*De Antichristo*)와 22장 '사도들의 반석과 로마교황의 모순에 대하여'(*De Petra Apostoli & Papae Romani repugnantia*)에서 다루고 있다. 이 장들에서는 적그리스도론에 대해서 다루면서 로마 교회와 교황주의를 비판하고 있다. 이러한 적그리스도와 교황주의에 대한 고마루스의 긴 설명은 고마루스가 그리스도론을 중요하게 여기고 있음을 보여준다. 당시 로마 교회가 가장 큰 이단으로 타락한 것은 그리스도론에서 오류를 가지고 있기 때문이다. 고마루스는 그리스도론에 대해서 잘못되었을 때, 교회가 온전할 수 없는 것으로 생각한다.

4. '주석집'(Analysis)에서 그리스도론

고마루스는 주석에서도 작품을 남겼는데, 신약 27권 중에서 19권의 책, 즉 세 권의 복음서(마태, 마가, 요한복음)와 아홉 권의 바울 서신(로마서, 갈라디아서, 빌립보서, 골로새서, 데살로니가 전후서, 빌레몬서, 히브리서), 그리고

---

68 DT,20,56: "Nam, si regni universalis & particularis, gloriosi formam internam, & rem ipsam, seu potestatem consideremus, illius nullus est finis. Ideoque ad dextram Dei sedere dicitur, in perpetuum."

일곱 권의 다른 사도들의 서신서들(야고보서, 베드로 전후서, 요한 일이서, 유다서와 요한계시록)을 주석하였고, 구약의 몇 개의 텍스트를 부록처럼 다루었다. 그런데 이 주석 작업에서도 '그리스도-언약론적인 이해'가 나타난다. 그는 부록과 같은 구약 주석의 제목을 다음과 같이 붙였다: "부록, 여기에는 그리스도에 대한 선지자 모세의 해석을 담고 있다(*Appendix, quae continet explicationem Prophetiarum Mosis de Christo*)" 이 주석의 분량들은 상대적으로 적기 때문에 크게 비중이 있지는 않다. 다루고 있는 구약 성경의 본문은 창세기(3:15; 15:1-6; 22:15-19)와 오바댜에 대한 해석이다. 그럼에도 불구하고 이 구약의 주석을 통해서 그가 구약성경에서 무엇을 중심으로 보고 있는지를 알 수 있다. 고마루스는 이 구약 주석에서 모세가 선지자이며, 그의 예언의 내용은 그리스도라고 설명한다.69 이 해석의 중심 내용은 '그리스도에 대한 약속'이다.

하나님께서 낙원에서 타락한 아담과 하와에게 준 것은 그리스도에 대한 약속인데, 이 약속은 교회를 사랑하여 주신 것이다. 그 후에 기록되어 있는 믿음의 조상 아브라함에게 주신 약속 역시 그리스도에 대한 약속이며, 믿음으로 말미암은 칭의다.70 창 22장에서 고마루스는 구약의 선지자들과 약속들이 바라본 것이 육체로 오신 그리스도라고 해석한다.71 오바댜서의 주제 역시 그리스

---

69 G.P. van Itterzon, *Franciscus Gomarus*, 329-30; OT, II,533-45.

70 OT, II,537: "Eventus verò sermonis Dei effectus complectitur duos, non coordinatos quidem, sed subordinatos. Primus effectus est fides Abrahami, quam Dei sermoni & promissioni; quae Evangelium de Christo includebat, adhibuit: alter est imputatio ad iustitiam."

71 OT, II,538: "Non immeritò ait Servator, Ioh. 8. 56. *Abraham Pater vester gestivit ut videret diem meum, & vidit ac gavisus est*. Etsi enim oculis corporis Christum in carne patefactum non viderit, animi tamen seu fidei oculis, Heb. 11. 1, 13. in prophetiis ac divinarum promissionum operculo propositum contemplatus est: quemadmodum ex iis quae ante de Gen. 15. c. v. 6. disseruimus, apparet, & ex

도를 통한 교회의 구원이다. 고마루스는 이러한 오바댜서의 예언이 그리스도께서 긍휼로 교회를 구원하시는 것에 대한 하나의 모형이라고 설명한다.[72] 고마루스에 따르면 구약성경은 하나님의 아들에 대한 상징으로 가득하며, 이 상징에는 사람과 물건이 있다. 구약에 나타난 상징적 인물에는 멜기세덱, 다윗, 솔로몬과 그의 왕국, 요나 등이 있다. 또한 그리스도와 그 분의 사역에 대해서 상징하는 물건에는 놋뱀, 만나, 반석, 모세의 장막, 제사장들의 직무와 제사, 다양한 의식법 등이 있다.[73] 여기서 고마루스의 구약 성경의 해석 원리는 '그리스도-모형론적 해석'이다. 그는 인용한 구약의 모든 본문에서 그리스도와 그 분의 언약을 찾고 있다. 이렇듯 구약과 신약 모두 중보자 그리스도를 보여주기 때문에, 신약과 구약의 언약과 구원이 본질적인 차이가 없다.

그러나 동시에 그리스도로 인하여 신약과 구약은 어떤 차이를 갖게 되기도 하는데, 고마루스는 요한복음 주석 서문에서 그리스도를 통하여 성취된 구원의 복음과 약속된 구원의 복음을 구별한다. 구약에서 구원은 복음이라기 보다는 약속이라고 불리운다. 왜냐하면 그리스도의 성육신은 아직 구약에서는 실현되지 않았고, 약속만 된 상태이기 때문이다. 고마루스에 따르면 구약의 교회는 아직 어린 유아에 불과했다. 왜냐하면 하나님을 아는 지식이 아직 충분하게 자라지 않았기 때문이다. 구약에서 그리스도에 대한 약속은 아직 성취되지 못했고, 그리스도와 그 분의 구속 사역은 여러 가지 모형으로 제시되어 있다.[74] 구약의 교회는 그리스도의 모형으로 인하여 어둡고 불분명하지만, 신약의 교회는 약속의 성취와 복음의 분명성으로 인하여 빛나고 있다고 말한다.[75] 앞에서

---

hoc cap. 22. clarius etiam elucebit."

72 OT, II, 544.

73 OT, I, 319.

74 OT, II, 153.

75 OT, II, 170: "... quae longe illustrior in Novi Testamenti Ecclesia refulget ob

살펴 본 바와 같이 신약과 구약의 유사성이 그리스도이지만, 그와 동일하게 차이점도 그리스도이며, 정확히 그리스도의 성육신이다. 성경의 중심 원리는 예수 그리스도이다.

이러한 설명 후에 고마루스는 계속해서 요한복음을 주석해 가면서 예수 그리스도가 교회와 성도에게 어떤 의미인지를 설명한다. 그 분 안에 모든 충만이 있다. 즉 우리를 은혜로 구원하시기 위한 충만한 기뻐하심과 모든 은혜의 선물이 그리스도 안에 있다. 그러므로 그 분이 성도를 위한 완전한 구원을 이루실 수 있다고 한다. 이것은 성도를 향한 충만한 구원이신 그리스도를 설명하는 것이다. 그리고 이 그리스도중심적인 구원론은 교회론으로 연결된다. 왜냐하면 그 분은 모든 것을 충만케 하시는 충만이기 때문이다.76

고마루스는 골로새서를 해석하면서 그리스도와 교회가 어떠한 관계인지를 설명한다. 그리스도는 교회론의 중심점인데, 왜냐하면 교회는 결국 그리스도의 연합체이며 그리스도가 머리이기 때문이다. 성도들은 그리스도를 통하여 교회에 참여하게 된다.77 고마루스는 세 가지 측면에서 그리스도가 교회의 머리라고 말한다. 첫째는 성도들과 그리스도 간의 신비적 연합(ratione unionis mysticae)으로 인하여 그리스도는 교회의 머리이시다. 둘째는 그리스도가 교회에게 주시는 은혜와 힘으로 인하여 교회의 머리이시다. 교회는 그리스도께서 베푸시는 은혜와 힘으로 유지되고 발전한다. 셋째는 그리스도께

---

promissionum impletionem & evangelicae doctrinae claritatem..."

76 OT, I,320: "Unde etiam ex dictis praestantia hujus gratiae & veritatis, voce *plenitudinis* explicata, satis intelligitur: quia ad plenam nos gratuito servandi benevolentiam nihil omnino in Christo defuit, eamque donatione salutis obsignavit: quod salutem perfectam conferat, & quidem solus hoc praester ac praestare potuerit....: *omnia* (nempe ad salutem necessaria) *implere in omnibus* scilicet Eccelsiae, de qua agit, membris;"

77 OT, II,221.

서 교회의 가치를 주시고 통치를 하시는 분이라는 측면에서, 그리스도는 교회의 머리이시다.[78] 교회는 그리스도로부터 통치를 받는다. 이러한 세 가지 측면에서 교회의 머리는 그리스도라고 한다. 이러한 내용들은 고마루스의 교회론의 중심에는 그리스도가 위치하고 있으며, 특별히 그 분과의 신비적 연합이 그 중심 내용이 된다.

그리고 기억할 만한 것은 주석서에서는 고마루스의 전택론적 예정론이 잘 드러나지 않는다는 것이다. 그의 '타락전 선택론'에 대한 이해는 롬9장에서만 나타나며 다른 본문에서는 잘 드러나지 않는다. 철학적 원리를 가진 전개보다는 성경이 말하는 '은혜로운 선택'을 드러내고자 한다. 동시에 주석서에서는 예정론이 '제한 속죄'에 연결되어 많이 나타난다. 이것은 개혁파 신학자들이 그 시대에 나타난 루터파 신학자들, 또는 항론파들에게서 보이는 보편적 구원론에 대한 반박으로 보인다. 이에 대해서는 여러 구절에서 설명하는데, 요17:9, 롬5:18, 고후5:15, 골1:20 등에서 나타난다.[79] 고마루스는 보편주의를 반박하며, 오직 선택받은 자들만이 구원을 받을 수 있다고 주장한다.

주석서에서 그리스도는 단연 성경의 핵심적인 내용으로 나타난다. 언약론과 구원론, 그리고 교회론까지 모두 그리스도와 그 분과의 연합 위에서 진행되는 것이다. 또한 예정론 역시 철학적 원리보다는 그리스도 안에서의 은혜로서 설명된다.

5. 고마루스의 신학에서 그리스도론의 위치

이상의 내용들을 살펴 볼 때 우리는 다음과 같은 고마루스 신학의 특징들을

---

[78] OT, II, 238.
[79] OT, II, 100-01.

발견할 수 있다. 첫 번째로 고마루스에게 철학적 논리가 강화된 '타락전 선택론'이 나타나게 된 것은 성경적 예정론을 변증하려는 목적에서 나타난 것이다. 고마루스를 '경직된 예정론자'로 보거나, 혹은 '철학적 사고에 기반한 예정론'을 펼친 신학자로만 이해하는 것은 그의 작품을 균형있게 살펴보지 않았기 때문에 나온 평가이다. 물론 그가 아르미니우스와 논쟁할 때 철학적 사고방식을 사용한 것은 확실하다. 그러나 앞에서 살펴 본 바와 같이 고마루스가 철학적 사고를 사용한 것은 변증의 목적에서 나온 것임을 간과해서는 안된다. 리차드 멀러(R.A.Muller)나 판 아썰트(W.van Asselt)의 주장에 따르면 개혁파 정통주의에서 나타나는 스콜라적인 체계화는 16세기, 17세기의 스콜라 교육에 따른 하나의 보편적인 결과이다.[80] 그들에게 있어서 철학은 독자적인 학문이기보다는 성경의 진리를 뒷받침하는데 유용한 도구들이었기 때문이다. 이로 인해서 그들이 쓰는 작품의 의도에 따라서 이러한 철학적 체계화는 더 강해지기도 하고 약해지기도 하였다고 한다. 이들의 주장은 고마루스에게서도 어느 정도 유효하다. 고마루스는 '은혜의 예정론'을 변증하기 위해서 철학적 체계화를 사용하였다.

두 번째로 고마루스에게는 칼빈에게 나타났던 '선택의 기반으로서의 그리스도'가 나타나지 않는데, 이것은 예정이 하나님의 뜻에 근거하여 나온 것임을 강조하기 위해서이다. 그의 예정론에서는 아르미니우스가 강조했던 '그리스도-믿음'이라는 도식에서 나온 조건적 예정론을 비판하기 위한 형태로 '삼위 하나님의 뜻에서 나오는 절대 주권'이 앞장서게 된다. 이로서 그의 예정론에서는 그리스도가 전적으로 하나님의 예정을 이루는 수단으로만 이해되었고, 선택의 기반으로는 나타나지 않는다. 그것이 그리스도론의 약화로 보이게 되었다.

---

80 W.J. van Asselt, "No Dordt without Scholasticism: Willem Verboom on the Canons of Dordt", in *Church History and Religious Culture*, 87/2 (2009), 203-10.

그러나 이러한 이해는 예정론에서 국한되어 나타나는 것이다.

세 번째로 고마루스에게서 신학의 중심점으로 나타나는 것은 '언약론'이다. 고마루스는 자신의 신학의 기반을 '초자연적인 언약' 즉 '은혜언약'으로 이해하고 있다. 이것은 그가 행했던 레이든 대학의 취임사와 신학논제집, 그리고 주석서 등에서 나타난다. 이런 면에서 고마루스를 단순히 '예정론자'로만 이해하는 것은 잘못된 것으로 보인다. 그렇다면 그를 '언약론자'로 봐야 할 것인가? 그렇게 보기에도 어렵다. 오히려 그는 예정론과 언약론 사이에서 균형을 잡으려는 것으로 보인다. 그는 성경을 언약론적인 눈으로 본다. 그러나 그 언약론 역시 예정론과 조화를 이루고 있다.

네 번째로 고마루스의 언약론적인 사고는 곧 그리스도에 대한 강조로 연결된다. 그는 하나님께서 주신 초자연적인 언약의 기반과 내용을 그리스도로 이해하고 있다. 그러므로 구약과 신약이 모두 그리스도 위에 서 있다. 그것은 구약 주석에서도 잘 나타나는데 그는 전적으로 '그리스도-모형론적'인 입장에서 구약을 해석하고 있으며, 신약 역시 그리스도를 중심으로 놓고 이해하고 있다. 이로 인해서 그의 성경 해석의 원리는 그리스도 중심적이다.

다섯 번째로 고마루스는 신학논제집에서 그리스도론을 짜임새 있게 제시하고 있으며, 당시 여러 가지 교리적 논쟁이 될 만한 내용들을 개혁 신학의 입장에서 정리하고 있다. 그리스도께서 오직 택자들을 위해서만 죽으셨다는 제한속제 사상, 또한 그리스도의 수동적 순종과 능동적 순종에 대한 이해 등이 그가 교리적으로 그리스도론을 잘 정리하고 있다는 사실을 보여준다.

여섯 번째로 신학논제집에서 고마루스는 구원론과 교회론은 그리스도론으로부터 출발시키고 있다. 이것은 그의 신학의 중심에는 그리스도와 그 분의 속죄 사역이 있다. 그럼에도 불구하고 앞에서 언급한 대로 예정론에 있어서는 하나님의 뜻을 강조하고 있다. 그리고 그리스도는 그 구원을 이루는 수단으로 언급된다. 그렇게 볼 때 고마루스의 신학은 자연스럽게 '하나님-그리스도'의 두 기둥을 의지하여 서게 된다. 이로서 어느 한 교리에 집중하기보다는 여러 교리적 가르침들이 균형을 이루고 있다. 그는 전체 신학에서 하나님의 사역과 그리스도의 사역의 중요성과 위치를 적절하게 배분하고 있다.

일곱 번째로 성경 주석에서 나타나는 예정론의 자리는 종교 개혁의 '오직 은혜'(*sola gratia*)를 지키는 데에 있다. 예정론은 하나님의 은혜의 근원을 밝히며, 인간의 공로를 배척하려는 데에 그 목적이 있으며, 그것이 성경 해석에서 드러나고 있다. 그러므로 예정론과 그리스도론 모두 어느 한 교리의 논리적 결과가 아니라, 하나님의 은혜라는 목적으로 가는 과정들이다.

III. 결 론

초기 종교개혁자들과 16,17세기 개혁파 신학자들의 연속성과 불연속성에 대한 연구는 지금도 진행 중이다. 개혁파 스콜라들에 대해서 비판적인 학자들은 그들이 초기 종교개혁자들의 '오직 은혜', '오직 그리스도'와 같은 정신에서 벗어났다고 주장한다. 그러나 이러한 주장은 네덜란드 개혁파 신학자인 고마루스에게 적합하지 않다는 것을 알 수 있다. 그는 예정론 논쟁을 통하여 하나님의 은혜를 기반으로 한 예정론을 전개하고자 하였다. 동시에 그의 성경의 이해의 중심에는 구원자 그리스도가 있다는 사실을 확인할 수 있다. 그들은 변증이라는 시대가 요구하는 사역 때문에 그들의 일부 작품에서는 그리스도론이 약화된 것처럼 보이지만, 그들의 작품 전체의 중심에는 하나님이 보내신 구원자 그리스도에 대한 이해가 있다. 고마루스는 성경 전체에서 그리스도를 찾고자 하였으며, 구원론과 교회론 모두를 그리스도론 위에 세우고자 한다. 성도가 누리는 모든 은혜와 통치는 그리스도께서 주시는 것이다. 그리스도가 없이는 구원이 없으며 교회도 없다.

그럼에도 불구하고 고마루스에게는 현대의 신학자들이 판단하는 '그리스도 중심적 사고'가 나타나지는 않는다. 그는 오히려 예정의 주체자이신 하나님과 구원자 그리스도의 관계를 균형있게 보려고 한다. 이로 인해서 어느 하나의 교리 때문에 다른 것이 약화되지 않는다. 그는 '하나님-그리스도'라는 두 개의 기둥으로 신학 전체를 떠 받치려고 한다. 이러한 그의 신학은 오히려 알렉산더 슈바이쳐가 개혁파 스콜라들을 비판하려고 사용하였던 '중심교리이론'이 개혁파 스콜라들을 잘못 이해한 결과임을 보여준다. 고마루스는 성경과 교리를 '하나님-그리스도'의 관점에서 보려고 한다. 이러한 신학 관점은 교회와 성도들이 받은 구원을 균형있게 이해하는데 큰 도움을 줄 것이다. 아울러 이러한 신학관점은 요한계시록에서 나타나는 바, 모든 구원받은 성도들과 교회가 마지막으로 하나님과 그리스도께 올려드리는 찬양과 잘 어울린다. "보좌에 앉으신 이와 어린 양에게 찬송과 존귀와 영광과 권능을 세세토록 돌릴지어다"(계5:13) 아멘.

프란시스 튜레틴(Francis Turretin)의 개혁주의 정통 기독론: '예수 그리스도의 인격론'을 중심으로

김은수

(한국개혁신학연구원, 조직신학)

Francis Turretin(1623-1687)

서울대학교와 고려신학대학원을 졸업하였고, 이후 미국 칼빈신학대학원을 거쳐 미국 시카고 근교에 있는 트리니티복음주의신학대학원에서 조직신학을 전공하였으며, "시간, 영원, 그리고 삼위일체"(Time, Eternity, and the Trinity: A Trinitarian Analogical Understanding of Time and Eternity)에 대한 연구로 박사학위(Ph.D.)를 취득하였다. 그동안 숭실대기독교학대학원, 횃불트리니티신대원, 안양대신대원, 백석대신대원 등에서 가르쳐 왔으며, 또한 '한국개혁신학연구원' 원장으로 섬기며 연구 집필 작업에 집중하고 있다. 아래의 저서들 외에 10여권의 공동저술들과 여러 신학회에서 활동하며 40여편의 학술논문을 발표하고 출간하였다. 저서로는, 『Time, Eternity, and the Trinity』(Pickwick Publications, 2010), 『개혁주의 신앙의 기초』(개정판), 4 Vols. (SFC, 2011), 『칼빈과 개혁신앙』(SFC, 2011), 『삼위일체 하나님과 신학』(새물결플러스, 2018) 이 있다.

김은수

I. 프란시스 튜레틴의 생애 및 신학적 특징과 중요한 공헌들

1. 프란시스 튜레틴의 간략한 생애

프란시스 튜레틴(Francis Turretin/François Turrettini, 1623-1687)은 스위스 제네바에서 16세기 종교개혁운동을 이끌며 개혁신학의 기초를 놓았던 존 칼빈(John Calvin, 1509-1564)과 테오도레 베자(Theodore Beza, 1519-1605)의 뒤를 이어서 17세기 '개신교 스콜라신학'(Protestant Scholastic Theology)의 최전성기에 '개혁파 정통주의 신학'(Reformed Orthodox Theology)을 가장 완전한 형태로 체계화하고 집대성한 신학자이다.[1] 그는 이탈리아 출신으로 1592년 제네바로 이주하여 개혁파 교회 목사이자 칼빈과 베자가 설립한 '제네바 아카데미'에서 신학교수로 사역했던 베네딕트 튜레틴(Benedict Turretin, 1588-1631)의 아들로 태어났으며, 그 역시이 제네바 아카데미에서 신학을 공부하였다. 이후 네덜란드 레이던(Leyden)과 우트레흐트(Utrecht), 그리고 프랑스 파리(Paris)와 소뮈르(Saumer) 등 유럽의 여러 도시들을 방문하여 그곳에서 활동하던 개혁파 신학자들과 깊이 교류하

---

[1] 17세기 정통주의 신학에 대하여 집중적으로 연구한 리처드 멀러(Richard A. Muller)는 종교개혁으로부터 정통주의 시대까지 개혁파 신학발전의 역사를 다음과 같이 구분하고 있다: (1) 종교개혁시대(ca. 1517-1565); (2) 초기 정통주의(ca. 1565-1640); (3) 전성기 정통주의(ca. 1640-1700); 그리고 (4) 후기 정통주의(ca. 1700-1790). 이러한 시대 구분에 따르면, 프란시스 튜레틴은 제3기 '전성기 개혁파 정통주의' 시대에 활약한 가장 중요한 신학자들 가운데한 사람이며, 이 시기에 함께 활약한 주요 개혁파 신학자들은 다음과 같다: 스테펜 차르녹(Stephen Charnock, 1628-1680), 요하네스 콕케이우스(Johannnes Cocceius, 1603-1669), 요한 하인리히 하이데거(Johann Heinrich Heiddeger, 1633-1698), 존 오웬(John Owen, 1618-1683), 기스베르트 보에티우스(Gisbert Voetius, 1589-1676), 토마스 왓슨(Thomas Watson, d. ca. 1689), 헤르만 비치우스(Hermann Witsius, 1636-1708), etc. Cf. Richard A. Muller, *Post-Reformation Reformed Dogmatics*, vol. 1: *Prolegomena to Theology*, 1st ed. (Grand Rapids: Baker Book House, 1987), 40-52; [한역] 이은선 역, 『종교개혁 후 개혁주의 교의학: 신학 서론』 (서울: 이레서원, 2002), 52-72.

며 신학연구를 통해 학문적인 견문을 크게 넓혔고, 1648년부터 제네바 교회의 목사로 섬기며 동시에 이탈리아계 개혁교회 총회의 설교자로 사역하였다. 그리고 1650년 레이든 대학교의 요청으로 철학부 교수로 잠깐 동안 사역하다가 제네바 아카데미의 신학교수로서 '도르트 총회'(the Synod of Dortrecht, 1618-19)에서도 큰 역할을 감당하였던 존 디오다티(John Diodati, 1576-1649)와 테오도르 트론친(Theodore Tronchin, 1582-1657)의 뒤를 이어 1653년에 '제네바 아카데미'의 신학교수로 부름을 받아 평생 동안 그 교수직과 더불어 '제네바 시의 목사직'(City Pastor)을 신실하게 수행하였다. 튜레틴은 그러한 그의 모든 사역들을 통하여 당대에 가장 논리적으로 명징하고 체계적인 개혁파 신학을 종합적으로 완성하여 제시한 신학자임과 동시에 아주 경건하고 열정어린 명설교자로서 제네바 교회의 성도들로부터 큰 사랑을 받은 충성된 말씀의 사역자였다. 이러한 그의 주요 저서들 가운데 그동안 영문으로 번역된 것으로는 가장 중요한 저작인 3권으로 구성된 『논박신학 강요』(*Institutes of Elenctic Theology*)와 더불어 『그리스도의 속죄』(*The Atonement of Christ*), 그리고 『칭의론』(*Justification*) 등이 있다.[2]

---

2 Cf. Francis Turretin, *Institutes of Elenctic Theology*, 3 vols., trans. George Musgrave Giger, ed. James T. Dennison, Jr. (Phillipsburg, NJ: P&R Publishing, 1992); idem, *The Atonement of Christ*, trans. James R. Willson (Eugene, OR: Wipf & Stock Publishers, 1999 Reprinted); idem, *Justification*, trans. George Musgrave Giger, ed. James T. Dennison, Jr. (Phillipsburg, NJ: P&R Publishing, 2004). 이러한 저서들 가운데 *The Atonement of Christ*는 이태복 역, 『개혁주의 속죄론: 그리스도의 속죄』(서울: 개혁된신앙사, 2002), 그리고 *Institutes of Elenctic Theology*, 제1권이 박문재/한병수 역, 『변증신학 강요』, vol.1 (서울: 부흥과개혁사, 2017)로 번역되어 출간되었다. 또한 프란시스 튜레틴의 모든 라틴어 원전 저서들은 종교개혁이후 정통주의 시대의 거의 모든 신학 저술들에 대한 원문 자료들을 전문분야로 하여 디지털 문서형태로 제공하고 있는 "Post-Reformation Digital Library"(PRDL의 인터넷 웹사이트 - http://www.prdl.org/author_view.php?a_id=50)에서 찾아 볼 수 있다.

2. 프란시스 튜레틴의 신학적 특징과 중요한 공헌들

개혁파 신학의 발전 역사에 있어 튜레틴의 신학적인 중요성과 더불어 그의 많은 공헌에도 불구하고 그동안 그의 신학에 대한 연구가 아주 미진하였고, 동시에 현대의 신학적 논의에 있어 상대적으로 '잊혀진' 신학자가 되었기 때문에 여기에서는 우리의 주제인 그의 '기독론'(Christology)을 본격적으로 다루기 전에 먼저 그의 전체적인 신학에 있어 중요한 몇 가지 특징들과 공헌들에 대하여 살펴보고자 한다. 스위스 제네바에서 16세기 종교개혁운동을 이끌며 개혁파 신학의 기초를 놓은 칼빈과 베자 이후 개혁주의 신학이 계속하여 발전하였고 또한 개혁파 교회가 유럽 여러 곳으로 확장되어 가면서, 특히 칼빈의 예정론에 반대한 아르미니우스(Jacobus Arminius, 1560-1609)와 그 추종자들인 "항론파"(the Remonstrance)가 일련의 심각한 교리적인 문제들을 제기하였고, 이로 인해 소집된 국제적인 개혁교회 대표자들의 모임인 "도르트 총회"(the Synod of Dortrecht, 1618-19)는 그러한 문제들에 대하여 깊이 있는 신학적인 논의를 거쳐 그들의 주장을 논박하는 『도르트 총회 신앙표준서(도르트 신경)』(*The Canons of the Synod of Dort*, 1619)를 채택하였다.[3] 그러나 이후에도 이와 관련한 신학적 논쟁들이 계속되었으며 튜레틴은 그러한 논쟁들 속에서 특히 정통 칼빈주의 견해와 아르미니안주의자들의 견해를 절충하고자 시도했던

---

[3] 이때 아르미니우스주의자들(Arminians)인 "항변파"가 주장한 것은, "(1) 인간의 부분적인 타락, (2) 조건적 선택, (3) 비한정적(보편적) 속죄, (4) 항거할 수 있는 은혜, (5) 상실 가능한 구원의 은혜"로 요약된다. 이에 대하여 "도르트 총회"에서 채택한 『도르트 총회 신앙표준서(도르트 신경)』은 흔히 "칼빈주의 5대 강령"(TULIP)으로 불리는 다음의 5가지 신학적 선언으로 대답하였다: "(1) 전적타락(Total Depravity), (2) 무조건적인 선택(Unconditional Election), (3) 제한속죄(Limited Atonement), (4) 불가항력적 은혜(Irresistible Grace), (5) 성도의 견인(Perserance of Saints)." 이와 관련하여 Edwin H. Palmer, *The Five Points of Calvinism*, Enlarged ed. (Grand Rapids: Baker Book House, 1972); James M. Boice & Philip G. Ryken, *The Doctrines of Grace: Rediscovering the Evangelical Gospel* (Wheaton, IL: Crossway, 2009 Reprinted), 이용중 역, 『개혁주의 핵심』 (서울: 부흥과개혁사, 2010)을 참조하라.

아미랄디안니즘('가설적 보편속죄론', Hypothetical Universalism)을 성경의 올바른 가르침에 따라 철저하게 논박하며 "도르트 총회의 신앙표준서"가 천명했던 정통 교리들을 신학적으로 더욱 명료하게 변증하는데 큰 공헌을 하였다.[4] 또한 그와 연관된 여러 가지 교리적인 논쟁들에 있어, 먼저 칼빈주의자들 안에서 일어난 '예정론 논쟁'에서 신학자들의 견해가 크게 '타락전 선택설'(supra-lapsarianism)과 '타락후 선택설'(infra-lapsarianism)로 나누어졌는데, 튜레틴은 그 가운데 토르트 총회의 주류적 입장이었던 '타락후 선택설'을 주장하고 견지 하였다.[5]

다음으로 17세기 '정통주의 시대'(신앙고백의 시대)로 접어들면서 로마 가톨릭, 루터파, 개혁파 등 기독교의 다양한 진영들 간에 신학적으로 심화된 논쟁들이 더욱 격화되었고, 심지어 개혁파 안에서도 여러 중요한 신학적인 주제들에 있어 견해가 다양하게 서로 나뉘기 시작하였다. 그 가운데서도 개혁파 진영 안에서 '도르트 총회' 이후에 프랑스 '소뮈르 아카데미'(the Academy of Saumur)에서 페트루스 라무스(Petrus Ramus, 1515-1572)의 신학적 영향을 받은 일군의 신학자들이 비교적 자유주의적인 견해들을 주장하기 시작하였는데, 특히 카펠(Louis Cappel, 1585-1658)은 성경의 영감론과 관련하여 '히브리어 맛소라 성경본문의 오류 가능성'을, 라 플레이스(Josué de La

---

4 이 속죄론 논쟁과 관련하여 '도르트 총회'에서의 아르미니안주의자들과 논쟁, 그리고 그 이후 계속 이어진 신학적 논쟁에 있어 아미랄두스주의와 튜레틴의 논박에 대하여는 김은수, "개혁주의 속죄론 이해: 도르트 신앙표준의 '형벌대속적 제한속죄론'," 『삼위일체 하나님과 신학』 (서울: 새물결플러스, 2018), 477-519를 참조하라.

5 이와 관련하여 Francis Turretin, *Institutes of Elenctic Theology*, vol. 1, trans. George Musgrave Giger, ed. James T. Dennison, Jr. (Phillipsburg, NJ: P&R Publishing, 1992), 311-430; [한역] 박문재/한병수 역, 『변증신학 강요』 vol.1 (서울: 부흥과개혁사, 2017), 481-652; 이은선, "프란시스 튜레틴의 예정론 연구," 『한국개혁신학』 46 (2015): 33-59를 참조하라. 또한 개혁주의 예정론에 대한 보다 전반적인 논의는 Richard A. Muller, *Christ and the Decree: Christology and Predestination in Reformed Theology from Calvin to Perkins* (Grand Rapids: Baker Book House, 1986); Loraine Boettner, *The Reformed Doctrine of Predestination* (Phillipsburg, NJ: P&R Publishing, 1991 Reprinted), 홍의표/김남식 역, 『칼빈주의 예정론』 (서울: 보문출판사, 1990)을 참조하라.

Place, 1596-1655)는 아담의 원죄로 인한 죄책이 직접적으로가 아니라 간접적으로 전가된다는 '간접 전가설'을, 그리고 그들과 더불어 아미로(Moise Amyraut/Amyraldus 아미랄두스, 1596-1664)는 '제한속죄론'을 보다 유화시킨 '가설적 보편속죄론'(Amyraldianism)을 주장함으로써 신학적으로 심각한 논쟁을 야기시켰다. 그리고 마침내 그러한 신학적 주장들이 큰 영향력을 발휘하며 급속하게 번져갔고, 심지어 개혁파 신학교육의 요람이었던 '제네바 아카데미'의 교수진 가운데 많은 이들도 그들의 주장에 점차 동조하게 되는 상황이 벌어졌다. 이러한 상황에서 스위스 정통 개혁주의자들은 그들의 주장을 성경적으로 반박하며 칼빈으로부터 도르트 총회까지 이어온 개혁신학의 교리적 정통성을 보존함과 동시에 교회를 보호하기 위하여 제네바의 튜레틴(Francis Turretin)의 요청으로 취리히의 하이데거(John H. Heidegger, 1633-1698)의 주도하에 바젤의 게른러(Lucas Gernler, 1625-1675)와 함께 "스위스 일치신조"(*The Helvetic Consensus Formula*, 1675)를 작성하여, 개혁파 신학의 근간이 되는 "성경의 축자영감"(verbal inspiration), "원죄의 직접적인 전가", 그리고 "타락후 선택", "제한속죄", "유효적 소명", "인간의 본성적 무능력", "이중적 언약(행위언약/은혜언약)" 등의 교리들을 보다 명확하게 재천명하였다.[6]

다음으로 언급해야할 중요한 요소는 17세기 정통주의 신학을 특징짓는 소위 '프로테스탄트 스콜라주의'(Protestant Scholasticism) 혹은 '개혁파 스콜라

---

6 Cf. Philip Schaff, *The Creeds of Christendom*, vol. I: *The History of Creeds* (Grand Rapids: Baker Books, 1983 Reprinted), 477-89. 그리고 전체 26개 항목으로 1675년에 라틴어로 작성되어 선포된 이 "스위스 일치신조"(*The Helvetic Consensus Formula*)의 전문에 대한 영어 번역본은 "*The Helvetic Consensus Formula* (1675)," *Reformed Confessions of the 16th and 17th Centuries in English Translation*, vol. 4 (1600-1693), James T. Dennison, Jr. (Grand Rapids, MI: Reformation Heritage Books, 2014), 516-30을 참조하라.

주의'(Reformed Scholasticism)로 명명되는 신학방법론(theological methodology)과 관련된 것이다.[7] 16세기 종교개혁운동의 초기에 유럽 전역의 역사를 휩쓸아쳤던 혼란스러웠던 격동의 시간들이 지나고 점차 프로테스탄트 교회가 안정적으로 자리를 잡아가면서 1세대 종교개혁자들의 신학을 보다 명확하게 구체화하여 계승함과 동시에 종교개혁을 통하여 제기된 여러 핵심적인 교리적인 요소들을 이제 기독교 신학 전체의 주제들과 서로 조화시키고 논리적으로도 더욱 체계화하여 종합해야 할 긴급한 필요성이 제기되었다. 이것은 앞서 언급한 바와 같이 엄밀한 중세 스콜라신학 방법론에 기초한 로마 카톨릭의 '반종교개혁운동'(Counter-Reformation)에 의한 신학적인 도전과 더불어 루터파, 급진주의자들 등 여러 종교개혁 진영들 사이에서 일어난 논쟁들과 함께 상호 경쟁적인 신학적 체계화 작업들과 신앙고백서의 작성 운동, 그리고 개혁파 자체 안에서 촉발된 다양한 신학적 논쟁들이 그 중요한 촉매제의 역할을 하였다. 이러한 일련의 흐름 속에서 개혁파 안에서는 먼저 칼빈의 신학적 후계자라고 할 수 있는 베자가 '제네바 아카데미'를 이끌면서 칼빈의 예정론을 논리적으로 더욱 엄밀하게 신학적인 체계화를 시도하는 가운데 이미 그러한 '개신교 스콜라적 신학'('학문적 신학/학교의 신학')의 경향이 나타났다. 이후

---

[7] 이러한 종교개혁과 정통주의 시대의 '프로테스탄트 스콜라주의'(Protestant Scholasticism), 혹은 '개혁파 스콜라주의'(Reformed Scholasticism)에 대한 논의들과 관련하여 Richard A. Muller, *Post-Reformation Reformed Dogmatics*, vol. 1: *Prolegomena to Theology*, 2nd ed. (Grand Rapids: Baker Academic, 2003), 조호영 역, 『신학 서론』(서울: 부흥과개혁사, 2018); *Post-Reformation Reformed Dogmatics*, *After Calvin: Studies in the Development of a Theological Tradition* (Oxford: Oxford University Press, 2003), 한병수 역, 『칼빈 이후 개혁신학』(서울: 부흥과개혁사, 2011); Willem van Asselt, et al., *Introduction to Reformed Scholasticism* (Grand Rapids: Reformation Heritage Books, 2011), 한병수 역, 『개혁신학과 스콜라주의』(서울: 부흥과개혁사, 2012); Willem van Asselt & Eef Dekker, eds., *Reformation and Scholasticism* (Grand Rapids: Baker Publishing, 2001), 한병수 역, 『종교개혁과 스콜라주의』(서울: 부흥과개혁사, 2014) 등의 자료들을 참조하라.

계속하여 이어진 여러 개혁파 신학자들이 신학적 논쟁들과 그들의 신학 저술 작업들 속에서 총체적으로 '개혁된 기독교신학'의 핵심 교리적인 요소들을 새로운 성경 주석적 기초 위에서 더욱 논리적으로 명확하게 하고, 또한 그러한 교리들을 통합하여 신학 전반에 걸쳐 전체적으로 체계화된 신학적인 종합을 위하여 '스콜라적 학문방법론'을 본격적으로 차용하여 사용하게 되었다. 특히 그 초기에 당대에 널리 통용되던 엄밀한 학문방법론이었던 그러한 '스콜라적 방법'(Scholastic Methodology)을 적극 수용하여 개혁파 정통주의 신학의 체계화 작업에 중요한 역할을 한 신학자들이 곧 "하이델베르크 요리문답서"(*Heidelberg Catechism*, 1563)와 그 해설서를 저술한 자카리우스 우르시누스(Zacharius Ursinus, 1534-1583)와 그의 후계자 제롬 잔키우스(Jerom Zanchius, 1516-1590), 그리고 유니우스(Franciscus Junius, 1545-1602)와 폴라누스(Amandus Polanus, 1561-1610) 등이다.[8]

이러한 개혁파 정통주의 신학(Reformed Orthodox Theology)은 17세기 후반 그 전성기에 이르러 튜레틴에 의하여 가장 완성된 형태로 체계적으로 종합되었으며, 특히 그의 생애에 있어 신학적인 최고의 완숙기에 저술된 『논박신학 강요』(*Institutio theologiae elencticae*, 1679-86)는 이 시대 '개혁파 정통주의 교의학'(Reformed Orthodox Dogmatics)의 정점을 보여 주었다.[9] 보다 특징적인 것은, 튜레틴이 이 저서에서 중세 로마 가톨릭 스콜라

---

8 Cf. 김재성, "개혁파 스콜라주의 정통신학의 흐름", 『개혁신학 광맥』 (용인: 킹덤북스, 2016), 317-59.

9 이 저서는 다음과 같이 라틴어로 초판이 출판되었고, Francis Turretin, *Institutio theologiae elencticae*, 3 vols. (Geneva: Samuel de Tournes, 1679-1686), 이후 개정판이 그의 사후 1688-90에 동일 출판사에서 다시 출간되어 널리 보급되어 읽혔다. 현대 신학자들 가운데 튜레틴의 신학에 대하여 전체적으로 연구하고 다루는 경우가 극히 부족하며, 그러한 가운데 튜레틴의 신학적 특징에 대한 아주 간략한 소개와 평가를 제공하는 다음의 자료를 참조하라. "The Full Development of Reformed Scholasticism: Francis Turretin," Jack B. Rogers and Donald K. McKim, *The Authority and Interpretation of the Bible: An Historical*

신학의 정점을 보여준 토마스 아퀴나스(Thomas Aquinas, 1224/25-1274)의 『신학대전』(*Summa Theologiae*)의 저술방식을 의도적으로 차용하여 종교개혁 이후 '개혁된 신학'에 대한 개혁파 신학(Reformed Theology)의 전체적인 신학체계를 다시 종합하여 재정립하고자 시도하였다는 사실이다. 그러한 저간의 여러 상황들을 살펴 볼 때 필자가 짐작하기로는, 튜레틴이 이 저서를 통하여 하나의 '개혁파 신학의 신학대전'(Reformed Summa Theologiae)을 완성하여 제시하기를 의도하였다고 본다. 그리하여 튜레틴의 이 저서는 당시 정통주의 개혁파 신학을 대표하는 가장 표준적인 교의학 저서로 널리 수용되어 읽히며 많은 영향을 미쳤다. 이와 더불어 여기에서 튜레틴의 신학과 관련하여 우리가 한 가지 새롭게 바로잡아야 할 큰 오해 가운데 한 가지는 그동안 흔히 이 시기의 개혁파 정통주의 신학을 단순하게 아주 무미건조한 '사변적 이론신학'(speculative theoretical theology)에 불과한 것으로 치부하며 편훼해 온 것이다. 그러나 그러한 일반적인 견해가 얼마나 왜곡된 것인지는 '신학의 본질적인 성격'에 대한 튜레틴의 다음과 같은 언명을 통하여 간단하게 논박된다.

> 신학은 본질적으로 이론-실천적이다(Theologia ita est Theoretico-Practica). 신학은 단순히 실천적인 것이라고 할 수도, 또는 이론적이라고 할 수도 없다. 그것은 신비로운 것들에 대한 지식이 신학의 본질적인 부분이기 때문이다.… 그럼에도 불구하고 신학은 사변적(speculativam)이라기보다는 더욱 실천적(practicam)인 것인데, 이것은 신학의 궁극적인 목적(fine ultimo)이 실천(praxis)이라는 사실에서 명백하게 확인된다. 모든 신비가 작용(operation)을 규제하는 것은 아니지만 그럼에도 불구하고 모든 신비는 작용을 촉구한다. 이는

Approach (New York: Harper & Row Publishers, 1979), 172-87.

신비가 너무도 이론적이어서 실천으로 이끌지 않고 하나님에 대한 사랑과 경배도 유발하지 않는 그러한 경우는 존재하지 않기 때문이다. 실천으로 인도하지 않는 그 어떤 이론도 [우리를] 구원하지 못한다(nec Theoria salutaris est nisi ad praxim revocetur).[10]

이러한 튜레틴의 『논박신학 강요』는 이미 언급한 바와 같이 당대에도 널리 수용되어 읽히며 큰 영향을 미쳤지만, 18세기 근대 계몽주의 시대에 이성주의(rationalism)의 거친 회오리가 신학계 전반을 초토화시키며 한차례 휩쓸고 지나간 다음, 특히 19세기 칼빈주의 개혁신학의 부흥을 이끌었던 미국 프린스톤 신학교의 찰스 핫지(Charles Hodge, 1797-1878)는 그 자신의 『조직신학』(Systematic Theology, 3 Vols.)을 저술하기 이전에 그의 강의에서 튜레틴의 이 저서를 교의학 교과서로 사용하였고, 또한 이 시기에 네덜란드의 개혁파 신학을 다시 체계적으로 종합하여 재정립한 헤르만 바빙크(Herman Bavinck, 1854-1921)의 『개혁 교의학』(Gereformeerde Dogmatiek, 4 Vols.) 저술에도 큰 영향을 주었다.[11]

3. 프란시스 튜레틴의 '기독론'의 논의 구조

튜레틴은 개혁파 신학에 대한 하나의 표준적인 교의학적 저술로서 그의 『논박신학 강요』(Institutio theologiae elencticae, 3 vols., 1679-86)의 구조

---

10 Turretin, *Institutio theologiae elencticae*, vol.1, I.vii.14-15. 여기서 튜레틴의 『논박신학 강요』의 인용표시는 학계의 일반적인 규칙에 따라 '주제번호'(I). '질문번호'(vii). '논의번호'(14-15)의 순서로 표기하였고, 이후에도 동일하게 적용하였다.

11 Cf. Charles Hodge, *Systematic Theology*, 3 vols. (New York: C. Scribner and Company; London and Edinburgh: T. Nelson and Sons, 1872-73); Herman Bavinck, *Gereformeerde Dogmatiek*, 4 vols. (Kampen: J. H. Kok, 1895, 1906-11), [영역] *Reformed Dogmatics*, 4 vols., trans. John Vriend (Grand Rapids; Baker Academic, 2003-08), [한역] 『개혁교의학』 4 vols., 박태현 역 (서울: 부흥과개혁사, 2011).

를 '서론/성경론', '신론', '인간론/죄론', '기독론', '구원론', '교회론', 그리고 '종말론' 등의 교의학 각론에 대하여 각기 구별된 명칭으로 아직 뚜렷하게 구분하여 나누지는 않고 개혁신학의 전체 교의학적 주제들(loci theologiae, topics of theology)을 단순하게 총20개로 나누어 차례로 나열하면서 다루고 있지만, 그 내용에 있어서는 이미 오늘날 우리에게 익숙한 개혁파 교의학의 각론적 구조와 순서를 명확하게 갖추고 있다. 그는 특히 여기에서 우리가 살펴볼 '기독론'과 관련된 주제들을 특히 제2권의 "제13주제, 그리스도의 인격과 상태"(The Person and State of Christ), 그리고 "제14주제, 그리스도의 중보적 직무"(The Mediatorial Office of Christ)에서 본격적으로 다루고 있다.[12]

그러한 그의 기독론의 논의 구조와 관련하여 먼저 언급할 것은 튜레틴 역시 개혁파 신학의 가장 중요한 특징 가운데 하나인 '언약신학'(Covenant/Federal Theology)의 전체적인 맥락 속에서 그 자신의 기독론에 대한 논의를 진행하고 있다는 사실이다.[13] 또한 튜레틴이 칼빈의 신학을 발전적으로 계승하여 더욱 체계화하고 있다는 점을 고려하여 이 부분에 대한 논의를 서로 간단히 비교해 보자면, 칼빈이 그의 교의학적인 저술인 『기독교 강요』(Institutio Christianae Religionis, 1559)에서 그렇게 하고 있는 것처럼,[14] 튜레틴도

---

12 여기에서 우리는 주로 다음의 영어 번역문을 통하여 내용을 분석할 것이다: Francis Turretin, *Institutes of Elenctic Theology*, vol. 2, trans. George Musgrave Giger, ed. James T. Dennison, Jr. (Phillipsburg, NJ: P&R Publishing, 1994), 271-499. 다만 특별히 필요한 경우에만 다음의 라틴어 본문을 참조할 것이다: Francis Turretin, *Institutio theologiae elencticae*, vol. 2. (Geneva: Samuel de Tournes, 1679-1686), 295-544.

13 튜레틴의 언약신학에 대한 체계적인 분석은 J. Mark Beach, *Christ and the Covenant: Francis Turretin's Federal Theology as a Defence of Doctrine of Grace* (Göttingen: Vandenhoeck & Ruperecht, 2015)를 참조하라.

14 John Calvin, *Institutio Christianae Religionis* (1559), *Calvini Opera*, vol. II; [영역] *Institutes of the Christian Religion,* trans. Ford L. Battles (Philadelphia: The Westminster Press, 1960); [한역] 『기독교 강요』, 김종흡 외 3인 역 (서울; 생명의말씀사,

기독론 문제를 본격적으로 논의하기에 앞서 "제11주제. 하나님의 율법"과 "제12주제. 은혜의 언약"에 대하여 먼저 논하고 있다.[15] 나아가 칼빈은 전체적으로 삼위일체론적인 사도신경의 구조를 따라 그의 『기독교 강요』를 4개의 대주제로 나눈 다음 그 각각에서 세부적인 신학적 주제들에 대한 논의를 진행하는데,[16] 특히 사도신경의 두 번째 항목인 '성자 하나님이신 예수 그리스도'에 해당하는 부분인 "제2권, 그리스도 안에 계신 구속자로서의 하나님의 대한 지식"에서 먼저 '인간의 타락과 부패한 상태'(제1장-제6장), 그리고 '율법과 복음'(제7장-제11장)에 대하여 다룬 연후에 곧바로 이어서 본격적으로 '기독론'에 대하여 논의하면서 차례로 '중보자로서의 예수 그리스도의 인격'(제12장-제14장), '예수 그리스도의 중보자로서의 삼중직무'(제15장), 그리고 '예수 그리스도의 두 상태론과 은혜의 공로'(제16장-제17장)의 순서로 논하고 있다.[17] 이에 반하여, 튜레틴은 해당부분에 대한 칼빈의 그러한 논의 구조를 더욱 체계화하고 순서를 다소 변경하여 '타락 이전의 인간과 자연언약'(제8주제), '죄론'(제9주제), '자유의지와 인간의 부패한 상태'(제10주제), 그리고 '율법'(제11주제)과 '은혜언약'(제12주제)을 아예 서로 독립된 주제항목으로 다루고, 그 다음 '기독론'에 대한 주제를 다음과 같이 크게 두 부분으로 나누어 진행하

1986).

15 Turretin, *Institutes of Elenctic Theology*, vol. 2, XI-XII(1-269).

16 칼빈은 그의 『기독교 강요』(*Institutio Christianae Religionis*, 1559) 최종판에서 공교회의 신앙고백인 '사도신경의 삼위일체론적 구조'에 따라 기독교 신학이 다루어야 하는 본질적인 내용을 전체적으로 4권으로 나누어 재구성하고 있는데, '제1권, 창조주 하나님에 대한 지식(성부)', '제2권, 구속주 하나님에 대한 지식(성자)', '제3권, 성령 하나님과 구원의 은혜(성령)', 그리고 삼위일체 하나님의 공동사역의 결과로서 '제4권, 교회'에 대하여 다루고 있다. 참고로, 필자는 현대 개혁파 교의학의 논의 구조에 있어 지나치게 각론 중심으로 치우쳐 그 유기적인 신학적 통일성을 놓치는 위험성을 매우 경계해야 하며, 따라서 그러한 칼빈의 견해를 아주 중요하게 참조하면서 이것을 보다 발전적으로 회복할 필요성이 있음을 여기에서 다시 한번 더 재차 강조하고자 한다.

17 Cf. Calvin, *Institutio Christianae Religionis* (1559); 『기독교 강요』(1559), II.xii-xvii.

고 있다.

제13주제. 그리스도의 인격과 상태(The Person and State of Christ)

1. 약속의 메시아: 나사렛 예수 (Q.1-2)

2. 성자 하나님의 성육신 (Q.3-5)

3. 위격적 연합과 속성의 교류 문제 (Q.6-8)

4. 그리스도의 이중상태: 낮아지심[비하] & 높아지심[승귀] (Q.9-19)

제14주제. 그리스도의 중보적 직무(The Mediatorial Office of Christ)

1. 그리스도의 중보자 되심과 삼중직무 (Q.1-6)

2. 그리스도의 선지자적 직무 (Q.7)

3. 그리스도의 제사장적 직무 (Q.8-15)

4. 그리스도의 왕국 (Q.16-18)[18]

그럼 이제 우리는 다음에서 그러한 논의 구조와 순서로 이루어진 튜레틴의 '기독론'의 구체적인 내용들을 그 소주제별로 나누어 차례로 분석하면서 그 중요한 특징적인 요소들을 간략하게 요약적으로 살펴보고자 하는데, 다만 여기에서는 지면의 제한으로 인하여 '제13주제'에서 특히 "그리스도의 인격"(*The Person of Christ*, Q.1-8)에 대한 튜레틴의 논의만을 한정하여 다루고자 한다.

---

18 Turretin, *Institutes of Elenctic Theology*, vol. 2, XIII-XIV(271-499). 여기서 각 주제의 내용을 이렇게 각각 '4가지 소주제'로 나눈 것은 원저자인 튜레틴의 것이 아니라 여기에서 논의를 보다 요약적으로 일목요연하게 정리하고 진행하기 위한 필자의 편의적인 견해임을 밝혀 둔다.

II. 약속의 메시아: 나사렛 예수(XIII.Q.1-2)

1. '약속의 메시아'는 이미 오셨는가?

튜레틴은 그의 기독론에 대한 논의를 시작하면서, 이에 앞서 그가 논한 '은혜의 언약'(the covenant of grace)과 연관된 맥락에서 그 첫 문장을 다음과 같이 시작하고 있다.

> 그리스도께서는 신약성경의 중보자이시고 은혜의 언약으로부터 우리에게 흘러 넘치는 모든 복들의 원인과 기원이기 때문에, 그러한 언약에 대한 교리는 그리스도에 대한 지식이 없이는 결코 올바로 이해될 수가 없다.[19]

따라서 그는 가장 먼저 과연 그렇게 언약을 통하여 약속된 '메시아'(Messiah)가 이미 도래했는지(Q.1), 그리고 그 약속의 메시아가 바로 '마리아의 아들, 나사렛 예수'(Jesus of Nazareth, the son of Mary)인지에 대한 질문(Q.2)을 제기하면서, 이것을 거부하는 유대인들의 주장에 대하여 많은 성경적인 증거들과 역사적 사실들을 통하여 논박하며 입증한다.

이 부분의 상세한 그의 논증들을 간단하게 요약하자면, 비록 우리의 구속자이신 '메시아'는 인류 역사 초기의 타락 사건 직후에 유일한 구원의 방편으로 즉각적으로 약속되었지만, 그가 오시기까지는 많은 이유로 인해 긴 시간의 간격이 있었다. 그리고 비록 하나님께서는 인간의 죄와 악이 온 땅에 번성함에도 불구하고 이를 오래 참으시며 '그 정하신 때'(kairos)를 비밀로 남겨 놓으셨지만, 이미 구약성경에서 성령께서는 많은 선지자들을 통하여 그렇게 약속된

---

19 Turretin, *Institutes of Elenctic Theology*, vol. 2, XIII.i.1(271).

메시아의 오심에 대하여 믿는 자들이 분명히 알 수 있고 또한 그 누구도 부인할 수 없도록 명백한 수많은 '표지'(marks)들을 알려주셨다.[20] 따라서 비록 유대인들은 그 사실을 부인하지만, 그러한 성경의 수많은 증거들은 이제 하나님께서 정하신 '때가 차매(*pleroma kairon*, in the fullness of times), 그 약속된 메시아께서 이미 오셨다'는 것을 명백하게 입증하고 있다.[21]

2. '나사렛 예수'는 참된 메시아인가?

그렇다면 바로 이어서 제기되는 질문은 '그와 같이 약속의 메시아가 이미 오셨다면, 과연 그는 누구인가?' 하는 것이다. "나사렛 예수는 진정 참된 메시아인가?"(Q.2) 튜레틴은 이 질문이야말로 바로 기독교의 근본 토대이며, 우리 신앙의 지렛목에 해당하는 것임을 올바로 강조하고 있다.[22] 따라서 그는 유대인들이 거부한 '동정녀 마리아의 아들, 나사렛 예수가 약속의 참 메시아이심'을 다음의 여러 사실들을 통하여 철저하게 논증한다: (1) 그의 탄생과 관련된 여러 가지 사실들에 나타난 증거가 이미 예언된 것들과 정확하게 일치함(Q.2.4-8); (2) 그리스도의 특수한 인격(person)과 상태(state)에 나타난 부인할 수 없는 메시아로서의 분명한 표지들(9-11); (3) 그리스도의 복음의 선포와 가르침 및 그가 행하신 구속의 사역들(12-20); (4) 선지자들로 말미암아 예언된 바와 같이 온 세상으로부터 이방인들을 부르시고 기독교[교회]를 세우신 명백한 사실(21), etc. 이러한 모든 증거들에 근거한 논증은 많은 신앙의 장애물들에도 불구하고 '나사렛 예수가 약속된 참 메시아이심'을 거부할 수 없도록 확증한다 (22-28).[23]

---

20 Cf. Turretin, *Institutes of Elenctic Theology*, vol. 2, XIII.i.2-5(271-72).

21 Cf. Turretin, *Institutes of Elenctic Theology*, vol. 2, XIII.i.7-38(273-87).

22 Cf. Turretin, *Institutes of Elenctic Theology*, vol. 2, XIII.ii.1(287).

이와 같이 튜레틴은 그의 기독론 논의에 대한 기초로서 개혁파 신학의 가장 중요한 특징 가운데 하나인 '언약 신학'의 맥락 가운데서 진행함과 동시에, 또한 오늘날 현대 신학의 기독론 논의들과의 연관 속에서 보자면, 그의 기독론 이해의 기초는 어떤 '신학적 사변'(theological speculation)이나 추상적인 '형이상학적 개념 혹은 원리'(metaphysical ideas or principles)가 아니라, 가장 우선적으로 성경의 구체적인 '구속역사적인 맥락' 속에서 '역사적 예수', 즉 '나사렛 예수'의 역사적 사실성(historical reality)에 그 토대를 두고 진행하고 있다는 사실을 우리는 특별히 기억해야 할 것이다. 이러한 방법론은 특히 현대 신학에서 많이 논의된 기독론의 방법론과 관련하여 소위 '위로부터의 방법론'(Christology from Above)과 '아래로부터의 방법론'(Christology from Below) 모두를 지양할 수 있는 개혁파 기독론을 위한 좋은 방법의 한 가지 사례라고 할 수 있을 것이다.[24]

III. 성자 하나님의 성육신(XIII.Q.3-5)

1. 왜 하나님께서는 인간이 되셨는가(*Cur Deus Homo*)?

먼저, 튜레틴은 '영원한 말씀'(λογος)이신 '하나님의 아들'(the Son of God)이 인간의 본성을 취하신 사실, 곧 '성육신의 신비'(the mystery of

---

23 Cf. Turretin, *Institutes of Elenctic Theology*, vol. 2, XIII.ii.4-28(288-99).

24 특히 이러한 현대신학에 있어 '기독론의 방법론'과 관련한 논쟁과 더불어 그것에 대한 개혁신학적인 대안에 대하여는 다음을 참조하라: 김은수, "개혁주의 기독론 이해: 연구방법론적 소묘 – 언약론적/성령론적/삼위일체론적 접근방법,"『삼위일체 하나님과 신학』(서울: 새물결플러스, 2018), 369-476.

incarnation)와 관련하여 다음과 같은 세 가지의 중요한 신학적인 질문들을 제기한다(Q.3): "(1) 만일 인간이 범죄하지 않았다 하더라도, 성자 하나님의 성육신은 필연적인 것인가?; (2) 우리를 위하여 성자의 성육신의 불가피성 외에 하나님께서는 다른 구원의 방법이 가능하지 않은가?; (3) 우리의 중보자가 되시기 위해서 그리스도께서 반드시 '신-인'(God-man/*theanthrōpon*)이 되셔야 하는 것은 불가피한 것인가?"[25]

첫 번째 질문에 대하여, 비록 중세 스콜라 신학자들 가운데 몇 사람들 (Alexander of Hales, Occam, Bonaventur, etc), 그리고 루터파 오시안더 (Osiander)와 소시니안주의자(Socinians)들이 인간이 죄를 범하지 않았더라도 성자께서 성육신하셨을 것이라고 주장하지만, 튜레틴은 그러한 견해가 '가장 치명적인 이단적 사상'이라고 논박한다. 성경의 증거들에 따르면, 인간의 타락 사건 이후에 속죄를 위한 희생제물로 구속자가 약속되었고(cf. 창 3:15), 바로 그 약속에 따라 그리스도께서는 죄로부터 그의 백성을 구원하시려고 성육신하셨다(cf. 마 1:21; 요 1:29; 마 9:13; 20:28, 갈 4:4,5, etc). 또한 그리스도의 모든 직무들은 오직 죄인들과 관계된 것이다. 즉, 그는 '선지자'(Prophet)로서 죄인들을 가르치시고 믿음과 회개로 이끄시며, '제사장'(Priest)으로서 죄값으로 자기 자신을 내어주실 뿐만 아니라 죄인들을 위하여 기도하시고, '왕'(King)으로서 사탄과 세상으로부터 그의 백성들을 지키시며 다스리신다.[26] 따라서 성경이 가르치는 그러한 모든 사실들에 근거하여, 튜레틴은 말하기를 "단언컨대, 그는 중보자(Mediator)가 되시기 위하여 성육신하셨으며, 만일 죄가 없었더라면 그러한 중보자는 필요로 하지 않았을 것이다."[27]

---

25 Turretin, *Institutes of Elenctic Theology*, vol. 2, XIII.iii.2(299).
26 Cf. Turretin, *Institutes of Elenctic Theology*, vol. 2, XIII.iii.1-5(299-300).
27 Turretin, *Institutes of Elenctic Theology*, vol. 2, XIII.iii.5(300).

다음으로 두 번째 질문과 관련하여, 튜레틴은 그러한 질문이 함축하는 바는 인간의 구원에 대한 하나님의 절대적인 작정과 관련된 것이 아니라, 인간을 구원하시기 위하여 성육신이 불가피 한 것인지 아니면 다른 수단이 있을 수 있는지, 혹은 반드시 둘째 위격인 성자께서 성육신하셔야 하는지, 그리고 하나님의 공의가 만족될 수 있는 또 다른 방법은 없었는지에 관한 것이라고 규정하면서, "죄와 인간의 구속과 관련한 하나님의 작정이 성취되기 위해서는 성자께서 성육신하셔야 하는 것은 적절할 뿐만 아니라 필연적인 것"이라고 말한다.28 그 이유는, (1) 하나님께서는 자신의 공의(justice)를 부인하시지 못하며, 또한 그것이 만족됨이 없이 인간을 자유롭게 하실 수 없다. 나아가 무한한 보상이 없이는 무한한 공의는 만족될 수 없고, 하나님의 아들 외에는 어느 곳에서도 그와 같은 무한한 보상을 찾을 방법이 없다. (2) 그리고 만일 혹여 그러한 또 다른 방법이 있었다 하더라도, 그것은 하나님의 무한한 지혜와 선하심에 대하여 결코 신뢰할 만한 것이 될 수 없었을 것이다.29

마지막으로 세 번째 질문과 관련하여, 구속사역은 성육신을 통하여 인간의 본성을 끊을 수 없는 결합으로 자신의 것으로 취하신 '신-인'(God-man)을 제외하고는 성취될 수 없다는 사실이다. 즉, 죄로 말미암아 죽은바 된 우리를 구속하기 위해서는 특별히 다음 두 가지가 동시에 요구되는데, "구원의 획득과 그것의 적용, 그리고 구원을 위하여 죽음을 견디고 또한 생명을 누리게 하시기 위하여 그것을 극복하는 것, 이 모든 것을 동시에 성취하기 위하여 우리의 중보자는 반드시 '신-인'(God-man/*theanthrōpon*)이 되셔야만 했다."30 나아가 튜레틴은 그 이유에 대하여 다음과 같은 아름다운 표현으로 추가적인

---

28 Turretin, *Institutes of Elenctic Theology*, vol. 2, XIII.iii.14(301).
29 Cf. Turretin, *Institutes of Elenctic Theology*, vol. 2, XIII.iii.16-17(302).
30 Turretin, *Institutes of Elenctic Theology*, vol. 2, XIII.iii.19(302).

설명을 제공하고 있다.

> 그는 인간으로서는 고통당하시고 하나님으로서는 극복하시며; 인간으로서는 우리가 당해야할 형벌을 받으시고 하나님으로서는 그것을 이기시고 쓰레기로 던지시며; 인간으로서는 우리를 위하여 죽으심으로 구원을 획득하시고 하나님으로서는 그것을 이기심으로 우리에게 적용하며; 인간으로서는 육신을 취하심으로 우리들 가운데 하나가 되시고 하나님으로서는 성령의 수여로 우리를 자기 자신처럼 만드신다. 이것은 단순히 인간으로서만(mere man) 혹은 하나님으로서만(God alone) 하실 수 없는 것이다. 신성만으로는(God alone) 죽음에 넘겨지실 수 없고, 또한 인성만으로는(man alone) 그것을 이기실 수 없다. 인간만이(man alone) 우리를 위하여 죽으실 수 있고, 또한 하나님만이(God alone) 그것을 정복하실 수 있다. 그러므로 반드시 두 본성이 모두 함께 연합하여 결합되셔야 하며, 그러한 결합 안에서 동시에 인성의 최고의 약점으로는 고통당하시고 신성의 최고 권능과 위엄으로는 승리하신다.[31]

그러므로 성경은 그리스도에 대하여 언제나 "그는 참으로 '신-인'(God-man/*theanthrōpon*)"이시라고 가르친다. 그리하여 '신-인'이신 그리스도께서는 우리를 하나님께 화해시키기 위하여 중보자로서 그의 모든 사역들을 수행하신다.[32]

2. 왜 오직 '성자 하나님'(the Son of God)께서 성육하셨는가?

다음으로 튜레틴이 제기하는 질문은 "왜 삼위일체 하나님의 세 위격들 가운데 제2위격이신 성자께서만 성육신하여야 하는가?"하는 것이다(Q.4). 그리고

---

31 Turretin, *Institutes of Elenctic Theology*, vol. 2, XIII.iii.19(302f).
32 Cf. Turretin, *Institutes of Elenctic Theology*, vol. 2, XIII.iii.20-22(302).

이 '놀라운 성육신의 신비'에 대한 바로 그 질문과 관련하여 즉각적으로 고려되어야 하는 몇 가지 핵심적인 의문들은 대체로 다음과 같은 것들이다: '(1) 삼위일체 하나님의 세 위격들 가운데 어느 위격이 인성을 취하시는가?; (2) 그가 취하신 본성은 과연 무엇인가?; 또한 (3) 인성을 취하시는 방식인 위격적 연합(hypostatical union)은 어떠한 것인가?; 그리고 (4) 그것의 영향들은 무엇인가?' 하는 것이다.[33]

튜레틴에 의하면, 먼저 우리가 반드시 기억해야 할 것은 삼위일체 하나님의 모든 위격들(the whole Trinity)께서 이 '성육신의 신비'에 관계하시는데, 고대 교부들로부터 수납된 신학적 명제에 의하면 삼위일체 하나님의 외적 사역들(external works)은 결코 나뉘지 않기 때문에, 삼위일체 하나님의 세 위격들 전체가 이 성육신 사건에 있어 모두 공동으로 하나가 되시어 역사하시는 것에는 아무런 의심의 여지가 없다. 그러므로 성부께서는 성자를 보내셨으며, 성령께서는 그를 동정녀의 자궁에 잉태케 하셨다.

> 그러므로 삼위일체 하나님의 삼위격 모두 이 성육신 사역에 필연적으로 관계하신다. 첫 번째 위격께서는 만물의 창조자이시며 최고 심판자이신 하나님의 엄위하심을 유지하시기 위하여; 둘째 위격께서는 인간과 하나님 사이의 중보자로서 일하시며 우리를 위해 만족을 드리시기 위하여; 그리고 셋째 위격께서는 우리 안에서 구원의 사역을 수행하시기 위하여 그리하신다. 그러므로 첫째 위격께는 구원의 최종적인 운명이, 둘째 위격께는 그것의 획득이, 셋째 위격께는 그것의 적용과 완성이 각각 속하게 된다.[34]

---

33 Turretin, *Institutes of Elenctic Theology*, vol. 2, XIII.iv.1(304).
34 Turretin, *Institutes of Elenctic Theology*, vol. 2, XIII.iv.2(304).

따라서 튜레틴에 의하면, 이 질문이 제기하는 주된 논점은 삼위일체 하나님의 삼위격 가운데 과연 어느 위격께서 성육신하는가 하는 것이며, 또한 삼위격 가운데 누구라도 가능한지, 아니면 오직 두 번째 위격께서만 가능한 것인지에 대한 것이다. 이러한 신학적인 질문에 대하여 튜레틴의 대답은 '오직 두 번째 위격께서만 성육신하실 수 있다'는 것이다.[35] 왜냐하면 성경은 이 성육신의 신비와 관련하여 성부나 성령이 아니라 오직 성자께만 이를 돌리고 있는데, '영원한 말씀($\lambda o \gamma o \varsigma$)이 육신이 되셨고'(요 1:14), '하나님과 동일본질이신 성자께서 종의 형체를 취하셨으며'(빌 2:6,7), 죄를 제외하고는 모든 것에 있어 우리와 같이 되셨다고 가르치고 있다.[36]

그렇다면 그러한 신학적인 이유는 과연 무엇인가? 튜레틴에 의하면, 삼위일체 하나님의 세 위격들 가운데, '성부'(the Father)께서는 결코 성육하실 수 없는데, 왜냐하면 그는 첫 번째 위격으로서 그 누구에게서도 보내심을 받지 않으시는 분이며, 또한 성자와 성령에 대하여 중보자의 역할을 행하실 수 없기 때문이다. 또한 신성에 있어 성부이신 그가 동정녀에게서 출생하시는 인성에서의 성자가 되실 수는 없다. 나아가 성령(the Holy Spirit)께서도 역시 그렇게 하실 수 없다. 왜냐하면 그는 바로 중보자에 의하여 교회에 보내심을 받는 분이신데(요 16:7), 그 자신을 보내실 수는 없기 때문이다. 그럼에도 불구하고 만일 그렇게 된다면, 결국 '두 아들'이 존재하게 되는바, 하나는 영원 출생(eternal generation)에 의한 아들(성자), 그리고 시간 안에서 동정녀에게서 성육하신 또 다른 아들(성령)이 되시는 결과를 초래하기 때문이며, 그것은 아주 불합리한 것이다.[37]

---

35 Cf. Turretin, *Institutes of Elenctic Theology*, vol. 2, XIII.iv.3(304).
36 Cf. Turretin, *Institutes of Elenctic Theology*, vol. 2, XIII.iv.4(304).
37 Cf. Turretin, *Institutes of Elenctic Theology*, vol. 2, XIII.iv.5(304f).

결과적으로, 오직 성자 하나님(the Son of God)께서만이 다음의 기능을 수행하실 수 있다: (1) 오직 그만이 성부와 성령 사이에, 그리고 동시에 하나님과 인간 사이에 중보자가 되실 수 있다. (2) 우리를 은혜로 그의 자녀(양자) 삼으시고 또한 자신에게 속한 모든 것들에 대하여 공동 상속자로 만드시는 것은 그 본성상 성자에게 가장 어울리는 것이다. (3) 첫 번째 창조에서 모든 것을 그 자신이신 영원한 말씀(the Word)을 통하여 창조하신 분, 곧 성자께서는 두 번째 창조에서 그의 형상에 따라 우리를 재창조 하신다. (4) 성부께서 특별히 사랑하시고 기뻐하시는 아들(마 3:17), 곧 성자 이외에 우리를 하나님과 진정으로 화해케 하실 수 있는 더 적절하신 분은 없다.[38]

다음으로 한 걸음 더 나아가서, 우리가 '성자 하나님의 성육신의 신비'에 대하여 고찰하면서 한 가지 더 깊이 생각해야 할 것은 비록 '성자 안에서 신성(divine nature)이 온전히 성육하셨다'고 말할 수는 있지만, 그것을 결코 삼위일체 하나님 전체의 성육신이라고 이해해서는 안된다는 것이다. 즉, 우리가 '신성이 성육신했다'고 할 때, 그것은 어떤 절대적인 것이 아니라 성자의 인격 안에서 매개된 것, 혹은 성자의 위격 안에서 구별되고 특정화된 신성이라는 것이다. 그러므로 "성육신은 결코 본성(nature)에 따른 사역이 아니라 위격(person)에 따른 사역이며, 본성에서 이루어진 것이 아니라 위격에서 이루어진 것으로 이해하여야 한다."[39] 그럼에도 불구하고, 튜레틴에 의하면, "하나님의 완전한 신성 전체(the whole divine nature)가 참으로 성육하셨지만, 그것은 삼위일체 하나님의 모든 위격들이 아니라, 성자의 완전한 신성에 따라서 그러한 것이다. 또한 동시에 나머지 위격들을 제외한 특별히 한 위격의 성육은 삼위일체 하나님 자신에 있어 위격들 사이의 관계나 위격(the person)과 본질

---

38 Cf. Turretin, *Institutes of Elenctic Theology*, vol. 2, XIII.iv.6(305).
39 Turretin, *Institutes of Elenctic Theology*, vol. 2, XIII.iv.7(305).

(the essence)의 관계에 있어 그 어떠한 방해도 초래하지 않는다."**40** 이러한 논의의 결과, 성자에 의하여 취해진 인간의 본성(the human nature)은 삼위일체 하나님의 다른 구별된 위격들(성부와 성령)에 의해서는 취해지지 않는다. 말하자면, 인성은 전체 삼위일체 하나님께 위격적으로 연합되는 것이 결코 아니다. 그것은 참으로 신성과 연합하는 것이긴 하지만, 성부와 성령께 속한 범위까지 확대되는 것이 아니라, 오직 성자의 위격(인격) 안에서 특정화되고 한정된다.**41**

튜레틴의 이러한 '성육신의 신비'와 관련한 모든 논의들은 어떻게 보면 다소 사변적이라고 볼 수도 있겠으나, 그와 같은 그의 주도면밀한 논의와 명료한 논증들을 통하여 우리에게 주는 신학적인 유익들 또한 참으로 많으며 또한 반드시 필요한 것이기도 함을 잘 알 수 있다. 그 가운데 한 가지 특기할 만한 것은 앞서 살펴 본 '성육신의 신비'와 관련한 그의 모든 논의들에 있어 튜레틴은 그것을 본질적으로 삼위일체론 이해와 연결시키고 있는데, 여기서 우리가 유의하여 볼 것은 우리를 위한 구원사역이 철저하게 삼위일체 하나님의 공동사역이라는 것과 그 가운데서 삼위일체 하나님의 각 위격들 사이에 서로 구별되는 독특한 역할과 기능들이 있으며, 또한 그러한 모든 위격적인 사역들이 그 존재론적 본질에서 그러한 것과 꼭 마찬가지로 서로 나누일 수 없도록 '하나'(Unity)임이 분명하게 드러난다는 것이다. 이와 더불어 그러한 튜레틴의 기독론 이해를 통하여 역으로 또 한 가지 명확하게 드러나는 것은 삼위일체론 이해에 있어 애초에 '양태론'이나 '역동적 단일신론'과 같은 이단사상이 자리할 곳이 전혀 없다는 것이다. 이와 같이 튜레틴은 삼위일체 하나님의 두 번째 위격이신 성자의 하나님의 성육신 사건과 그의 구속사역에 대한 이해는 전체적

---

40 Turretin, *Institutes of Elenctic Theology*, vol. 2, XIII.iv.7(305).
41 Cf. Turretin, *Institutes of Elenctic Theology*, vol. 2, XIII.iv.8-11(305f).

으로 삼위일체론 이해와 완전하고도 정확하게 부합되어야 함을 그의 깊이 있는 신학적 논의들을 통하여 잘 보여주고 있다 하겠다.[42]

3. 성자 하나님에 의해 취해진 '인간의 본성'은 무엇인가?

튜레틴의 기독론에 대한 논의는 이제 '그리스께서 취하신 인성의 본질이 과연 무엇인가?'하는 질문으로 나아간다. 먼저, 그는 기독교 교리사를 통하여 제기된 다양한 이단적인 사상들을 소개한다. 기독교 초기 역사에서 나타난 '가현설'은 그리스도께서 참된 인성을 취하셨음을 전혀 부정하며 (Manichaeans & Marcionites), 또한 발렌티누스주의자들(Valentinians) 은 하늘로부터 온 육체를 취하셨다고 하거나 혹은 마리아로부터 취한 육체는 단지 그리스도의 육체가 지나온 통로였을 뿐이라고 주장하였다. 그리고 아폴리나리우스주의자들(Apollinarists)은 그리스도께서 진정한 육체를 가지긴 하셨지만 그것은 마리아로부터 취한 것이 아니라 성육신 때에 말씀(the Word)의 어떤 부분이 육체로 변하였고, 또한 그의 신성이 영혼의 자리를 취하였다고 보았다. 이와 더불어 종교개혁 이후에도 재세례파들(Anabaptists)을 비롯한 어떤 개신교 교회들 역시 그러한 오류의 전철을 되밟으면서 그리스도께서 마리아의 본질로부터 그의 육신과 피를 취하셨음을 부인하였다.[43]

그러므로 이 질문과 관련된 핵심 사항은 '그리스도께서 죄를 제외하고는 모든 부분에서 우리와 진정 동일한 인간이셨는지? 그리고 그의 육체를 진정 동정녀 마리아로부터 취하셨는지 아니면 다른 어떤 재료로부터 그리하셨는지

---

42 특히 '삼위일체론'과 관련된 튜레틴의 논의는 다음을 참조하라: "Third Topic: The One and Triune God," Turretin, *Institutes of Elenctic Theology*, vol. 1, III.i-iii, xxiii-xxxi(169-82; 253-310).

43 Cf. Turretin, *Institutes of Elenctic Theology*, vol. 2, XIII.v.1-2(306).

에 관한 것'이다.**44** 이러한 질문들에 대하여, 튜레틴은 그리스도께서 죄를 제외하고서는 모든 면에서 우리와 진정으로 동일한 '참된 인간'(true man)이셨음을 다음과 같은 성경의 증거들을 통하여 논증한다: (1) 성경은 그리스도를 '사람'(man) 혹은 '인자'(the Son of man)라고 칭하는데, 그가 참으로 우리와 같은 본성을 가지지 않으셨다면 이는 불가능한 일이다. (2) 또한 그리스도에 대하여 성경이 '여자의 후손'(창 3:15), '아브라함의 자손'(창 12:3; 22:18; 행 3:25), 혹은 '다윗의 자손'(눅 1:32; 롬 1:3), '마리아의 아들', '그 복중의 아이'(눅 1:31,42), '여자에게서 나셨다'(갈 4:4)고 표현하는 것은 모두 그의 완전한 '참된 인성'을 증거하는 것이다. (3) 그리스도께서는 육신의 살과 피를 취하심으로 '우리의 형제'(히 2:10,14,16)라 불리우실 뿐만 아니라 '모든 것에 있어 형제들과 같이 되시고 백성들의 죄를 속량하시기 위하여 고난 받으셨다'(히 2:17)고 하는 것은 참으로 우리와 같은 '육체와 피', 즉 동일한 '인간의 본성'을 가지셨음을 증거한다. (4) 또한 그리스도께서는 '천사들이 아니라 아브라함의 자손들을 붙드시며'(히 2:16), 그리고 '자녀들은 혈과 육에 속하였으매 그도 또한 같은 모양으로 혈과 육을 함께 지니셨다'(히 2:14)고 하는 것은 그가 우리와 완전히 동일한 육체와 피에 동참하심으로 진정한 의미에 있어 우리와 실제로 "동일본질"(consubstantiality, *homoousion*)이심과 동시에 '참된 인성'을 가지심을 확증하는 것이다. (5) 성경에 기록된 그리스도의 계보들(마 1장; 눅 3장; 롬 1:3)은 모두 육신의 조상을 따라서 그렇게 된 것이며, 만일 그의 '인성'이 동정녀 마리아로부터 취하신 것이 아니라 다른 어떤 재료로부터 취한 것이라면 그것은 부인되어야 할 것이다. (6) 마지막으로, 만일 그리스도께서 그 본성에 있어 모든 면에서 우리와 같지 않으시다면, 그는 우리를

---

44 Turretin, *Institutes of Elenctic Theology*, vol. 2, XIII.v.3(307).

참으로 구속하실 수 없게 될 것이다. 왜냐하면 죄는 반드시 그 죄를 범한 것과 동일한 본질 안에서만 속하여질 수 있기 때문이다.[45]

또한 튜레틴에 의하면, 그리스도께서 우리와 '동일본질'(*homoousion*)이라고 함은 그 본성(nature)과 본질적 특성들(essential properties)에 있어서 동일하다는 것을 의미하며, 단지 어떤 존재론적 관계(the relation of subsistence)를 말하는 것이 아니다. 그러므로 그리스도의 개별적 인성은 완전한 부분들에 이르기까지 속속들이 그 실체적 존재에 있어 물리적으로 (physically) 성취된 것이며, 단지 존재의 방식에 있어서 형이상학적으로 (metaphysically) 그러한 것이 아니다.[46]

IV. '위격적 연합'과 그에 따른 두 본성의 관계와 영향들(XIII.Q.6-8)

1. 그리스도의 성육신과 '위격적 연합'(Hypostatical Union)

지금까지의 논의에서, 약속의 메시아이신 그리스도께서는 영원한 말씀(the Word), 곧 '완전한 신성'을 가지신 성자 하나님(the Son of God)이시며, 그는 동정녀 마리아에게서 나심으로 우리와 동일한 '완전한 인성'을 취하셨음이 성육신의 신비를 통하여 분명하게 논증되었다. 그러므로 그는 신성(divine nature)에 있어서는 삼위일체 하나님의 다른 위격들과 완전하게 '동일본질'(*homoousion*)이심과 동시에 인성(human nature)에 있어서는 우리와 완전하게 '동일본질'(*homoousion*)이심이 밝혀졌다. 바로 그러한 성육신의

---

45 Cf. Turretin, *Institutes of Elenctic Theology*, vol. 2, XIII.v.4-10(307-09).
46 Cf. Turretin, *Institutes of Elenctic Theology*, vol. 2, XIII.v.13(309).

진리와 관련하여 다시 제기되는 질문은 이제 그러한 그리스도의 한 인격 안에서 '신성과 인성'이 과연 어떤 방식으로 결합하는 것인가에 대한 것이며, 정통 신학에서는 그와 같은 예수 그리스도의 '한 인격 안에서 두 본성의 결합'(the union of two natures in one person)을 "위격적 연합"(hypostatical union)이라고 불러왔다. 이러한 위격적 연합에 의하여 그리스도께서는 '하나님의 아들'(the Son of God)이심과 동시에 '사람의 아들'(the Son of Man)이 되셨다. 이러한 '그리스도의 한 인격 안에서 두 본성이 연합하는 방식'과 관련하여 튜레틴은 먼저 다음과 같은 언급을 하고 있다.

> 기독교 [신학]에 있어 많은 어려운 질문들 가운데 다른 그 무엇보다도 가장 어려운 두 가지가 있다. 하나는 삼위일체 하나님의 한 본질(one essence) 안에 세 위격들의 연합(the unity of the three persons)에 관한 것이고; 다른 하나는 성육신에 있어 한 인격(one person) 안에 두 본성의 연합(the union of the two natures)에 관한 것이다. 비록 이 두 가지는 서로 다른 것이기는 하지만 (전자는 삼위일체의 세 위격들과 본질의 연합에 대한 것이고, 후자는 하나의 인격에 서로 다른 두 본성의 연합에 대한 것이기에), 그러나 그 중 하나에 대한 이해는 또 다른 것의 이해에 있어 큰 도움을 준다. 즉, 삼위일체에 있어 본질의 연합이 각 위격들에 있어 서로 간에 상호 구별과 함께 각각의 속성들과 사역들이 전달되지 않음으로써(incommunicable) 전혀 침해하지 않는 것처럼, 그리스도의 위격 안에서 본성들의 연합에 있어서도 두 본성과 그 특성들이 혼동되지 않고 그 구별됨이 방해받지 않는다.[47]

그렇다면, 그리스도의 한 인격 안에서 유일독특하게 이루어진 두 본성(신성/

---

[47] Turretin, *Institutes of Elenctic Theology*, vol. 2, XIII.vi.1(310).

인성)의 '위격적 연합'(hypostatical union)은 도대체 어떤 성격의 것인가? 튜레틴은 우선 그것이 의미하는 바가 무엇이 아닌지에 대하여 다음과 같이 아주 치밀하게 설명하고 있다. (1) 그것은 서로 다른 두 가지가 결합되어 제3의 무엇을 구성하는 어떤 '물리적/본질적 연합'(physical/essential union)이 아니다(cf. 영혼이 육체에 연합하여 한 인간을 구성하는 것). (2) 또한 그것은 어떤 '구성적/관계적 연합'(schetic/relative union)이 아니다(cf. 영혼들 혹은 의지들의 동의에 의하여 여러 친구들이 서로 하나로 연합하는 것). (3) 그것은 단순히 나란히 함께 서있는 것처럼 어떤 '병렬적 연합'(parastatic union)도 아니다(cf. 천사들이 어떤 육체에 빙의하는 것). (4) 그것은 일반적인 효능이나 유지에 의한 어떤 '효과적 연합'(efficient union)'이 아니다(cf. 하나님 안에서 모든 것들과 더불어, '우리가 그를 힘입어 살며 기동하며 존재하느니라', 행 17:28). (5) 그것은 어떤 '신비적 연합'(mystical union)이 아니다(cf. 성도들이 은혜로 그리스도와 함께 결합하는 것). 마지막으로, (6) 그것은 어떤 '본질적 연합'(substantial/essential union)이 아니다(cf. 삼위일체의 각 위격들이 하나의 본질 안에서 연합하는 것).**48**

그러므로 튜레틴에 의하면, 그리스도의 한 인격 안에서 이루어진 이 유일독특한 '위격적 연합'이 진정으로 의미하는 것은 "말씀의 인격 안으로 인성이 취해짐(획득됨, assumption)으로써 일어난 연합이며, 또한 이것이 그렇게 불리는 것[cf. '위격적 연합'(hypostatical union)]은 그 형식(form, 그것은 말씀의 인격 안에서 일어난 것임)과 경계(term, 그것은 그 안에서 한계 지워진 것임)의 두 측면에서 그러한 것이다. 그러므로 이 연합은 인격들(persons)의 연합이 아니라 위격[인격]적(personal) 연합이며, 본질적(natural) 연합이 아

---

48 Cf. Turretin, *Institutes of Elenctic Theology*, vol. 2, XIII.vi.3(311).

니라 본성들(natures)의 연합이다."⁴⁹ 즉, 이 연합은 삼위일체 하나님의 전능하신 능력에 따른 전이적 행위로 말미암아 영원한 말씀(the Logos)의 인격 안에서 그리스도의 인성을 결합하시는 것이지만, 또한 그것은 오직 그 말씀(성자)의 인격의 경계 안에서 완결되는 것이다. 다시 말하자면, 이것은 어떤 절대적인 의미에서 삼위일체 하나님의 신성이 성육하는 것이 아니라, 상대적인 의미에서 오직 둘째 위격이신 말씀의 인격이 성육하는 것임을 의미한다.⁵⁰

좀 더 명확한 이해를 위하여, 그렇다면 영원한 말씀(the Logos)에 의하여 취함을 받은 것은 정확하게 말해서 무엇인가? 튜레틴의 설명에 따르자면, 영원한 말씀이신 성자께서 취하신 것은 그리스도의 '인성'(human nature)이며, 전유불가의 진정한 존재론적 실재로서의 '인격'(person)이 아니다. 예를 들어, 육체로부터 분리된 영혼은 비록 단일한 지적인 실체이긴 하지만 그것은 불완전한 부분적인 존재로서 하나의 '인격'이 아닌 것과 같다. 그러나 이러한 정상적인 인격성(proper personality)의 결핍은 그리스도의 인성에 있어 진실성이나 완전성을 결코 훼손하는 것은 아니다. 왜냐하면 인성의 진실성은 그것의 질료와 형상 및 본질적인 특성들에 의한 것이지, 그것의 '인격성'에 따라 판단되는 것이 아니기 때문이다. 그러므로 '본성'(nature)에 대한 정의는 '존재'(실체적 실재, subsistence)와는 다른 것이다. 결론적으로, 인격성(personality)은 본성에 있어 완전성이라거나 본질적인 것이 아니며, 오히려 그것의 종착점(경계, terminus)과도 같은 것이다. 따라서 성자 하나님께서 취하신 것은 하나의 완전하고 전유불가의 존재론적 실재로서의 '인격'(person)이 아니라 바로 '인성'(human nature)이다.⁵¹

---

49 Turretin, *Institutes of Elenctic Theology*, vol. 2, XIII.vi.3(311).
50 Cf. Turretin, *Institutes of Elenctic Theology*, vol. 2, XIII.vi.4(311).
51 Cf. Turretin, *Institutes of Elenctic Theology*, vol. 2, XIII.vi.18-19(316).

그러므로 이 '위격적 연합'은 영원한 말씀의 고유한 인격 안에서 신성과 인성의 두 본성들이 아주 친밀하고 영속적으로 결합됨을 의미하는 것에 다름 아니다. 다시 말하자면, 그러한 위격적 연합에 의하여 그 자체로서는 고유한 인격성(personality)과 존재론적 실재성(subsistence)이 결여된(anyhostatos, cf. 만일 그렇지 않다면 그 자체로서 또 다른 하나의 인격이 되기 때문에) 인성이 영원한 말씀(the Logos)의 인격 안으로 취해짐으로써 그러한 위격적 연합 안에서(in the unity of person) 그와 더불어 결합(conjoined) 혹은 연결(adjoined)되어, 이제 말씀의 인격(enypostatos Logo)에 있어 본질적인 것이 되었다.52 따라서 우리는 이제 '신-인'(God-man/theanthrōpo)이 되신 그리스도에게 있어 그의 인성을 어떤 측면에서는 '부가물'(adjunct) 혹은 '부분'(part)이라고 말할 수 있다. 즉, '부가물'이라고 할 수 있는 것은 영원 속에서 육신[인성]이 없으신 말씀(the Logos)이 시간 속에서 위격적 연합에 의해 그것을 자신의 것으로 결합하셨기 때문이며, 또한 '부분'이라고 할 수 있는 것은 한 인격 안에서 두 본성들이 이제 서로 본질적으로 완전히 부합하여 일치하기 때문이다.53

결론적으로, 이러한 '위격적 연합'에 대한 깊이 있는 신학적 논의들은 다시금 우리에게 '그리스도의 참된 성육신의 진리'를 확증해 준다. 즉, 거룩하고 영원하신 삼위일체 하나님의 제2의 위격이신 성자께서는 '위격적 연합' 안에서 하나의 인격(a person)이 아니라 인성(a human nature)을 온전히 자신의 것으로 결합시키셨다. 또한 그것은 신성이 인성에로의 어떤 '전환'(conversion)이나 '변형'(transmutation)이 아니라, 오직 완전한 신성을 가지신 영원한 말씀의 인격 안에서 인성을 '획득'(assumption)하시고 '보존'(유지, sustentation)하

---

52 Cf. Turretin, *Institutes of Elenctic Theology*, vol. 2, XIII.vi.5(311).
53 Cf. Turretin, *Institutes of Elenctic Theology*, vol. 2, XIII.vi.6(312).

시는 방식에 의해 그렇게 하심으로써, 이제 '하나님의 아들'(the Son of God)이 동시에 '사람의 아들'(the Son of man), 곧 우리의 중보자(the Mediator)가 되셨기 때문에, 그는 참으로 '신-인'(God-man/*theanthrōpos*)이시다.[54]

2. 위격적 연합(Hypostatical Union)에 있어 '두 본성의 관계'

앞서 살펴본 것과 같이, 그리스도의 한 인격 안에서 두 본성이 위격적으로 연합되었다면, 이제 우리가 가질 수 있는 다음 질문은 '그의 인격과 본성들 간의 관계, 그리고 두 본성들 사이의 관계는 어떻게 되는가?' 하는 것이다. 튜레틴은 바로 그러한 질문들을 다루기 위해 먼저 고대 교회의 교리논쟁사 속에서 이와 관련하여 대표적인 잘못된 이해 두 가지를 소환하는데, 그것은 바로 '네스토리우스주의'(Nestorianism)와 '유티키안니즘'(Eutychianism)이다.[55]

(1) 네스토리우스주의(Nestorianism)의 '두 인격론' 비판

먼저, 콘스탄티노플의 총대주교였던 네스토리우스(Nestorius, ca. 381-450/51)는 그리스도의 두 본성은 두 인격으로 나누어졌다고 주장하였다. 동시에 그는 동정녀 마리아를 '하나님의 어머니'(*theotokon*)로 부르는 것을 반대하며, 그녀는 단지 '그리스도의 어머니'(*Christokon*)라고 불러야 한다고 주장함과 동시에 그리스도는 '하나님'($\theta\epsilon o\varsigma$)이 아니라 단지 '하나님에 의해 선택된 인간'이라고 하였다. 따라서 튜레틴에 따르면, 네스토리우스는 결과적으로 '두 그리스도'(two Christs)를 주장하는바, 하나는 유대인들에게 십자가

---

54 Cf. Turretin, *Institutes of Elenctic Theology*, vol. 2, XIII.vi.10(313).
55 Cf. Turretin, *Institutes of Elenctic Theology*, vol. 2, XIII.vii.1(317).

에서 죽으신 분이요, 다른 하나는 그렇지 않다는 것이다. 그러므로 네스토리우
스는 그 어떠한 '본성의 연합'도 부인하며, 영원한 말씀(the Word)이신 성자께
서 마치 그가 성전에 임재하시는 것과 같이 인간 그리스도(the man Christ)에
게 임재하심에 의해 양자는 서로 나란히 함께하는 것이라고 보았다. 따라서
양자는 그 은혜와, 선한 의지, 행위의 능력, 의지에 따른 효과들, 가치와 영광에
서 동일하며 그리고 그 엄위하심이 육신에도 동일하게 배분되었다고 주장하였
다.56

  네스토리우스의 그러한 주장들은 당시 알렉산드리아의 총대주교였던 키릴
루스(Cyrillus, ca. 370/80-444)에 의하여 즉각적으로 반박되었고, 논쟁 끝에
에베소 공의회(the Council of Ephesus, 431)에서 정죄되었다.57 이때 에베
소 공의회에서 활약한 레린의 빈켄티우스(Vincentius of Lérins, d. ca. 445)
는 그의 저작인 『기억하기 위하여』(Commonitories)에서 다음과 같이 기록하
고 있다.58 "네스토리우스는 아폴리나리우스의 그것과는 정반대되는 부적절한

---

56 Cf. Turretin, *Institutes of Elenctic Theology*, vol. 2, XIII.vii.3(318).

57 Cf. Turretin, *Institutes of Elenctic Theology*, vol. 2, XIII.vii.4(318). 더불어 이러한
   네트토리우스와 키릴루스 사이의 기독론 논쟁과 더불어 '에베소 공의회'(431)의 배경 역사에
   대한 보다 상세한 자료들과 관련하여 다음을 참조하라: Aloys Grillmeier, *Christ in
   Christian Tradition*, vol. 1: *From the Apostolic Age to Chalcedon (451)*, 2nd
   Revised Ed., trans. John Bowden (Atlanta: John Knox Press,1975), 443-519;
   Frances M. Young, *From Nicaea to Chalcedon: A Guide to the Literature and
   Its Background* (London; SCM Press, 1983), 229-65; Leo D. Davis, *The First Seven
   Ecumenical Councils (325-787): Their History and Theology* (Collegeville, MN:
   The Liturgical Press, 1983), 134-69, etc.

58 레린의 빈켄티우스 (Vincentius of Lérins, d. ca. 445)는 그의 시대까지 고대 교회사에
   출현한 다양한 이단적인 신학사상들을 논박하고 공교회 신앙(the Catholic Faith)의 보편성
   을 주장하기 위하여 쓴 『기억하기 위하여(*An Aid to Memory*)』(*Commonitories*)라는 저작
   을 남겼다. 여기에서 그는 '공교회의 보편적 신앙'(the universal faith of the Catholic
   Church)에 대하여 다음과 같은 유명한 정의(definition)를 제시하고 있다: "공교회에서 우리
   가 모든 가능한 주의를 기울여 취하여야 신앙은 반드시 모든 곳에서, 항상, 그리고 모두에
   의하여 믿겨져 온 것이어야 한다"(Moreover, in the Catholic Church itself, all possible
   care must be taken, that we hold that faith which has been believed everywhere,

거짓된 주장을 하였는데, 그는 그리스도 안에서 두 본질을 구별하다가 갑작스레 두 인격(two persons)과 더불어 전대미문의 사악한 주장을 제시하여 두 하나님의 아들(two Sons of God), 두 그리스도(two Christs)가 있는데, 하나는 하나님 또 다른 하나는 인간(one God, the other man)이라고 하였다."[59] 따라서 공교회의 공의회뿐만 아니라 정통신학은 그러한 네스토리우스의 주장을 비성경적인 것으로 거부하였으며, 이 문제 대한 성경의 많은 증거들은 그리스도의 하나의 인격 속에 두 본성이 있음을 가르쳐 주고 있다(cf. 롬 1:3,4; 딤전 3:16; 빌 2:6,7, etc).[60]

(2) 유티키안니즘(Eutychianism)의 '단성론' 비판

다음으로, 콘스탄티노플의 대수도원장이었던 유티케스(Eutyches, ca. 370/78-454)는 네스토리우스의 '두 본성에 따른 두 인격론'(two natures and two persons)을 반대하기 위하여 아폴리나리우스의 견해의 영향 하에 있었던 그는 네스토리우스를 논박했던 키릴루스의 견해를 극단화하여, 오히려 그리스도의 한 인격 안에서 두 본성이 연합한 이후 신성이 인성을 흡수하거나 혹은 서로 혼합되어서 제3의 성질의 것으로 변화하여 '하나의 인격 안에 오직 하나의 본성'(one nature in one person)만이 존재한다는 '단성론'(Monophysitism)을 주장하였다.[61] 결국, 이러한 그의 잘못된 신학적인 주장은 '칼케돈 공의회'(the Council of Chalcedon, 451)에서 정죄되었

always, by all). Vincentius of Lérins, *A Commonitory*, Philip Schaff & Henry Wace, eds., *Nicene and Post-Nicene Fathers*, 2nd Series, vol. 11 (Peabody, MS: Hendrickson Publishers, 2004 Reprinted), ii.6(132).

59 Turretin, *Institutes of Elenctic Theology*, vol. 2, XIII.vii.4(318f); Vincentius of Lérins, *A Commonitory*, NPNF, 2nd Series, vol. 11, xii.35(140).

60 Turretin, *Institutes of Elenctic Theology*, vol. 2, XIII.vii.5-7(319).

61 Cf. Turretin, *Institutes of Elenctic Theology*, vol. 2, XIII.vii.13(320).

다.62

(3) 고대 '기독론 정통교의'의 완성: 칼케돈 공의회의 '신앙 표준'

여기에서 튜레틴의 기독론 논의를 조금 더 보완하기 위하여, 325년 니케아 공의회로 부터 451년 칼케돈 공의회까지 고대 교회 공의회에서의 핵심 결정 내용을 기독론적 관점에서 그 특징을 간략하게 다시 요약해 보자면 다음과 같다. (1) 그리스도를 창조된 피조물로 해석하여 그의 완전한 신성을 부인한 아리우스주의(Arianism)를 정죄했던 니케아 공의회(325년)는 그리스도께서 완전한 '참된 신성'(true divinity)을 가지신 참 하나님이심(vere θeos)이, (2) 성육신한 로고스의 신성이 그의 영혼을 대체하였다고 주장한 아폴리나리우스(Apollinarius)를 정죄했던 콘스탄티노플 공의회(381년)에서는 그리스도께서 완전한 '참된 인성'(true humanity)을 가지신 참 인간이심(vere homo)이, (3) 네스토리우스(Nestorius)와 시릴루스(Cyrillus)의 논쟁 때문에 소집되었던 에베소 공의회(431년)에서는 그리스도의 한 인격(one person) 안에서 두 본성(two natures)이 서로 '위격적 연합'에 의하여 결합되어 하나의 통일성(unity)을 이루고 있음이 각각 강조되어 고백되었다. (4) 그리고 유티케스(Eutyches)가 제기한 그리스도의 두 본성들이 위격적 연합 후에 혼합 혹은 변화되어 결국 하나의 본성만이 존재한다는 '단성론'의 주장을 정죄한 칼케돈 공의회(451년)에서는 마침내 "이 두 본성은 혼합이 없고(inconfuse), 변화도

---

62 Cf. Turretin, *Institutes of Elenctic Theology*, vol. 2, XIII.vii.2, 13(317f, 320). 이러한 유티케스의 주장에 따른 기독론 논쟁과 더불어 마침내 고대 공교회의 기독론 관련 "정통 신앙표준"(Definition of the Faith)을 산출한 '칼케돈 공의회'(451)의 배경 역사에 대한 보다 상세한 자료들과 관련하여 다음을 참조하라: Grillmeier, *Christ in Christian Tradition*, vol. 1, 520-57; Davis, *The First Seven Ecumenical Councils* (325-787), 170-206, Richard A. Norris, Jr. ed., *The Christological Controversy* (Philadelphia: Fortress Press, 1980), 123-59, etc.

없으며(*immutabiliter*), 분할될 수도 없고(*indivise*), 분리될 수도 없다 (*inseperabiliter*). 이 구별된 두 본성은 이 위격적 연합으로 인하여 결코 없어질 수 없으며, 각 본성의 속성들은 한 인격(*unam personam*)과 한 실체적 존재(*subsistentiam*) 안에서 둘 다 온전히 보존되고 함께 역사한다. 주 예수 그리스도는 두 인격으로 나뉘시거나 분리되실 수 없다"는 '공교회의 신앙표준'을 도출하였다.

이와 같이 참으로 '칼케돈 신경'의 선언은 기독론에 대한 성경의 올바른 가르침에 따라 수백년에 걸친 고대교회의 신학적 논쟁을 종식시킨 것으로서, 오고 오는 세대들에 있어 모든 기독론 논의에 대한 하나의 표준적인 신앙원칙을 제시해 주었다. 그러므로 우리는 이것을 기독론에 대한 "칼케돈 명제 혹은 원칙"(Chalcedonian Axiom/Principle)이라 부를 수 있을 것이다. 다음에서 고대 정통 기독론의 표준적인 준거가 된 "칼케돈 신앙표준"(칼케돈 신경, 451)의 전문을 그 원문에서 번역하여 인용하였으며,[63] 또한 각 핵심표현에 담긴 교리적인 논쟁의 역사적 배경과 그 신학적 의의에 대하여 간략한 설명을 각주에 표기해 두었다.

> 우리들은 교부들의 가르침을 따라서 유일하신 하나님의 아들, 우리 주 예수 그리스도를 [다음과 같이] 고백하도록 만장일치로 가르치는 바이다. 그는 신성에 있어서 완전하시고 인성에 있어서 완전하시며, 참 하나님이시며 참 인간이시고(*Deum verum et hominem verum*),[64] 이성적 영혼과 몸(*anima*

---

63 이 '칼케돈 신경'의 원문은 "Symbolum Chalcedonese"(451), Philip Schaff, ed. *The Creeds of Christendom*, vol. II: *The Greek and Latin Creeds* (Grand Rapids: Baker Books, 1983 Reprinted), 62-65를 참조하라.

64 이 구절은 양태론(Modalism)과 가현설(Docetism), 그리고 역동적 단일신론(Dynamic Monarchism) 등을 동시에 배격함으로써, 예수 그리스도께서 참 하나님이심(true God)과 동시에 참 사람(true man)이심을 선언한 것이다.

rationali et corpore)을 가지셨다.[65] 그는 신성에 따라서 성부와 동일본질이시고, 인성에 따라서 우리와 동일본질이시며, 모든 것에 있어 우리와 같으시나 오히려 죄는 없으시다.[66] 그는 신성에 따라서 창세전에 아버지에게서 나셨으며,[67] 인성에 따라서 마지막 날에 우리와 우리의 구원을 위하여 하나님의 어머니(*theotokos*) 동정녀 마리아에게서 나셨다.[68] 그는 유일하신 그리스도시요, 하나님의 아들이시요, 주님이시요, 독생하신 분이신데, 우리에게 두 본성으로 되어 있으심이 알려진 바, 이 두 본성은 혼합 없이(*inconfuse*), 변화 없이 (*immutabiliter*), 분할 없이(*indivise*), 분리 없이(*inseperabiliter*) 연합되셨다. 이 연합으로 인하여 두 본성의 구별이 결코 없어지지 않으며, 각 본성의 속성들은 한 인격(*unam personam*)과 한 실체적 존재(*subsistentiam*) 안에서 둘 다 온전히 보존되고 함께 역사한다.[69] 그는 두 인격으로 나뉘시거나 분리

---

65 이것은 아폴리나리우스주의(Apollinarianism)에 반대하여 예수 그리스도께서 육체와 더불어 "이성적 영혼"을 가지신다는 점을 분명히 함으로써 우리와 마찬가지로 완전하고 참된 인성 (true humanity)을 가지셨다는 사실을 선언하고 있다.

66 이 구절은 성자이신 예수 그리스도께서 성부 하나님과 "동일본질"(*homoousia*)을 가지셨음을 분명히 함으로써, 창세 전에 창조되어 성부와 단지 "유사본질"(*homoiousia*)을 가지셨다고 주장한 아리우스주의(Arianism)를 정면으로 반박하는 것이며, 동시에 우리와 "동일본질"(*homoousia*)을 가지셨음을 분명히 함과 동시에, 그리스도의 완전한 참된 인성을 부인하였던 아폴리나리우스주의(Apollinarianism)를 반박하는 것이기도 하다.

67 이것은 예수 그리스도께서 우리와 동일한 인간이셨으나 하나님의 아들로 승격되었다는 에비온파(Ebionism) 혹은 양자론(Adoptionism)을 반박하는 것이며, 또한 동시에 영원 속에서 성자께서 성부로부터 나셨음을 언명함으로써 삼위일체 하나님의 세 위격들의 구별을 부인하는 양태론(Modalism) 또는 사벨리안주의(Sabellianism)를 반박하는 것이다.

68 여기에서는 네스토리우스주의(Nestorianism)에 반대하며 키릴루스의 견해를 수용하여 동정녀 마리아를 "데오토코스"(*theotokos*) - "하나님의 어머니"(the Bearer of God, 혹은 '하나님을 낳으신 자')라고 분명히 언명하고 있는데, 이것은 마리아를 조금이라도 높이려는 의도가 있는 것이 아니라 예수 그리스도의 참된 신성과 성육신의 실제성을 강조하기 위함이다. 이에 대하여 네스토리우스는 예수 그리스도의 완전한 인성을 강조하고자 마리아를 단지 "안드로포토코스"(*anthropotokos*, '인간의 어머니', '사람을 낳은 자') 혹은 "크리스토토코스"(*christotokos*, '그리스도의 어머니')라고 불러야 한다고 주장하였다. 그러나 그러한 표현에 있어 심각한 문제는 예수 그리스도의 한 인격 안에서 완전한 신성과 인성을 함께 담보할 수가 없다는 것이다. 즉, 예수 그리스도께서는 참으로 인간이 되셨지만 결코 신성을 포기하시지 않으시고 두 본성을 동시에 가지신다. 이러한 견해로 인해 네스토리우스는 결국 그리스도의 '두 인격론'(two persons)으로 나아갔다.

69 이 구절은 유티키아니즘(Eutychianism)에 반대하여 예수 그리스도의 한 인격 속에 신성과

되실 수 없으시니,[70] 동일하신 한분 아들, 독생자, 하나님의 말씀, 곧 주 예수 그리스도이시다. 이에 관하여는 옛 선지자들과 예수 그리스도 자신이 가르치셨고, 교부들의 신조(*patrium nobis sybolum*)가 우리에게 전하는 바이다.[71]

3. '위격적 연합'(Hypostatical Union)에 따른 영향들

이제까지 우리가 살펴 본 것처럼, '그리스도의 한 인격 안에서 두 본성이 서로 혼합이나 변화 없이 또한 서로 나뉘거나 분리됨이 없이 온전히 보존되며 서로 위격적 연합을 이루고 있음'이 공교회 정통신앙의 표준으로 고백되어 왔고(칼케돈 신경, 451), 또한 성경적으로 잘 논증되어 확증되었다. 그렇다면, 그러한 위격적 연합(hypostatical union)이 그리스도의 '인격과 본성들 사이에', 그리고 또한 '두 본성들 사이에' 과연 어떠한 영향을 미치게 되는가? 튜레틴은 먼저 위격적 연합에 의한 영향(효과/결과, effects)들을 크게 두 가지로 대별하여 세부적으로 설명하고 있는데, (1) '인성(human nature)에 있어서의 영향들'과 (2) '인격(person)에 있어서의 영향들'이 그것이다. 이러한 영향들에 대한 튜레틴의 상세한 구분과 설명은 다음과 같다.[72]

인성이 혼동되거나 변화되거나 하지 않고 두 본성이 서로 구별되게 온전히 보존되고 동시에 실재한다는 사실을 언명하고 있다. 또한 네스토리우스주의(Nestorianism)에 반대하여 한 인격 속에 신성과 인성이 서로 나뉘거나 분리됨이 없이 "위격적 연합"(hypostatic union)을 이루고 있음을 분명히 밝혀 선언하고 있다. 따라서 이 선언적 고백에는 기독론 이해에 있어 '고대 공교회 정통 신앙표준'의 핵심이 담겨 있다고 하겠다.

70 이것은 네스토리우스가 한 인격 안에서의 두 본성의 '위격적 연합'을 거부하며 제기하였던 '그리스도의 두 본성에 따른 두 인격론(two persons)'을 정죄한 '에베소 공의회'(431)의 결정을 분명하게 계승하여 재확인 하는 것이다.

71 이 부분의 전체적인 내용은 김은수, "개혁주의 기독론 이해: 연구방법론적 소묘 - 언약론적/성령론적/삼위일체론적 접근방법," 401f에서 약간의 수정과 보완을 거쳐 인용한 것임을 밝혀둔다.

72 Cf. Turretin, *Institutes of Elenctic Theology*, vol. 2, XIII.viii.1(321).

(1) 인성(human nature)에 있어서의 영향들

튜레틴에 의하면, 위격적 연합으로 인하여 먼저 영원한 말씀(the Logos)께서 취하신 그리스도의 '인성'(human nature)에 나타나는 영향들이 있는데, 그것은 다시 '탁월성의 은혜'(the grace of eminence)와 '지속적인 은혜'(habitual graces)로 구분된다. 먼저, (1) '탁월성의 은혜'는 신성과 연합함으로써 그의 육신(인성)이 성자 하나님의 한 특성이 됨으로써, 그의 인성의 엄위성이 다른 모든 피조물들보다 탁월한 것으로 끌어 올려지게 되는 것을 말한다. 다음으로 (2) '지속적인 은혜'는 그의 신성으로부터 인성으로 분여되는 '놀라운 은혜'들을 의미하는데, 그의 인성은 비록 그 자체로서 가장 고귀하고 완전한 것이기는 하지만, 그럼에도 불구하고 무한한 것은 아니다. 그러나 은혜의 지속적인 충만함으로 말미암아 창조 질서 안에서 존재의 고귀함이나 완전성의 정도에 있어 그 어떤 천사들이나 성인들보다도 탁월하게 된다. 이것이 "하나님께서 그에게 성령을 한량없이 주심이니라"(요 3:34, cf. 눅 2:40)고 말하는 것의 의미이다.73 여기서 튜레틴이 이러한 '은혜의 교통'을 위격적 연합으로 인해 특별히 그의 '인성'에 주어지는 영향으로 따로 구분하여 논하는 이유는 아마도 루터파와의 '속성의 교류에 대한 논쟁'과 관련하여, 그리스도의 인성에 나타나는 그러한 '탁월성과 고귀함'이 그의 신성에 따른 속성들이나 특성들이 여하한 방식으로든 '직접적으로'(directly) 그의 인성에 전달되어서 그러한 것이 아니라 단지 '지속적이고도 탁월한 은혜의 분여'에 따른 것임을 특히 강조하기 위한 것으로 보인다.

(2) 인격(person)에 있어서의 영향들

---

73 Cf. Turretin, *Institutes of Elenctic Theology*, vol. 2, XIII.viii.1(321).

튜레틴은 그리스도의 한 인격 안에서 두 본성들이 위격적으로 연합함으로써 그의 '인격'(person)에 미치는 영향들을 또다시 다음의 세 가지로 구분한다. (1) 각 본성들의 '속성들'(attributes)과 '특성들'(properties)이 그의 인격으로 교류(교통/전달, communication)된다. (2) 또한 각 본성들에 따라 각기 이루어진 '직무'(사역, office)와 '효과들'(effects)이 인격으로 교류됨으로써, 우리에게 구원을 가져오는 모든 그리스도의 중보적 사역들이 오직 한 인격의 행위로 돌려지게 된다. 마지막으로, (3) 모든 영예(honor)와 경배(worship)가 교류되어 그 모든 것이 '신-인'(God-man/*theanthrōpo*)이신 그리스도의 한 인격에게 돌려진다.[74] 이와 같이 두 본성이 위격적 연합을 이룸으로써 그리스도의 인격에 나타나는 영향들에 대한 튜레틴의 논의는 '속성의 교류'에 대한 개혁파의 일반적인 이해와 잘 부합하며, 그것을 더욱 체계적으로 잘 정리하여 제시하고 있는 것이다.

V. '속성의 교류'에 관한 이해와 논쟁(XIII.Q.8)

튜레틴은 그리스도의 한 인격 안에서 두 본성들의 '위격적 연합'에 따른 영향들을 구분하여 나누어 앞서 언급한 바와 같이 간략하게 설명한 이후, 이제 특별히 '속성의 교류'(*communicatio idiomatum*)에 대한 문제를 더욱 깊이 있게 논하고 있다. 그것은 특별히 종교개혁 시대 때부터 루터파(the Lutherans)와의 계속된 '성찬 논쟁'과 연관된 '속성의 교류'에 대한 이해의 차이가 심각하였기 때문이다. 그는 먼저 '속성의 교류'에 대한 개혁파의 본질적

---

74 Cf. Turretin, *Institutes of Elenctic Theology*, vol. 2, XIII.viii.2(322).

인 이해를 다음과 같이 분명하게 요약하여 설명하고 있다.

1. '속성에 교류'에 대한 개혁파의 이해

(1) 그 본질적인 의미에 있어, '속성의 교류는 연합에 따른 영향(효과, effect)으로서 두 본성의 특성들이 그리스도의 인격에 공유되는 것을 말한다.' 이에 따른 그리스도의 인격에 대한 성경의 서술 방식은 크게 두 가지 형태로 나타나는데, 먼저 '직접적'(directly)인 표현 방식은 신성에 속한 것들을 신성에 따른 인격에 명시할 때, 혹은 인성에 속한 것들을 인성에 따른 인격에 명시할 경우에 그러하다(cf. 요 1:1; 눅 9:22). 다음으로 '간접적'(indirectly)인 표현 방식은 신성에 속한 것을 하나님으로서 그리스도의 인성에 따라 명시하거나 (cf. 행 20:28), 혹은 편재성을 인자(the Son of man)에게 돌릴 경우에 그러하다(cf. 요 3:13).[75]

(2) 이러한 속성의 교류는 '본성의 측면'에서가 아니라, 오직 '인격의 측면'에서 '축자적'(verbal)으로 뿐만 아니라 '실제적'(real)으로 그러하다. 따라서 그러한 교류가 한 본성에 속한 특성들이 실제로(really) 직접적인(directly) 방식으로 다른 본성으로 전달된다는 의미가 결코 아니며, 오직 두 본성들이 실제로 연합함으로써 양 본성의 특성들이 그리스도의 '인격' 그 자체에 속한다는 점에서 그러하다는 것이다. 따라서 본성들의 연합이 실제적(real)이라고 해서, 그것이 필연적으로 두 본성의 특성들이 직접적으로 교류해야 한다는 것을 의미하는 것은 결코 아니다. 그러므로 각 본성들의 특성들이 그러한 위격적 연합에 근거하여 '전체적인 실체적 존재'(the whole subsisting substance)에로 교류된다고 말하는 것으로 충분하다.[76]

---

[75] Cf. Turretin, *Institutes of Elenctic Theology*, vol. 2, XIII.viii.3(322).

(3) 이러한 속성의 교류는 본성의 측면에서 '추상적인 것'(the abstract)으로나, 혹은 인격의 측면에서 '구체적인 것'(the concrete)으로 생각될 수 있다. 그런데, 이러한 '추상적'/'구체적'이라는 표현을 루터파는 아주 오용하고 있는 바, 그들은 인성이 신성으로부터는 '추상화'(abstracted) 혹은 분리되었다(separated)고 말함과 동시에, 또한 인성이 말씀(the Logos)에 연합되어 '구체화'(concrete)되었다고 주장한다. 그러나 인성은 결코 말씀으로부터 분리될 수 없으며, 동시에 참으로 '구체적'인 것은 그러한 형식이나 본성을 가진 한 '인격'(person)이며, 그것은 '하나님'(God) 혹은 '인간'(man)이라는 구체적인 단어들로 표현된다. 그러므로 속성의 교류는 '추상적(abstract)'인 본성으로부터 또 다른 본성으로 '추상적'으로 일어나는 것이 아니라, 오직 '구체적(실제적, concrete)'인 인격 안에서 '구체적(실제적)'으로 일어나는 것이다.[77]

이러한 튜레틴의 설명을 다시 요약적으로 정리하자면, 개혁파적 '속성의 교류' 이해에 있어 각 본성들에 속한 속성들과 특성들의 교류는 하나의 본성에서 또 다른 본성으로 '직접적으로'(directly) 일어나는 것이 아니라, 항상 각 본성의 속성들이 그리스도의 '인격으로'(into the person) 교류(교통/전달, *communicatio*)되며, 따라서 한 본성에 속한 속성들은 '인격을 통하여'(through the person) 다른 본성에로 오직 '간접적으로'(indirectly) 일어나는 것이다. 그러므로 속성의 교류는 그리스도의 두 본성이 한 인격 안에서 이루어진 위격적 연합의 결과(영향/효과, effect)이며, 이로써 각 본성의 속성들이 '인격'을 매개로 공유되고 전유되는 것이다. 그럼에도 불구하고 이러한 속성의 교류는 '실제적(real)이고 또한 구체적(concrete)인 것'인데, 그것은 그리스도의 한 인격 안에서 두 본성의 위격적 연합이 '실제적이고 또한 구체적

---

76 Cf. Turretin, *Institutes of Elenctic Theology*, vol. 2, XIII.viii.4(322).
77 Cf. Turretin, *Institutes of Elenctic Theology*, vol. 2, XIII.viii.5(322).

인 것'이기 때문이다.

2. '속성에 교류'에 대한 루터파의 이해 비판

먼저, '속성의 교류'에 대한 이해에 있어 논쟁의 핵심은 루터파가 주장하는 것처럼, 그러한 속성의 교류가 '본성에서 본성으로 직접적으로(directly) 이루어지는 것인가?' 조금 더 좁혀서 말하자면, '위격적 연합에 의하여 신성의 어떤 속성들이 실제로 그리고 참으로(really and truly) 인성으로 교류(전달) 되는가?' 하는 것이다. 사실 이러한 논쟁의 기원은 16세기 종교개혁 시대부터 촉발된 '성찬(the Lord's Supper)에 대한 논쟁'이었다. 루터파는 성찬에 있어 그리스도의 실제적인 '육체적 임재'(the bodily presence)에 대한 주장을 유지하기 위하여, 특히 그의 부활 승천 이후의 인성의 편재성(ubiquity)에 의지한다. 비록 루터(Martin Luther, 1483-1546) 자신은 나중에 이를 철회하였지만, 그의 사후 루터파 후예들(cf. Brentius and others)이 위격적 연합으로 인하여 편재성을 비롯한 어떤 신적 속성들이 그리스도의 인성으로 전이된다고 다시 주장하였다. 결국, 말브룬 회의(the Conference at Maulbrunn, 1575)에서 그들은 '인격적 연합'(personal union)은 형상적으로 '속성의 교류'를 구성한다고 하거나, 혹은 '인격적 연합'이 '존재론적 실재의 교류'(the communication of subsistence)를 구성하게 되고 그 결과적 효과가 '속성의 교류'라고 주장하였다. 그리고 바로 이러한 '속성의 교류'로 인하여 신성의 편재성이 인성에도 교류(전달)되어 그리스도께서 육체적으로 편재하여 실제로 그의 육신(살과 피)이 성찬에서 편재하여 임재하신다고 주장하는 것이다(cf. 공재설, Consubstantiation Theory).[78]

그러므로 이 논쟁에 있어 핵심 논점은, 결코 인성에 따른 속성들이 신성으로

---

[78] Cf. Turretin, *Institutes of Elenctic Theology*, vol. 2, XIII.viii.6-7(322-23).

전이된다거나 혹은 신성의 모든 속성들이 인성으로 전이되는가 하는 것이 아니라, 특별히 신성에 따른 몇 가지 속성들(편재성/omnipresence, 전지성/omniscience, 전능성/omnipotence, 그리고 살리는 능력/the power of making alive)이 인성으로 교류되는가 하는 것인데, 특히 루터파가 바로 이것을 주장하기 때문이다.[79] 튜레틴은 루터파의 그러한 이해와 주장들에 대하여, 앞서 요약적으로 언급한 '속성의 교류'에 대한 개혁파의 일반적인 이해에 근거하여 철저하게 논박하는데, 여기에서는 몇 가지 중요한 핵심 사항들만 언급하고자 한다.

(1) 먼저, 신적 본질(divine essence)은 결코 피조물에게 교류될 수 없기 때문에, 하나님의 본질적인 속성들 가운데 그의 신적 본질과 일치하는 그 어느 것도 피조물에게 전달될 수 없다. 또한 속성의 교류는 루터파의 주장에서처럼, 두 본성들 사이에서 '추상적'(abstract)인 방식에 의하여 직접적으로 이루어지는 것이 아니라, 오직 두 본성의 '실제적인'(concrete) 위격적 연합에 의하여 간접적으로 이루어지는 것이다. 그리고 루터파의 주장에 있어 또 다른 중요한 근거인 '신화론'($\theta\varepsilon o\sigma\iota\varsigma$)과 관련하여, "신성한 성품에 참여하는 자가 되게 하려 하셨느니라"(벧후 1:4)는 말씀은 '형상적'(formally)으로가 아니라 오직 은혜의 방편에 의하여 이루어지는 중생(regeneration)에 대한 '유비적'(analogically)인 의미로 이해하는 것이 더욱 적절하다.[80]

(2) 루터파는 두 주체(subjects)가 서로 겹침에 따른 두 본성의 추상적인 연합에 따라 교류가 일어난다고 주장하나, 속성의 교류는 그러한 '추상적인 본성의 연합'(union of natures in the abstract)에 기인하는 것이 아니라 한 인격 안에서 전체의 본성들이 연합하는 '실제적인 위격적 연

---

79 Cf. Turretin, *Institutes of Elenctic Theology*, vol. 2, XIII.viii.8(323).
80 Cf. Turretin, *Institutes of Elenctic Theology*, vol. 2, XIII.viii.9(323f).

합'(hypostastical union in the concrete)에 따라서 일어나는 것이다. 또한 그리스도의 은혜의 탁월성과 그 직무(사역)의 고귀함은 속성의 교류에 의한 것이 아니라 '신-인'(God-man/*theanthrōpō*)으로서의 그의 한 인격에 돌려지는 것이다.[81]

(3) 루터파는 속성의 교류에 있어 오직 신성으로부터 인성으로의 교류만을 말하며, 그것도 전체가 아니라 단지 몇 가지 속성들만 그러하다고 주장한다. 그러나 올바른 신학적 이해에 따르면, 신성에 따른 모든 속성들이 교류되거나 아니면 그 어느 것도 되지 않아야만 하는데, 왜냐하면 모든 신적인 속성들은 그 단순성(simplicity) 때문에 실제로 분리 불가능하며(inseparable) 오직 하나(one)이기 때문이다. 그러므로 그 가운데 일부만 교류된다는 루터파의 주장은 아주 불합리한 신학적인 오류이다. 마찬가지로 위격적 연합에 의하여 어떤 속성들이 그의 육신에 교류된다면, 말씀(the Logos)의 모든 속성들이 또한 교류되어야 하는데, 왜냐하면 그 모든 속성들은 실제로 서로 분리될 수 없는 하나의 완전한 신적 본성에 속한 것이기 때문이다. 따라서 그와 같이 애초에 서로 나눌 수 없는 것을 나누어서 그 가운데 일부만 교류된다고 주장하는 것은 역시 불합리한 신학적인 오류이다. 즉, 만일 인성이 영원하다는 것이 거부되어야 한다면, 마찬가지로 편재성 또한 거부되어야 한다.[82]

(4) 만일 연합의 결과로서 말씀(the Logos)의 신적 속성들이 육신으로 교류된다면, 그때 육신의 속성들도 동일하게 말씀으로 교류되어야 한다. 왜냐하면 위격적 연합은 서로 '상호적인 것'(reciprocal)이기 때문이다. 그러나 루터파는 바로 이것을 부인한다. 그들은 여기서 '취한 것'과 '취함 받은 것'을 서로 구별해야 한다고 주장하나, 이것으로 그 어려움이 결코 해소되는 것은 아니다.

---

81 Cf. Turretin, *Institutes of Elenctic Theology*, vol. 2, XIII.viii.10(324).
82 Cf. Turretin, *Institutes of Elenctic Theology*, vol. 2, XIII.viii.11(324).

그리고 그러한 상호적 교류의 기초는 본질적으로 '취함'(assumption)에 있는 것이 아니라, 오히려 그의 신성이 인성에 그리고 그의 인성이 신성에 결합한 '상호적 연합'(reciprocal union) 그 자체이다. 또한 이와 같은 상호적 교류는 '실제'(the concrete)에 있어서만이 아니라 '추상'(the abstract)에서도 동일하게 그러해야만 한다.[83] 만일 루터파의 주장과 같이 '추상'(the abstract)의 방식에서 어떤 실제적인 속성들의 교류를 허용하게 된다면, 이것은 결국 각 본성들의 구별을 균등하게 하고 혼합함으로써 이미 오래 전에 정죄된 유티케스(Eutyches)가 주장한 '단성론'의 오류로 빠지게 될 것이다. 그러한 결과는 '혼합'(confusion)이라는 말의 의미 그 자체로부터 도출되는바, 혼합이란 결국 두 가지 혹은 더 이상의 것들에 있어 그들의 특성들이 교류될 때(i.e., 섞여서 서로 공통적인 것이 될 때) 일어나는 것이기 때문이다.[84]

(5) 그리스도의 양 본성들의 '실제적 연합'(the real union)은 각 본성들의 차이와 구별을 결코 제거하지 않으며 오히려 더 확실하게 하는데, 왜냐하면 연합 안에서 양 본성이 서로 구별됨이 없이 '실재적으로 결합'(actually united)하는 것이 아니기 때문이다. 또한 본성의 측면에서 속성들이 교류되는 것이 아니라 인격의 측면에서 두 본성이 연합하는 것이며, 이때 양 본성의 속성들이 모두 그 자체로서 독자적으로 유지, 보존되기 때문이다. 따라서 우리는 그의 인격에 속한 것을 즉각적으로 본성들의 것으로 단정할 수 없는데, 왜냐하면 인격은 참으로 양 본성의 독자적인 특성들을 각각 그 자체로서 요구하지만, 한 본성은 다른 본성의 독자적인 특성들을 결코 요구하지 않으며, 그것은 오직 연합된 한 인격에 속한 것이기 때문이다. 그렇지 않다면, 결과적으로 양 본성을 서로 혼합하게(confounded) 될 것이다.[85]

---

83 Cf. Turretin, *Institutes of Elenctic Theology*, vol. 2, XIII.viii.12(325).
84 Cf. Turretin, *Institutes of Elenctic Theology*, vol. 2, XIII.viii.13(325).

(6) 영원한 말씀(the Logos)께서 인간의 본성을 취하심은 위격(인격, hypostasis)의 교류 없이 일어날 수 있다. 즉, 위격적 유지는 '실체적 실재'(인격, subsistence)가 없는 인성(*anypostatos*)이 영원한 말씀의 인격(*enypostatos*)에 본질적인 것으로 받아들여지고 보존되는 것으로 충분하다. 따라서 인성은 그 자체로는 실체적 실재(인격)를 가지지 않으며, 그 자체의 고유한 인격으로 실재하는 것이 아니다. 심지어 위격적 연합 안에서도 그리스도의 인성은 그 자체만으로는 하나의 인격이 아니지만, 그럼에도 불구하고 오직 영원한 말씀(the Logos)의 한 인격 안에서 하나의 본질적인 부분으로써 실제로(really) 실재하며(subsists) 유지된다(be sustained).[86]

(7) "그리스도 안에는 신성의 모든 충만이 육체로 거하시고"(골 2:9)라는 성경의 말씀은 루터파의 주장처럼 어떤 '추상'(the abstract)의 방식으로 속성이 교류됨을 말하는 것이 아니다. 그것은 먼저 어떤 '추상적인 본성'을 말하는 것이 아니라 '구체적인 그리스도'에 대하여 말하는 것이다. 또한 '육체로 거하시고'에서 사도가 의미하는 것은 신성의 전체적인 충만함(cf. 그 완전성의 전체적인 충만한 신적 본질)이 참되게 인격적으로 그의 인성에 연합되었다는 것이지, 그림자처럼 드리웠다거나 어떤 지속적인 효과를 말하는 것이 결코 아니다. 그런데 만일 이 성경구절을 루터파의 주장처럼, 신성의 전체적인 충만함이 인성과 육신으로 전이된 것으로 본다면, 결과적으로 그 육체는 그 자체로서 신적인 것이 될 것이며 또한 모든 신적 속성들이 동일하게 교류될 것이다. 왜냐하면 '신성의 모든 충만함'은 그의 모든 속성들을 포함하는 하나님의 신적 본질 그 자체를 말하는 것이기 때문이다. 그러나 루터파 자신들도 그러한 모든 신적인 본질과 속성들의 교류는 역시 부인하는 것이기에, 이것으로 인해 그들

---

85 Cf. Turretin, *Institutes of Elenctic Theology*, vol. 2, XIII.viii.22-23(328).
86 Cf. Turretin, *Institutes of Elenctic Theology*, vol. 2, XIII.viii.24(328).

은 스스로 오류에 빠지게 된다.[87]

　(8) 다음으로, 그리스도의 위격적 연합이 하나의 '분할불가능'(indivisible, *adiairetos*)하고 또한 '영구적'(permanent, *adiastatos*)인 것이라고 하여, 또한 그러한 연합 안에서 하나의 본성이 편재한다고 해서 다른 본성에게도 필연적으로 그러해야 하는 것이 요구되는 것은 아니다. 즉, 유한한 본성이 무한한 본성에 연합되어도 그 유한성은 계속하여 유지된다. 바로 이점과 관련하여 또 다른 한편, 만일 영원한 말씀(the Logos)이 그의 인성으로부터 분리되어(by separation) 어디엔가 존재한다면, 그것이 분리되었기 때문에 '그 인간'(인성, the man)은 사실상 그 어디에도 존재하지 않는다고 말해야 함이 옳다. 그러나 만일 인성이 '포함되지 않은'(non-inclusion) 영원한 말씀이 어디엔가 존재한다면, 사람이 되신 하나님의 아들 곧 그러한 특성을 가진 '그 인간'이 신성과 함께한 인성의 어떤 국지적인 공재(a local coexistence)의 의미에서가 아니라, 인성의 위격적인 연합에 의하여 어디에도 존재하지 않는다고는 말할 수 없다. 그것은 그리스도의 인성이 어떤 장소(a place)와 연합된 것이 아니라 바로 그 말씀(the Logos)과 함께 위격적으로 연합된 것이기 때문이다. 바로 그러한 이유에서, 부활 승천하신 이후에 지상에 존재하시는 말씀(the Logos)은 또한 이제 참으로 인간이신데, 그것은 그의 인성이 비록 지상에 있지 않을지라도 인격적으로 그리고 가장 친밀하게 말씀 자신의 것으로 연합하셨기 때문이다. 그러므로 비록 그리스도의 인성이 국지적으로는 그곳에 있지 않지만 말씀(the Logos)이 그곳에 있다고 말할 수 있는 것과 꼭 마찬가지로, 비록 바로 그곳에는(cf. 어떤 국지적인 지상의 장소) 계시지 않지만 어디엔가(cf. 하늘 처소의 하나님의 우편) 있는 그의 인성을 계속 유지하시는 '사람인

---

87 Cf. Turretin, *Institutes of Elenctic Theology*, vol. 2, XIII.viii.25(328).

그리스도'(the Christ man)께서 그곳에 있다고 말할 수 있는 것이다.[88] 이러한 다소 복잡해 보이는 튜레틴의 논의를 좀 더 단순하게 요약하자면, 우리는 한 인격이신 그리스도께서 그의 신성에 따라서는 편재하시지만, 인성에 따라서는 모든 곳에 계시지 않고 오직 '하나님의 보좌 우편에 앉아 계신다'(엡 1:20; 히 8:1)고 말해야 하며, 또한 그것이 성경이 가르치는 바이다.

(9) 루터파가 주장하는 것처럼, 그리스도의 인성의 편재성을 부인하는 것이 즉각적으로 그리스도의 두 본성의 분할이나 분리를 촉발하는 것은 아니다. 여기에서 말씀(the Logos)이 '비포함'(non-inclusion)이라는 견지에서 육신 없이 존재한다는 것은 그것이 무한성을 포함할 수 없다는 의미에서 명백하다. 그러나 동시에 그것은 '분리'(separation)에 의하여 그러하다는 것이 결코 아니며, 또한 그것이 그리스도에게 있어 육신으로부터 분리된 곳은 그 어디에도 없다는 것을 포함하는 것은 아니다. '그리스도께서 하나님 우편에 앉으셨다'(Christ sits at the right hand of God, 막 16:19; 히 10:12)고 하신 것은 그리스도께서 육신에 따라서 모든 곳에 계신다는 것을 의미하는 것이 결코 아니다. 먼저, '하나님의 우편'(the right hand of God)이라는 것은 하나님의 전능성과 위엄을 의미하는 것이다. 또한 '우편에 앉으셨다'(Christ sits at the right hand)는 것은 중보자의 '왕적 직무'(the kingly office)를 의미하는 것이지, 그것이 문자적으로 '하나님의 오른 편'에만 앉아있다 것은 아니다. 그렇다고 해서, 또한 그것이 그리스도께서 모든 곳에 '앉으셨다'는 것이 아니라, 그는 단지 '하늘에' 계신다(cf. 엡 1:20; 히 8:1)는 것을 의미한다. 그리고 그리스도께서 '하늘에 오르셨고', 그리고 '앉으셨다'는 것은 승천하신 그리스도께서 그가 취하신 인성으로 계시는 장소를 한정적으로 특정해 주는

---

[88] Cf. Turretin, *Institutes of Elenctic Theology*, vol. 2, XIII.viii.26-27(328-29).

것이다(cf. 요 14:2,3; 17:13).[89]

　(10) "내리셨던 그가 곧 모든 하늘 위에 오르신 자니 이는 만물을 충만하게 하려 하심이라"(엡 4:10)라는 성경말씀에서 가르치는 것은, 그리스도께서는 부활하신 후에 하늘에 오르셨으나 주님께서 그의 육신(몸)으로 모든 곳을 채우신다는 것이 아니라 성령의 은사들로 그의 성도들을 채우신다는 것이다. 이것은 그에 앞서, "우리 각 사람에게 그리스도의 선물의 분량대로 은혜를 주셨나니"(엡 4:8)라는 말씀에서 분명하게 드러난다. 마찬가지로 그리스도께서 '생명의 떡'이라는 것은(요 6:48), 성찬을 통해 그의 육신(살과 피)이 그것 자체로서 '효과적으로'(efficiently) 영원한 생명을 생성시키는 것이 아니라, 오직 그리스도께서 그의 인성에 따라 십자가에서 고난당하시고 죽으심에 의한 중보자로서의 대속적인 속죄 사역에 의하여 '공로적으로'(meritoriously) 우리에게 영원한 생명을 주심을 말하는 것이다. 이와 같이 성경에서는 많은 경우에 있어 그의 신성 혹은 인성에 따라서, 또는 인성의 한 부분(살과 피)으로 이루신 그리스도의 중보적 사역들이 그의 전체 인격에 속한 것으로 돌려진다. 따라서 우리는 그의 어느 한 본성에 따라 행하시는 중보적인 사역뿐만 아니라 각 본성에 속한 속성들이 그 자체만의 것으로 인식되거나 혹은 직접적으로 다른 본성으로 교류되는 것으로 이해해서는 안되며, 두 본성이 실제적으로 위격적 연합 속에 있는 그의 인격 전체의 것으로 인식하고 이해해야 할 것이다. 이러한 사항들 외에도 루터파는 자신들의 주장을 옹호하기 위하여 인위적으로 만들어 낸 다양한 구분들을 사용하여 설명을 시도하고자 하는데 - 예를 들어, '인격의 행위(act of person) vs. 본성의 행위(act of nature)', '물리적(physical) vs. 초물리적(hyperphysical)', '장소적(local) vs. 비장소적(illocal)', '소유

---

89 Cf. Turretin, *Institutes of Elenctic Theology*, vol. 2, XIII.viii.28-29(328-29).

(possession) vs. 사용(use)', '영혼과 육체 vs. 불과 달궈진 쇠의 비유', etc. - 그러한 모든 것들은 결국 그들이 가진 본질적인 오류를 해소하기 보다는 오히려 그 자체로서 그들의 주장에 대한 수많은 모순을 더욱 증폭시킬 뿐이다.[90]

VI. 나가는 말

우리는 지금까지 16세기 종교개혁 이후, 스위스 제네바에서 칼빈과 베자의 뒤를 이어 17세기 '개신교 스콜라신학'(Protestant Scholastic Theology)의 최전성기에 많은 활약을 한 신학자로서 '개혁파 정통주의 신학'(Reformed Orthodox Theology)을 가장 완전한 형태로 체계화하고 집대성하여 그 정수를 보여준 프란시스 튜레틴의 전체적인 신학의 특징과 더불어 그의 중요한 신학적인 공헌들에 대하여 살펴보았다. 그리고 동시에, 특히 그의 대표작 (magnum opus)이라고 할 수 있는 『논박신학 강요』(*Institutes of Elenctic Theology*, 3 Vols.)를 통하여 그의 '기독론'(Christology)에 있어 "예수 그리스도의 인격론"(the Doctrine of the Person of Jesus Christ)에 대한 논의들을 중심으로 간략하게 분석하면서, 그 주요 핵심 사항들에 대하여 살펴보았다. 이제 여기에서 그렇게 분석한 내용들 가운데 우리가 반드시 기억해야 할 몇 가지 핵심 사항들을 다음과 같이 간단히 요약하여 제시하고자 한다.

(1) 가장 먼저, 튜레틴은 그의 기독론 논의에 대한 기초로서 개혁파 신학의

---

90 Cf. Turretin, *Institutes of Elenctic Theology*, vol. 2, XIII.viii.30-42(329-31).

가장 중요한 특징들 가운데 하나인 '언약 신학'(Covenant theology)의 맥락 가운데서 논의를 진행하며, 성경과 역사적 사실들에 기초하여 유대인들이 거부한 '나사렛 예수'가 바로 옛 언약에서 구속자로 약속된 '메시아', 곧 그리스도이심을 '약속과 성취'의 구속역사적 맥락에서 분명하게 논증함으로써, 모든 기독교 기독론에 대한 논의에 있어 그 참된 토대가 무엇이어야 하는지 잘 보여주고 있다고 하겠다. 특별히, 오늘날 현대 신학의 기독론 논의들과의 연관 속에서 그러한 그의 기독론의 접근 방법을 평가해 보자면, 참된 기독론 이해의 기초는 어떤 '신학적 사변'(theological speculation)이나 추상적인 '형이상학적 개념 혹은 원리'(metaphysical ideas or principles)가 아니라, 가장 우선적으로 성경이 증거하고 있는 구체적인 '구속역사적인 맥락' 속에서 '역사적 예수', 즉 '나사렛 예수'의 역사적 사실성(historical reality)에 그 분명한 토대를 두고 진행되어야 함을 우리는 특별히 기억해야 할 것이다. 이러한 방법론은 특히 현대 신학에서 많이 논의된 기독론의 방법론과 관련하여 소위 '위로부터의 방법론'(Christology from Above)과 '아래로부터의 방법론'(Christology from Below) 모두를 지양할 수 있는 개혁신학의 기독론을 위한 좋은 방법의 한 가지 사례라고 할 수 있을 것이다.

(2) 튜레틴은 그의 기독론 논의 가운데, 특히 영원한 말씀이 육신을 취하신 성육신 사건의 '역사적 실제성'을 성경을 통하여 명확하게 논증함과 동시에 그 신학적인 구조와 의의들을 아주 세세한 부분에 이르기까지 명료한 신학적인 논리로 명확하게 잘 제시하고 있다. 특히 그의 '성육신의 신비'와 관련한 모든 논의들에 있어, 튜레틴은 그것을 본질적으로 그의 삼위일체론 이해와 긴밀하게 연결시킴으로써 어려운 많은 신학적인 난제들을 명쾌하게 해명하고 있음을

잘 알 수 있었다. 따라서 우리는 그와 같은 튜레틴의 논의를 통하여 기독교 신학에 있어, 삼위일체론 이해와 기독론 이해는 그 세밀한 부분들에 이르기까지 서로 분리 불가능한 상보적인 관계에 있음을 다시 한 번 확인할 수 있었다. 여기서 한 걸음 더 나아가, 이것은 또한 기독교 교의학의 모든 주제들이 그 본질에 있어 각론적으로 나누어져서 접근되거나 논구될 수 없음을 잘 보여주는 것이기도 하다. 물론 대부분의 경우 기술적인 차원에서 그러한 교의학의 각 주제들이 각 부분으로 나누어져서 논구될 수밖에 없겠지만, 그러나 그러한 신학의 다양한 각론적인 세세한 주제들을 논구함에 있어서도 항상 전체적인 신학적 패러다임이나 교의학적 논리구조 속에서 철저하게 거듭하여 다시 재숙고되고 반영되어야 하며, 그리하여 모든 교의학적인 사유와 언표들에 있어 '교리적 일관성'(doctrinal consistency)과 더불어 '교의적 정합성'(dogmatic coherence)이 언제나 함께 고려되고 유지되어야 할 것이다.

(3) 튜레틴은 영원한 말씀(the Logos)이신 그리스도의 한 고유한 인격 안에서 신성(divine nature)과 인성(human nature)이 어떻게 연합되는지를, 특히 그의 '위격적 연합'(hypostatical union) 교리에 대한 깊이 있는 신학적 논의들을 통하여 '그리스도의 참된 성육신의 진리'를 명쾌하게 논증하여 해명해 주고 있다. 즉, 거룩하고 영원하신 삼위일체 하나님의 제2의 위격이신 성자께서는 '위격적 연합' 안에서 하나의 인격(a person)이 아니라 인성(a human nature)을 온전히 자신의 본질적인 것으로 결합시키셨다. 또한 그것은 신성이 인성에로의 어떤 '전환'(conversion)이나 '변형'(transmutation)이 아니라, 오직 완전한 신성을 가지신 영원한 말씀의 인격 안에서 인성을 '획득'(assumption)하시고 '보존'(유지, sustentation)하시는 방식에 의해 그렇

게 하심으로써, 이제 '하나님의 아들'(the Son of God)이 동시에 '사람의 아들'(the Son of man), 곧 우리의 중보자(the Mediator)가 되셨기 때문에, 그는 참으로 '신-인'(God-man/*theanthrōpos*)이심을 아주 세세한 신학적인 부분들에 이르기 까지 명징하게 잘 논증하고 있다.

또한 동시에, 튜레틴은 바로 그러한 위격적 연합 속에서 그리스도의 '두 본성의 관계'를 논구하는 가운데, 다시금 고대 공교회의 기독론에 대한 '정통 신앙표준'을 제시하였던 '칼케돈 신경'(451)의 핵심내용을 개혁파 기독론의 핵심표준으로 다시 잘 수용하고 있음을 확인할 수 있었다. 그러한 '칼케돈 신앙표준'은 기독론에 대한 성경의 올바른 가르침에 따라 수백년에 걸친 고대 교회의 신학적 논쟁을 종식시킨 것으로서, 오고 오는 세대들에 있어 모든 기독론 논의에 있어 하나의 표준적인 준거점과 결코 넘어서는 안되는 그 경계들, 그리고 올바른 신학과 신앙의 원칙을 제시해 주는 것이며, 따라서 이것은 오늘날 현대신학에서 우리의 기독론적 사유와 논의들 가운데서도 반드시 수용되어 지켜져야 하고, 또한 더욱 발전적으로 논구되어야 하는 것이기도 하다. 우리가 항상 기억해야 할 이 "칼케돈 원칙"(Chalcedonian Principle)의 핵심적인 언표는 다음과 같다: "이 두 본성은 혼합 없이(*inconfuse*), 변화 없이(*immutabiliter*), 분할 없이(*indivise*), 분리 없이(*inseperabiliter*) 연합되셨다. 이 연합으로 인하여 두 본성의 구별이 결코 없어지지 않으며, 각 본성의 속성들은 한 인격(*unam personam*)과 한 실체적 존재(*subsistentiam*) 안에서 둘 다 온전히 보존되고 함께 역사한다. 그는 두 인격으로 나뉘시거나 분리되실 수 없으시니, 동일하신 한분 아들, 독생자, 하나님의 말씀, 곧 주 예수 그리스도이시다."

(4) 16세기 종교개혁 당시, 결국에는 개신교 진영을 하나로 일치시키는데 있어 마지막 걸림돌로 작용했던 '성찬 논쟁'과 더불어 17세기 튜레틴 자신의 당대에도 계속하여 루터파와 더불어 더욱 치열하게 진행되었던 신학적인 논쟁의 핵심적인 사항들 가운데 하나인 '속성의 교류'(commmunicatio idiomatum)에 대한 문제와 관련하여, 그가 요약적으로 정리하여 제시하는 개혁파의 이해에 있어 핵심내용은 다음과 같다: 각 본성들에 속한 속성들과 특성들의 교류는 하나의 본성에서 또 다른 본성으로 '직접적으로'(directly) 일어나는 것이 아니라, 항상 각 본성의 속성들이 그리스도의 '인격으로'(into the person) 교류(교통/전달, communicatio)되며, 따라서 한 본성에 속한 속성들은 '인격을 통하여'(through the person) 다른 본성에로 오직 '간접적으로'(indirectly) 일어나는 것이다. 그러므로 속성의 교류는 그리스도의 두 본성이 한 인격 안에서 이루어진 위격적 연합의 결과(영향/효과, effect)이며, 이로써 각 본성의 속성과 특성들이 '인격'을 매개로 공유되고 전유되는 것이다. 그럼에도 불구하고 이러한 속성의 교류는 '실제적(real)임과 동시에 또한 구체적(concrete)인 것'인데, 그것은 그리스도의 한 인격 안에서 두 본성의 위격적 연합이 '실제적이고 또한 구체적인 것'이기 때문이다.

(5) 이제 마지막으로 언급하고 싶은 한 가지는, 현대의 신학적 논의에 있어 그동안 특히 17세기 개신교 정통주의 시대는 2000년 기독교 신학의 전체 역사 가운데서도 가장 어둡게 퇴색되어 박제된 채로 연구의 불모지로 남아 있었다. 따라서 그 풍성한 신학적 보고(寶庫)들은 깊이 있게 탐구되지 못하고 어느 누구도 들쳐보지 않아 케케묵은 먼지만 두껍게 내려앉아 방치된 고서점 책장 속의 장서와 같은 신세에 놓여있었다고 할 수 있을 것이다. 그중에서도

우리가 여기에서 간략하게 살펴 본 프란시스 튜레틴은 그 신학적 중요성과 함께 당대에 그가 이룩한 많은 공헌들과 더불어 그가 미쳤던 큰 영향력에도 불구하고 연구가 많이 이루어지지 않았고 아직도 그 이름조차 생경한 '잊혀진' 신학자로 남아 있다. 그런 와중에 물론 몇몇 신학자들의 노력으로 튜레틴을 비롯하여 그 시대의 여러 신학자들과 중요한 저작들이 이제 다시 재발굴이 시작되어 그 기본적인 분류와 정리 작업들이 조금씩 진행되면서 그 찬란한 모습들이 하나씩 빛을 발하고는 있지만, 그 전체적인 화려한 면모와 아름다운 세세한 풍광들을 모두가 함께 풍성하게 더불어 즐기고 누리기에는 아직도 가야 할 길이 너무나 멀다고 할 것이다. 그와 같이 풍성한 이 시대의 신학적인 찬란한 유산들 가운데 우리는 여기에서 단지 튜레틴의 신학의 일면을 그의 기독론을 중심으로 아주 조금 음미하였을 따름이지만, 그의 신학이 가지는 깊이 있는 성경적인 토대와 더불어 놀라우리 만큼 정교하게 짜인 정통 개혁신학의 교리적인 정교함, 그리고 물샐틈없이 치밀하게 전개되는 논리적인 명료성을 다시한번 체감하며 재확인 할 수 있었다. 따라서 우리는 앞으로도 계속하여 이들의 신학들을 재발굴하고 더욱 활발하고 깊이 있는 연구들을 통하여 그들의 귀중한 신학적 유산들을 발전적으로 계승하여 우리 자신의 신학함의 풍성한 자산으로 활용함으로써 패스트푸드 형태의 가볍고 파편화 되어 얼른 신학들이 난무하는 오늘 날, 온 교회가 다시금 그러한 아름답고 풍요로운 신학의 열매들을 온전히 누릴 수 있도록 하는 신학 작업들이 더욱 시급하고 긴요하다 할 것이다. (*)
Soli Deo gloria!!

헤르만 비치우스(Herman Witsius)의 기독론

박재은

(총신대학교 신학대학원, 조직신학)

Hermann Witsius(1636-1708)

총신대학교(B.A. 신학과)와 총신대학교 신학대학원(M.Div.)을 졸업하고, 미국 칼빈 신학교 (Calvin Theological Seminary)에서 조직신학으로 신학석사(기독론, Th.M.)와 신학박사(구원론, Ph.D.) 학위를 취득했다. 박사논문 출판본은 네덜란드 신학 전통 가운데서 칭의론과 성화론을 논구한 *Driven by God: Active Justification and Definitive Sanctification in the Soteriology of Bavinck, Comrie, Witsius, and Kuyper* (Göttingen: Vandenhoeck & Ruprecht, 2018)이다. 지은 책은 『삼위일체가 알고 싶다』(넥서스CROSS, 2018), 『질문하는 성도, 대답하는 신학자』(디다스코, 2018), 『칭의, 균형 있게 이해하기』(부흥과개혁사, 2016), 『성화, 균형 있게 이해하기』(부흥과개혁사, 2017)가 있으며, 번역한 책은 웨인 그루뎀, 『성경 교리: 기독교 신앙의 필수 가르침』(솔로몬, 2018)이 있다. 2018년 한국복음주의신학회 신진학자상을 수상한 바 있으며, 국내외 주요 저널에 다양한 신학 주제로 소논문을 게재했다. 출판된 소논문들은 https://calvinseminary.academia.edu/JaeEunPark에서 전문을 읽을 수 있다. 현재는 총신대학교, 총신대학교 신학대학원, 국제신학대학원대학교에서 조직신학 과목을 강의하고 있다.

박재은

Ⅰ. 들어가는 말

　기독교(Christianity)는 명칭 그대로 예수 그리스도 종교이다.[1] 기독교는 객관적인 계시에 근거한 종교이다.[2] 기독교의 근본 토대인 계시는 신구약으로 이루어지는데 신구약 전체의 지향점이 바로 예수 그리스도이다.[3] 만물은 그리스도를 통해 말미암았고(고전 8:6b), 인간 또한 그리스도로부터 나왔을 뿐만 아니라(고전 8:6c),[4] 종국에는 모든 만물이 그리스도에게로 돌아가게 될 것이다(롬 11:36).[5] 주의 날($\acute{\eta}\mu\acute{\epsilon}\rho\alpha\ \kappa\nu\rho\acute{\iota}o\nu$)이 되면 그리스도의 몸 안에서 만물이 충만하게 될 것이고(엡 1:23),[6] 하늘에 있는 것이나 땅에 있는 것이나 모든 것이 그리스도 안에서 통일되게 될 것이다(엡 1:10).[7] 이렇듯 기독교 신학의 중심부에는 예수 그리스도가 자리하고 있다.

　예수 그리스도에 대한 이러한 강조는 그리스도에게로만 모든 권위와 능력을 다 돌려드리는 소위 제2위격적 단일신론으로의 길을 열고자 하는 시도가 아니다.[8] 혹은 다른 신학 주제들을 무참히 공제(deduction)한 채 예수 그리스도에

---

1 기독론에 대한 성경적, 역사적, 조직신학적 접근에 대한 훌륭한 개관으로는 Gerald O'Collins, *Christology a Biblical, Historical, and Systematic Study of Jesus Christ* (Oxford: Oxford University Press, 1995)를 참고하라.

2 Herman Bavinck, *Reformed Dogmatics*, ed. John Bolt, trans. John Vriend, 4 vols. (Grand Rapids: Baker Academic, 2003), 1:283-494(계시론 부분, 이후부터는 *Reformed Dogmatics*를 *RD*로 축약해 표기하겠다).

3 Bavinck, *RD*, 1:323-51(특별히 하나님의 자기 계시로서의 특별 계시 부분).

4 "그러나 우리에게는 한 하나님 곧 아버지가 계시니 만물이 그에게서 났고 우리도 그를 위하여 있고 또한 한 주 예수 그리스도께서 계시니 만물이 그로 말미암고 우리도 그로 말미암아 있느니라"(고전 8:6, 개역개정. 이후로 특별한 명기가 없는 한 한글성경은 개역개정역을 인용할 것이다).

5 "이는 만물이 주에게서 나오고 주로 말미암고 주에게로 돌아감이라 그에게 영광이 세세에 있을지어다 아멘"(롬 11:36).

6 "교회는 그의 몸이니 만물 안에서 만물을 충만하게 하시는 이의 충만함이니라"(엡 1:23).

7 "하늘에 있는 것이나 땅에 있는 것이 다 그리스도 안에서 통일되게 하려 하심이라"(엡 1:10).

계로만 모든 것을 집중하고자 하는 소위 19-20세기 중심 교의(central dogma)식의 '그리스도 중심'(Christ-centeredness) 사상을 설파하고자 하는 것도 아니다.9 오히려 기독교가 예수 그리스도를 강조하고 그에게 집중하는 이유는 삼위일체 하나님의 제2위격이신 예수 그리스도만의 독특한 위격적 경륜의 역할을 인정하고, 그 역할을 통해 성경 전체의 기독교 진리를 통일성 있게 파악하기 위함이다.

예수 그리스도에 대한 학문을 '기독론'(基督論, Christology)이라 부른다. 기독론은 기독교 신학 내에서 언제나 중요한 위치를 차지했기 때문에 많은 이단들은 시시때때로 기회가 올 때마다 기독론을 공격하기 시작했다.10 왜냐하면 기독론이 무너지면 필연적으로 기독교도 무너지기 때문이었다. 기독론은 크게 그리스도의 인격과 사역으로 범주화해서 고찰할 수 있는데, 그리스도의 인격과 사역 모두 다 이단들의 주된 공격 대상이었다. "해 아래에는 새 것이 없나니"(전 1:9)라는 성경 말씀처럼 성경적·신학적으로 건강하지 못한 기독론들이 현재에도 여전히 발흥하고 있으며, 각종 영역 속에서 그 잘못된 영향력을 한껏 발휘하며 자유롭게 신학적 활개를 치고 있는 것이 작금의 안타까운 현실이다.

신학적으로 오류가 있는 기독론들을 효과적으로 분별하고 응전하기 위해서

---

8 삼위일체 하나님에 대한 성경적, 신조적, 어원적, 신학적 개괄로는 필자의 책을 참고하라. 박재은, 『삼위일체가 알고 싶다: 잘못된 삼위일체 하나님으로부터 탈출하라』(파주: 넥서스CROSS, 2018).

9 중심교의의 신학적 문제점에 대해서는 Richard A. Muller, "Calvin and the 'Calvinists:' Assessing Continuities and Discontinuities between the Reformation and Orthodoxy," *Calvin Theological Seminary*, 31 (1996): 151-57을 참고하라.

10 초대 교회의 각종 기독론 이단들에 대한 정리를 위해서라면 David E. Wilhite, *The Gospel According to Heretics Discovering Orthodoxy Through Early Christological Conflicts* (Grand Rapids: Baker Academic, 2015); Steven Tsoukalas, *Knowing Christ in the Challenge of Heresy a Christology of the Cults, a Christology of the Bible* (Lanham: University Press of America, 1999)를 참고하라.

는 역사적으로 믿고 배워왔던 바 즉 예수 그리스도에 대해 "우리가 믿는 도리" (히 4:14)를 굳게 붙잡을 필요가 있다. 본고의 목적이 바로 이것이다. 기독교의 중추(中樞)와도 같은 기독론을 믿음의 선진의 눈으로 재조망해 보는 것이다. 이를 위해 17세기 네덜란드 개혁신학자였던 헤르만 비치우스(Herman Witsius, 1636-1708)[11]의 기독론의 어깨에 겸비하게 기대어 볼 것이다. 비치우스의 기독론은 현재에도 여전히 신학적으로 어지러운 기독론의 지형도[12]에 올바른 신학적 지도를 제공해 줄 수 있는 기독론이다.[13]

본고의 진행은 다음과 같다. 먼저 비치우스의 빛 아래서 기독론의 핵심 주제인 예수 그리스도의 인격과 사역을 논구해 볼 것이다. 이를 위해 비치우스의 주 저작들 중 하나인 『하나님께서 인간과 맺은 언약의 경륜』(De oeconomia foederum Dei cum hominibus, 1685)[14]을 집중적으로 살펴볼 것이다. 『하

---

11 비치우스의 전기적 정보에 대해서는 다음을 참고하라. J. van Genderen, "Herman Witsius (1636-1708)," in *De Nadere Reformatie: beschrijving van haar voornaamste Vertegenwoordigers*, ed. T. Brienen et al. ('s-Gravenhage: Boekencentrum, 1986), 193-218; idem, *Herman Witsius: bijdrage tot de kennis der gereformeerde theologie* (s'Gravenhage: Guido de Bres, 1953); Gerrit A. van den Brink, *Herman Witsius en het Antinomianisme: met tekst en vertaling van de Animadversiones Irenicae* (Apeldoorn: Instituut voor Reformatienderzoek, 2008), 121-29; Joel R. Beeke & Randall J. Pederson, "Herman Witsius," in *Meet the Puritans with a Guide to Modern Reprints* (Grand Rapids: Reformation Heritage Books, 2006), 807-23; Erasmus Middleton, "Herman Witsius, D. D.," in *Evangelical Biography: Or, An Historical Account of the Lives and Deaths of the Most Eminent and Evangelical Authors or Preachers* (London, 1816), 156-69; Augustus Toplady, "The Life of Herman Witsius, D. D.," in *The Works of Augustus M. Toplady*, vol. 4 (London, 1825), 60-84.

12 근현대 신학사 속에서 펼쳐졌던 기독론의 역사, 발전, 수정, 보완, 복원의 흔적들에 대한 일목요연한 개괄로는 브루스 맥코맥, "그리스도의 인격," 『현대신학 지형도: 조직신학 각 주제에 대한 현대적 개관』, 켈리 케이픽·브루스 맥코맥 편, 박찬호 역 (서울: 새물결플러스, 2016), 261-301; 케빈 밴후저, "속죄," 『현대신학 지형도: 조직신학 각 주제에 대한 현대적 개관』, 켈리 케이픽·브루스 맥코맥 편, 박찬호 역 (서울: 새물결플러스, 2016), 303-48을 참고하라.

13 Joel R. Beeke & Patrick D. Ramsey, *An Analysis of Herman Witsius's the Economy of the Covenants Between God and Man, Comprehending a Complete Body of Divinity* (Grand Rapids: Reformation Heritage Books, 2002), iii–xxiv.

나님께서 인간과 맺은 언약의 경륜』은 언약 신학의 꽃과 같은 자료라고 세간에 알려져 있지만, 그 언약의 내용이 예수 그리스도 자신이므로 이 책은 기독론적으로도 매우 중요한 자료라고 평가할 수 있다.15 그리스도의 인격에 대해서는 그리스도와 율법의 관계, 그리고 그리스도의 두 본성 교리를 중심으로 살펴볼 것이고, 그리스도의 사역은 비치우스가 많은 지면을 할애한 주제였던 그리스도의 대속 사역의 효과성과 필연성으로 나누어 살펴 볼 것이다. 그 후에는 비치우스의 기독론을 토대로 적용적 고찰을 한 후 본고의 총 결론을 내리도록 하겠다.

II. 비치우스의 빛 아래서 살피는 그리스도의 인격과 사역

1. 그리스도의 인격

『하나님께서 인간과 맺은 언약의 경륜』는 크게 네 부분으로 구성되어 있는데16 첫 번째 부분은 신적인 언약에 대한 일반적 이해(특별히 행위 언약),17 두 번째 부분은 신적인 언약의 또 다른 일반적 이해(특별히 은혜 언약),18 세

---

14 Herman Witsius, *De oeconomia foederum Dei cum hominibus, libri quatuor* (Leeuwarden: J. Hagenaar, 1685). 이후부터는 *De oeconomia foederum Dei*로 줄여 표기하도록 하겠다. 영역본은 Herman Witsius, *The Economy of the Covenants between God and Man. Comprehending a Complete Body of Divinity*, trans. William Crookshank, 2 vols. (Edinburgh, 1803)으로 *Economy*로 줄여 표기하도록 하겠다. 인용 시에는 후속 연구자의 편의를 위해 라틴어본과 영역본 둘 다 명기하도록 하겠다.

15 Joel R. Beeke & Patrick D. Ramsey, *An Analysis of Herman Witsius's the Economy of the Covenants*, x-xvii.

16 『하나님께서 인간과 맺은 언약의 경륜』의 전반적인 구조 및 내용에 대해서는 Joel R. Beeke & Patrick D. Ramsey, *An Analysis of Herman Witsius's the Economy of the Covenants*, 3-67을 참고하라.

17 Witsius, *De oeconomia foederum Dei*, 1-100; *Economy*, 1:37-165.

18 Witsius, *De oeconomia foederum Dei*, 101-191; *Economy*, 1:167-284.

번째 부분은 신적인 언약의 시간 속 실행 즉 구원의 순서(*the ordo salutis*),[19] 네 번째 부분은 언약의 실천적 실행과 조례(십계명 및 성례)에 대한 내용이다.[20] 각 부분들의 주요 내용에서 드러난 것처럼, 『하나님께서 인간과 맺은 언약의 경륜』은 큰 틀에서는 언약이라는 주제로 외곽 구조를 이루고 있으며, 그 외곽 구조 내부를 채우는 언약적 내용은 그리스도의 인격과 사역이다. 그 이유는 비치우스에게 있어서 예수 그리스도는 행위 언약과 은혜 언약의 최종 성취자이시며, 연합이라는 모티브[21]로 구원의 순서 가운데 정점에 위치한 분이실 뿐만 아니라, 성례의 궁극적인 제정자요 집례자이기도 한 분이기 때문이다.

비치우스는 그리스도의 인격을 크게 세 가지 방식으로 이해했다. 하나님으로서의(*qua Deus*) 그리스도, 인간으로서의(*qua Homo*) 그리스도, 중보자로서의(*qua Mediator*) 그리스도가 바로 그것이다.[22] 비치우스는 이러한 그리스도의 삼중적 인격을 율법에 대한 이해와 각각 결부시킨다. 그리스도의 인격을 율법에 대한 이해와 결부시키는 이유는 그리스도의 두 본성 교리를 재확증하기 위함이다. 이에 대해서 아래부터 구체적으로 살펴보도록 하겠다.

---

19 Witsius, *De oeconomia foederum Dei*, 192-423; *Economy*, 1:285-472-2:2-107. 구원의 순서에 대한 비치우스의 논의 중 칭의와 성화에 관한 비치우스의 구체적인 논의에 대해서라면 필자의 박사논문 출판본인 Jae-Eun Park, *Driven By God: Active Justification and Definitive Sanctification in the Soteriology of Bavinck, Comrie, Witsius, and Kuyper* (Göttingen: Vandenhoeck & Ruprecht, 2018), 159-80을 참고하라. 이 주제에 대한 비치우스의 개괄적 견해로는 박재은, 『칭의, 균형 있게 이해하기: 하나님의 주권 대 인간의 역할, 그 사이에서 바라본 칭의』(서울: 부흥과개혁사, 2016), 123-39를 참고하라. 성화론에 대한 개괄적인 이해로는 박재은, 『성화, 균형 있게 이해하기: 하나님의 주권 대 인간의 역할, 그 사이에서 바라본 성화』(서울: 부흥과개혁사, 2017)를 참고하라.

20 Witsius, *De oeconomia foederum Dei*, 424-703; *Economy*, 2:108-464.

21 Cf. J. V. Fesko, "Herman Witsius," in *Beyond Calvin: Union with Christ and Justification in Early Modern Reformed Theology (1517-1700)* (Göttingen: Vandenhoeck & Ruprecht, 2012), 340-79.

22 Witsius, *De oeconomia foederum Dei*, 113(2.3.5); *Economy*, 1:183.

(1) 그리스도와 율법

비치우스에게 있어 그리스도와 율법 사이의 관계성을 규명하는 일은 매우 중요한 일이었다. 그 이유는 그리스도께서 옛 언약 즉 율법의 완성자요 성취자이셨기 때문이다.[23] 하지만 비치우스는 생각하길 그리스도와 율법의 관계는 반드시 세 가지의 서로 구별된 측면 즉 하나님으로서의 그리스도, 인간으로서의 그리스도, 신인(神人)인 중보자로서의 그리스도 하에서 고찰되어야 했다. 왜냐하면 그것이 바로 그리스도의 인격 그 자체였기 때문이다.

첫째, 비치우스에게 있어서 하나님으로서의 그리스도는 어떠한 율법 하에도 거할 필요가 없는 분이셨다. 이에 대해서 비치우스는 다음과 같은 단호한 어조로 확증 한다.

> 완전한 하나님이셨던 성자는 어떠한 율법 아래 거하지도, 자신보다 초월한 그 어떠한 법 아래도 거할 수 없는 분이셨다. 만약 하나님이 율법 아래 거한다면 하나님의 본성을 거스르는 것이다. 성자도 하나님과 동일한 분이라는 사실을 우리는 알고 있다.[24]

비치우스는 하나님과 동일본질이신(ὁμοούσιος) 예수 그리스도는 어떠한 율법 아래 거할 수 없는 분으로 보았다.[25] 그 이유는 참 하나님이셨던 그리스도는 율법에 있어서 객체가 아니라 주체자(즉 율법 수여자)이셨기 때문이다.[26] 비치우스에게 있어서 참 하나님으로서의 예수 그리스도는 영원 전에도, 시간 속에서도, 심지어 성육신 전에도 율법 아래 거한 분이 아니었다.[27] 비치우스는

---

23 Witsius, *De oeconomia foederum Dei*, 111-123(2.3.1-2.3.34); *Economy*, 1:181-96.
24 Witsius, *De oeconomia foederum Dei*, 113(2.3.5); *Economy*, 1:183.
25 Witsius, *De oeconomia foederum Dei*, 113(2.3.5-2.3.8); *Economy*, 1:183-84.
26 Witsius, *De oeconomia foederum Dei*, 114(2.3.11); *Economy*, 1:185.

특별히 창세기 48장 16절[28]과 출애굽기 23장 20절[29]에 등장하는 여호와의 '사자'(מַלְאַךְ, angelus)를 그리스도의 현현(顯現, theophany)[30] 및 예표로 이해하면서 성육신 전 구약 시대의 성자조차도 율법 아래 거한 분이 아니었음을 강조하고 있다.[31]

둘째, 참 하나님으로서의 그리스도는 율법 아래 거한 분이 아니셨지만, 참 사람으로서의 그리스도는 율법 아래 거한 분이라고 비치우스는 생각했다. 비치우스는 이를 다음과 같이 설명한다.

> 그리스도는 사람으로서 의심할 필요 없이 도덕법 아래 거하셨던 분이다[Qua homo sine dubio subjectus fuit legi Morali].[32] 왜냐하면 사람의 본성과 행위 상 그것이 준칙이기 때문이다.

비치우스에게 있어서 참 인간이신 그리스도는 자연법[33] 아래 거하셨던 분이셨다. 비치우스는 그리스도의 두 본성을 염두해두면서 신성(神性, the Divine nature)으로는 율법 아래 거할 필요가 없지만, 인성(人性, the human nature)으로는 자연법·도덕법 아래 거하셨던 분이라는 사실을 강조한다.[34] 뿐

---

27 Witsius, De oeconomia foederum Dei, 113(2.3.5-2.3.8); Economy, 1:184.
28 "나를 모든 환난에서 건지신 여호와의 사자께서 이 아이들에게 복을 주시오며 이들로 내 이름과 내 조상 아브라함과 이삭의 이름으로 칭하게 하시오며 이들이 세상에서 번식되게 하시기를 원하나이다."
29 "내가 사자를 네 앞서 보내어 길에서 너를 보호하여 너를 내가 예비한 곳에 이르게 하리니."
30 구약 시대 때의 그리스도의 신현에 관해서는 James A. Borland, Christ in the Old Testament (Chicago: Moody Press, 1978)를 참고하라.
31 Witsius, De oeconomia foederum Dei, 113(2.3.8); Economy, 1:184.
32 Witsius, De oeconomia foederum Dei, 113(2.3.9); Economy, 1:184.
33 개혁신학 전통 내에서 자연법(natural law)이 어떻게 이해되고 발전되었는지를 잘 논구한 Stephen J. Grabill, Rediscovering the Natural Law in Reformed Theological Ethics (Grand Rapids: Eerdmans, 2006)를 참고하라.
34 Witsius, De oeconomia foederum Dei, 113(2.3.9); Economy, 1:184.

만 아니라 비치우스는 참 사람이셨던 그리스도께서 단순히 만국공통의 법인 도덕법 아래만 거하신 것이 아니라 이스라엘의 의식법(ceremonial laws) 및 시민법(civil laws) 아래도 거하셨다고 기록했다. 그 이유는 사람이신 그리스도는 단순히 이 세상을 살고 있는 한 사람일 뿐만 아니라 이스라엘의 혈통 가운데 태어난 사람이기도 했기 때문이다.[35] 이스라엘의 의식법을 지키기 위해 그리스도께서는 할례를 행하셨으며, 이스라엘의 시민법을 지키기 위해 그리스도께서는 세금을 기꺼이 내셨다고(마 17:24-25)[36] 비치우스는 기록한다.[37] 비치우스는 부연하길 참 하나님이셨던 예수 그리스도는 성전 보다 더 큰 분이셨기 때문에(마 12:6)[38] 할례 및 성전세의 법 아래 원칙적으로는 거하지 않으셨던 분이지만, 그럼에도 불구하고 그리스도는 동시에 참 인간이었기 때문에 율법 아래 거하셨다고 보았다.

셋째, 비치우스는 중보자로서의 그리스도와 율법의 관계를 논구하며 능동적 순종(*obedientia activa*)과 수동적 순종(*obedientia passiva*)[39]을 구별하며 설명한다.[40] 비치우스는 신인(God-man)이셨던 그리스도께서 죄인들을 대신

---

35 "Quumque non homo, duntaxat Christus, & communis mundi incola, sed & Israelita." Witsius, *De oeconomia foederum Dei*, 114(2.3.10); *Economy*, 1:184.

36 "가버나움에 이르니 반 세겔 받는 자들이 베드로에게 나아와 이르되 너의 선생은 반 세겔을 내지 아니하느냐 이르되 낸다 하고 집에 들어가니 예수께서 먼저 이르시되 시몬아 네 생각은 어떠하냐 세상 임금들이 누구에게 관세와 국세를 받느냐 자기 아들에게냐 타인에게냐 베드로가 이르되 타인에게니이다 예수께서 이르시되 그렇다면 아들들은 세를 면하리라 그러나 우리가 그들이 실족하지 않게 하기 위하여 네가 바다에 가서 낚시를 던져 먼저 오르는 고기를 가져 입을 열면 돈 한 세겔을 얻을 것이니 가져다가 나와 너를 위하여 주라 하시니라"(마 17:24-27).

37 Witsius, *De oeconomia foederum Dei*, 114(2.3.10); *Economy*, 1:184.

38 "내가 너희에게 이르노니 성전보다 더 큰 이가 여기 있느니라"(마 12:6).

39 Cf. Richard A. Muller, *Dictionary of Latin and Greek Theological Terms: Drawn Principally from Protestant Scholastic Theology,* 2nd ed. (Grand Rapids: Baker Academic, 2017), 237-38(s.v. *obedientia Christi*). 능동적 순종 & 수동적 순종에 대한 간략한 설명으로는 박재은, 『칭의, 균형 있게 이해하기』, 65-69를 참고하라.

40 Witsius, *De oeconomia foederum Dei*, 114-16(2.3.12-17); *Economy*, 1:185-87.

해 자발적으로 순종의 율법 아래 거하셔서 하나님의 뜻에 온전히 순종해 죄인들을 위한 영생을 죄인들 대신 획득하셨다고 이해한다. 비치우스는 이러한 개념을 능동적 순종 개념으로 이해하고 '능동적 순종'(*obedientia activa*)이라는 용어를 사용하며 이 개념을 설명한다.[41] 뿐만 아니라, 비치우스는 그리스도께서 죄인들을 대신해 자발적으로 형벌의 율법 아래 거하셔서 죄인들의 죄에 대한 빚을 대신 탕감해준 개념을 수동적 순종 개념으로 이해하고 '수동적 순종'(*obedientia passiva*)이라는 용어를 사용하며 이 개념을 설명한다.[42] 그러므로 비치우스에 의하면 중보자 되신 예수 그리스도께서는 죄인들을 대신해 순종의 율법(능동적 순종 & 행하신 순종)과 형벌의 율법(수동적 순종 & 당하신 순종) 아래 자발적으로 거한 분이셨다. 비치우스는 이에 대해 다음과 같이 보다 더 구체적으로 설명한다.

> *중보자*(*Mediator*)와 *보증*(*Sponsor*)이신 예수 그리스도께서는 또 다른 두 가지의 방식으로 율법 아래 거하셨다. 첫째, 완전한 순종의 *조건을 누림*으로 그리스도와 그리스도의 백성들은 함께 행복을 나누게 되었다. 둘째, 그리스도께서는 선택 받은 자들의 죄 때문에 받을 *형벌에 묶임*으로 자기 자신을 드리셨다.[43]

비치우스는 완전한 순종의 조건을 누림을 통해(즉 율법을 지킴을 통해) 그리스도와 그리스도의 백성들이 서로 행복을 공유하는 것을 능동적 순종의 범주에서 이해했고,[44] 형벌에 묶임을 통해 십자가 위에서 자기 자신을 스스로 드리는 것을 수동적 순종의 범주에서 이해했다.[45] 비치우스는 중보자이신 그리스도께

---

41 Witsius, *De oeconomia foederum Dei*, 115(2.3.14); *Economy*, 1:186.
42 Witsius, *De oeconomia foederum Dei*, 114(2.3.12); *Economy*, 1:185.
43 Witsius, *De oeconomia foederum Dei*, 114(2.3.12, 강조는 원문); *Economy*, 1:185.
44 Witsius, *De oeconomia foederum Dei*, 114-15(2.3.13); *Economy*, 1:185.

헤르만 비치우스의 기독론 | 265

서 하신 율법의 이중 순종의 핵심을 크게 두 가지로 보았는데 하나는 죄인을 대신한 순종 즉 대속적(substitutionary) 순종이었고, 또 다른 하나는 자발적인 언약 동의로서의(*voluntariae confoederationis*)[46] 순종이었다. 즉 중보자 그리스도는 억지로 율법을 지킨 것도 아니었고, 억지로 십자가를 진 것도 아니라는 것이 비치우스의 설명이다.[47] 오히려 중보자셨던 예수 그리스도의 율법 순종은 모두 다 자발적인 것이었다. 율법의 자발적 순종은 언약의 당사자인 인간뿐만 아니라, 언약의 궁극적 수여자이신 그리스도 둘 다에게 행복(*felicitas*)을 선사하는 순종이었다.[48]

본 장을 요약하자면, 비치우스에게 있어서 예수 그리스도와 율법 사이의 관계성을 올바로 규명하는 일은 매우 중요한 일이었다. 그 이유는 예수 그리스도 자신이 율법의 완성자이시며 언약의 성취자이셨기 때문이다. 비치우스는 생각하길 참 하나님으로서의 그리스도는 율법 아래 거할 필요가 없는 분이셨지만, 참 인간으로서의 그리스도는 자연법, 의식법, 시민법 아래 거했던 분이셨다. 뿐만 아니라 신인이었던 중보자로서의 그리스도는 능동적 순종과 수동적 순종의 개념 아래 죄인들의 구원을 위해 자발적으로 순종의 율법과 형벌의 율법을 지킨 분이셨다. 참 하나님이면서 동시에 참 인간이신 중보자 그리스도와 율법의 관계성의 기반을 이루는 것은 바로 다름 아닌 그리스도의 인격 그

---

45 Witsius, *De oeconomia foederum Dei*, 115(2.3.15); *Economy*, 1:186.

46 Witsius, *De oeconomia foederum Dei*, 114(2.3.13); *Economy*, 1:185. '자발적인 언약 동의'(*voluntariae confoederationis*)라는 표현은 능동적 순종을 설명하는 이후 본문에도 자주 등장하는 표현이다. Cf. Witsius, *De oeconomia foederum Dei*, 115(2.3.14); *Economy*, 1:186.

47 수동적 순종도 자발적이라는 비치우스의 가르침은 현대 속죄론의 주요 제 유형들 중 하나인 비폭력 속죄(non-violent atonement) 이론들을 그 근거부터 무너뜨린다. 이에 대한 구체적인 논의로는 박재은, "속죄와 윤리: 데니 위버의 만족설 비판과 조안 브라운의 '신적 아동학대' 모티브에 대한 비판적 고찰," 「기독교사회윤리」 30 (2014): 161-93을 참고하라.

48 Witsius, *De oeconomia foederum Dei*, 115(2.3.14); *Economy*, 1:186.

자체였다. 그러므로 비치우스는 그리스도와 율법의 관계성을 논구한 후 그리스도와 율법의 관계성의 기반을 이루는 그리스도의 인격 그 자체를 논구하기 위해 논의의 중심축을 그리스도의 두 본성 교리로 이동시킨다.

(2) 그리스도의 두 본성

비치우스는 그리스도와 율법의 관계성을 다룬 후 '보증인의 인격에 관하여'(*De Persona Sponsoris*)라는 장[49]에서 그리스도의 두 본성에 대해 깊이 있게 진술한다. 비치우스는 이 부분에서 왜 그리스도는 반드시 하나님이셔야만 하는가, 왜 그리스도는 반드시 인간이어야만 하는가, 그리고 왜 그리스도는 반드시 신인(神人)인 중보자여야만 하는가에 대해서 설명한다. 비치우스는 이 세 가지 질문이 정확히 대답되어야 그리스도의 인격과 두 본성에 대한 교리가 올바르게 확립된다고 보았다.[50]

첫째, 구원자인 그리스도는 반드시 참 사람이어야만 했다.[51] 참 사람의 본성에 대해서 비치우스는 다음과 같이 설명한다.

> 그리스도는 인간의 영혼[*anima*]과 인간의 몸[*corpus*]으로 구성된 참 사람 [*verus homo*]이다 … 우리의 보증인은 반드시 참 사람이어야 하는데 이는 이미 바울이 여러 차례 증거 했던 바이다.[52]

---

49 Witsius, *De oeconomia foederum Dei*, 123-31(2.4.1-2.4.23); *Economy*, 1:196-206.
50 Witsius, *De oeconomia foederum Dei*, 123(2.4.1); *Economy*, 1:196.
51 현대신학에서는 그리스도의 참 사람이심의 역사성, 실제성, 신빙성을 약화시키거나 거부하는 경향을 보인다. 많은 경우 그리스도의 성육신을 은유적, 상징적, 허구성의 맥락 하에서 이해하는 것이다. 이러한 현대신학의 경향에 대한 비판적 고찰에 대해서는 박재은, "존 힉의 은유적 성육신 개념: 원인과 결과에 대한 개혁 신학적 고찰," 「한국개혁신학」 49 (2016): 163-98을 참고하라.
52 Witsius, *De oeconomia foederum Dei*, 123(2.4.2-2.4.3); *Economy*, 1:196. 비치우스는 히브리서 기자를 바울로 상정한 후 히 2:10, 11, 16, 17절 등을 예시로 든다. "거룩하게

비치우스는 참 인간이셨던 그리스도를 확증하기 위해 두 가지 증거를 제시하는데 첫째는 갈라디아서 4장 4절 즉 "여자에게서 나게 하시고"라는 말씀이고[53] 둘째는 사도신경[54]의 고백인 "성령으로 잉태하사 동정녀 마리아에게 나시고"라는 고백이다.[55] 비치우스는 이 두 가지 증거를 통해서 여자에게서 난 참 사람인 그리스도를 강조했고, 동시에 그럼에도 불구하고 원죄(*peccatum originale*)로부터 자유로운 그리스도를 강조했다. 비치우스는 생각하길 그리스도는 참 사람이어야만 했고 동시에 의롭고 거룩한 사람이어야만 했다.[56] 왜냐하면 오로지 의롭고 거룩한 자만이 다른 사람을 대신 구원할 구원자의 자격을 온전히 갖출 수 있기 때문이다.[57] 그러므로 비치우스에게 있어서 그리스도의 동정녀 탄생은 의롭고 거룩한 참 사람인 그리스도의 본성을 지키기 위해 매우 중요한 개념이었다.

둘째, 죄인의 구원자가 되기 위해서 그리스도는 반드시 참 하나님이어야만 했다.[58] 비치우스는 이를 증명하기 위해 이사야서 43장 11절 말씀 "나 곧 나는 여호와라 나 외에 구원자가 없느니라"를 인용하며 자신의 논의를 펼쳐

하시는 이와 거룩하게 함을 입은 자들이 다 한 근원에서 난지라 그러므로 형제라 부르시기를 부끄러워하지 아니하시고 이르시되 내가 주의 이름을 내 형제들에게 선포하고 내가 주를 교회 중에서 찬송하리라 하셨으며 … 이는 확실히 천사들을 붙들어 주려 하심이 아니요 오직 아브라함의 자손을 붙들어 주려 하심이라 그러므로 그가 범사에 형제들과 같이 되심이 마땅하도다 이는 하나님의 일에 자비하고 신실한 대제사장이 되어 백성의 죄를 속량하려 하심이라."

53 Witsius, *De oeconomia foederum Dei*, 125(2.4.6); *Economy*, 1:198.
54 사도신경에 대한 비치우스의 깊이 있는 저술은 Herman Witsius, *Exercitationes sacrae in symbolum quod Apostolorum dicitur et in orationem dominicam* (Gyselaar, 1689)을 참고하라.
55 Witsius, *De oeconomia foederum Dei*, 127-28(2.4.11); *Economy*, 1:201.
56 "[U]t sit justus ac sanctus homo, sine ulla peccati labe." Witsius, *De oeconomia foederum Dei*, 123(2.4.2); *Economy*, 1:196.
57 Witsius, *De oeconomia foederum Dei*, 126(2.4.8); *Economy*, 1:199.
58 Witsius, *De oeconomia foederum Dei*, 128(2.4.12); *Economy*, 1:202.

나간다. 오로지 참 하나님만이 죄인의 구원자가 될 수 있는 이유에 대해 비치우스는 다음과 같이 설명한다.

> 하나님 외의 그 누구도 우리를 참된 자유로 회복할 수 없다. 만약 어떤 피조물이 우리를 구원한다면 우리는 우리를 구원한 그 피조물만의 독특한 소유가 될 수밖에 없다. 왜냐하면 우리를 자유롭게 해준 사람은 우리를 자신의 소유로 만들기 위해 값을 주고 우리를 산 것이기 때문이다.[59]

비치우스는 오로지 참 하나님만이 죄인들에게 참된 자유 즉 참된 구원을 허락해 줄 수 있다고 보았다. 비치우스는 구원을 '소유'(*proprium*) 개념으로 이해했다.[60] 누군가가 대신 값을 치루는 것을 통해 소유권이 이전된 것을 구원으로 본 것이다. 비치우스는 이를 설명하기 위해 고린도전서 6장 19-20절을 인용한다.[61] "너희 몸은 너희가 하나님께로부터 받은 바 너희 가운데 계신 성령의 전인 줄을 알지 못하느냐 너희는 너희 자신의 것이 아니라 값으로 산 것이 되었으니 그런즉 너희 몸으로 하나님께 영광을 돌리라." 이 구절에서 핵심은 구원 받은 신자의 몸은 참 하나님이신 그리스도께서 값을 주고 산 몸이기 때문에 신자 자신의 것이 아니라는 것이다. 비치우스는 고린도전서 3장 23절을 인용하면서 구원 받은 신자의 소유권을 보다 더 명확히 한다. "너희는 그리스도의 것이요 그리스도는 하나님의 것이니라"(ὑμεῖς δὲ Χριστοῦ, Χριστὸς δὲ θεοῦ). 비치우스는 이 구절을 해석하며 그리스도의 소유권과 성부 하나님의 소유권을 등치시키고 있다. 즉 참 하나님이신 그리스도가 하신

---

59 Witsius, *De oeconomia foederum Dei*, 128-29(2.4.13); *Economy*, 1:202.
60 Witsius, *De oeconomia foederum Dei*, 128-29(2.4.12-13); *Economy*, 1:202.
61 Witsius, *De oeconomia foederum Dei*, 129(2.4.13); *Economy*, 1:202.

일을 통해 신자의 소유권이 그리스도에게로 이전되었다면 신자의 소유권은 그리스도와 더불어 성부 하나님께로도 이전된 것으로 본 것이다.62

비치우스는 소유권 외에도 다양한 방식으로 예수 그리스도의 참 하나님이심을 강조한다. 비치우스는 영생은 오로지 하나님에게만 있기 때문에 영생을 주실 수 있는 분은 참 하나님이신 그리스도 밖에 없다고 보았을 뿐만 아니라,63 오로지 참 하나님이신 그리스도만이 하나님의 자녀가 될 수 있는 권세를 우리에게 주실 수 있다고도 생각했다.64 그러므로 비치우스는 참 하나님이신 그리스도께서도 예배와 경배를 받기에 합당한 분이라고 생각했다(사 45:25; 눅 1:47).65 예배와 경배를 받으실 분은 참 하나님 밖에 없기 때문이다.

셋째, 앞에서 살펴보았듯이, 비치우스는 예수 그리스도의 참 하나님이심(신성)과 참 사람이심(인성)을 동시에 강조했다.66 하지만 비치우스는 그리스도의 참 하나님이심과 참 사람이심을 따로 독립적으로 이해하지 않았다. 오히려 비치우스는 이를 중보자의 맥락에서 신·인성의 '위격적 연합'(*unio personalis*)으로 이해했다.67 이에 대해 비치우스는 다음과 같이 설명한다.

---

62 소유권(ownership, 누구의 것인가) 혹은 주재권(Lordship, 주인이 누구인가)에 대한 논의는 신학의 각 제분야 속에서 이미 많은 논의가 이루어진 주제이다. 특히 주재권 구원 논쟁 (Lordship Controversy)은 구원론과 기독론을 아우르는 중요한 논쟁 중 하나이다. 이 주제에 대한 간략한 개괄로는 박재은, 『칭의, 균형 있게 이해하기』, 52-61을 참고하라.

63 "Nemo quoque praeter Deum potest nobis vitam aeternam dare quae consistit in arctissima unione cum Deo." Witsius, *De oeconomia foederum Dei*, 129(2.4.14); *Economy*, 1:202.

64 "Nemo alius potest nobis dare, potestatem ut filii Dei simus ⋯." Witsius, *De oeconomia foederum Dei*, 129(2.4.15); *Economy*, 1:202-03.

65 Witsius, *De oeconomia foederum Dei*, 129(2.4.16); *Economy*, 1:203.

66 그리스도의 참 하나님이심과 참 사람이심에 대한 구체적인 논의에 대해서는 니케아 신경(the Nicene Creed)의 내용과 맥락에서 기독교 신앙을 변증한 David Willis, *Clues to the Nicene Creed: A Brief Outline of the Faith* (Grand Rapids: Eerdmans, 2005)을 참고하라.

67 Witsius, *De oeconomia foederum Dei*, 123(2.4.2); *Economy*, 1:196.

그리스도는 반드시 *사람*이어야 했다. 또한 그는 반드시 *하나님*이어야만 했다. 그러나 그는 *하나*의 보증이셨다. 그리스도는 위격의 연합 가운데 하나님과 사람 둘 다이실 필요가 있었다[*neccesse est ut utrumque in unitate personae fit*].[68]

비치우스에게 있어서 그리스도의 두 본성의 위격적 연합은 매우 중요한 주제였다.[69] 왜냐하면 중보자의 역할을 감당하기 위해서 그리스도는 반드시 신인(神人)이어야만 했기 때문이다. 참된 신인인 중보자가 되기 위해서는 신성과 인성 사이의 왜곡된 관계 설정은 반드시 피해야 했다. 칼케돈 신경(the Chalcedonian Creed)이 진술하는 것처럼 그리스도의 신성과 인성은 서로 섞이지도, 변하지도, 나뉘지도 않아야 한다.[70] 신·인성의 이러한 왜곡된 관계 설정을 피하기 위해 비치우스는 지속적으로 신·인성 간의 위격적 연합을 강조했다.

비치우스에게 있어서 그리스도의 신·인성이 서로 위격적으로 연합되어야 하는 이유는 위에서 살펴본 것처럼 그리스도는 죄인들을 위해 반드시 순종의 율법과 형벌의 율법 아래 대신 거하셔야만 했기 때문이고, 보통 인간은 이러한 방식으로 하나님을 만족시킬 수 없기 때문에 신·인성의 위격적 연합으로 존재하시는 그리스도만이 하나님을 만족시킬 수 있기 때문이라고 생각했다.[71] 비치우스는 이러한 신·인성의 위격적 연합이야말로 하나님의 지혜와 지식의 깊음이

68 Witsius, *De oeconomia foederum Dei*, 130(2.4.19, 강조는 원문); *Economy*, 1:204.

69 Witsius, *De oeconomia foederum Dei*, 123(2.4.19-23); *Economy*, 1:204-06.

70 Cf. 박재은, "속죄와 윤리," 178-81; Frances M. Young & Andrew Teal, *From Nicaea to Chalcedon: A Guide to the Literature and Its Background* (Grand Rapids: Baker Academic, 2010).

71 Witsius, *De oeconomia foederum Dei*, 131(2.4.22); *Economy*, 1:205.

라고 찬탄한다(*O profunditas Divitiarum Sapientiae & scientiae Dei!*).[72] 오로지 신·인성의 위격적 연합으로 존재하시는 예수 그리스도만이 죄를 향한 하나님의 무한한 진노를 감내할 수 있으며, 동시에 죽음의 권세를 이긴 후 부활 할 수 있는 분이시다.[73]

본 장을 요약하자면, 그리스도의 인격은 반드시 참 하나님(신성)과 참 인간(인성)이셔야만 하며 그리스도의 이러한 신·인성은 반드시 위격적 연합이라는 방식으로 존재해야만 중보자의 역할을 감당할 수 있다고 비치우스는 진술한다. 비치우스에게 있어서 그리스도의 두 본성 교리는 그리스도의 인격을 확립함에 있어서 핵심 모체를 이루며 이러한 핵심 모체를 구성하는 원리는 바로 다름 아닌 신·인성의 위격적 연합이다. 비치우스는 신·인성의 위격적 연합으로 계시는 중보자 그리스도의 인격의 존재 이유를 그리스도가 죄인들을 대신해 하신일 즉 그리스도의 사역에서 찾는다. 그러므로 비치우스는 자신의 논의의 방향성을 그리스도의 사역들 중 핵심 사역인 '대속'으로 그 무게중심을 이동시킨다.

2. 그리스도의 사역

비치우스는 그리스도께서 하신 사역의 핵심을 '대속'으로 이해했다.[74] 비치우스는 그리스도께서 죄인들을 대속하기 위해 신·인 양성의 위격적 연합으로 존재하신다고 보았고, 이러한 대속은 죄인들에게 효과적이었을 뿐만 아니라 필연적인 것이었다고 논증한다. 비치우스의 대속에 대한 이러한 논의는 『하나님께서 인간과 맺은 언약의 경륜』 전반에 걸쳐 언약이라는 큰 틀 안에서 그리스도의 인격과 사역의 두 기둥의 터 위에서 유기적으로 논의되고 있다.[75]

---

72 Witsius, *De oeconomia foederum Dei*, 131(2.4.23); *Economy*, 1:205-06.

73 Witsius, *De oeconomia foederum Dei*, 131(2.4.21); *Economy*, 1:205.

74 Witsius, *De oeconomia foederum Dei*, 132-38(2.5.1-14); *Economy*, 1:206-14.

(1) 그리스도의 대속 사역의 효과성

비치우스는 '그리스도의 대속의 효과성에 관하여'(*De Satisfactionis Effectu*)이라는 제목을 가진 『하나님께서 인간과 맺은 언약의 경륜』 2권 7장[76]에서 야코부스 아르미니우스(Jacobus Arminius, 1560-1609)[77]가 설파했던 '대속의 가능성'의 논리를 요목조목 철저히 논파하고 있다.[78] 비치우스에게 있어서 그리스도의 대속 사역의 효과성은 이중적 관점 즉 예수 그리스도 자신을 위한 효과성과 택자들을 위한 효과성 하에서 논의될 필요가 있었다. 그 이유는 그리스도 자신을 위한 대속의 효과성이 먼저 확립되어야 선택자들을 위한 효과성의 적용이 논리적으로 가능하게 되기 때문이다.

첫째, 비치우스에 의하면 그리스도의 대속 사역의 효과성은 그리스도 자신에게 먼저 미쳤다.[79] 비치우스는 이를 다음과 같이 설명한다.

> 중보자였던 그리스도께서는 자신의 대속을 통해 *자신 스스로에게* 모든 선택자들을 위한 권리를 획득하셨다. 성부 하나님께서는 이 권리를 마땅히 그리스도에게 주셨다.[80]

---

75 Joel R. Beeke & Patrick D. Ramsey, *An Analysis of Herman Witsius's the Economy of the Covenants*, 3-67.

76 Witsius, *De oeconomia foederum Dei*, 154-163(2.7.1-16); *Economy*, 1:238-48.

77 아르미니우스와 아르미니우스주의 그리고 아르미니우스주의가 창궐했던 당시의 유럽 시대상에 대해서는 Theodoor Marius van Leeuwen, Keith D. Stanglin, & Marijke Tolsma, eds., *Arminius, Arminianism, and Europe: Jacobus Arminius (1559/60-1609)* (Leiden: Brill, 2009)를 참고하라.

78 Cf. 박재은, 『칭의, 균형 있게 이해하기』, 137-38.

79 Witsius, *De oeconomia foederum Dei*, 154-63(2.7.1-16); *Economy*, 1:238-48.

80 Witsius, *De oeconomia foederum Dei*, 154(2.7.1, 강조는 원문); *Economy*, 1:238.

비치우스는 성부 하나님께서 그리스도의 대속 사역을 인정하셨고 성자 그리스도께 죄인들을 구원할 수 있는 효과 있는 권리를 마땅히 수여하심을 통해 그리스도의 대속 사역이 효력 있는 사역이 되었다고 논증하고 있다.[81] 비치우스는 이 논리를 설명하기 위해 시편 2편 8절을 인용한다.[82] "내게 구하라 내가 이방 나라를 네 유업으로 주리니 네 소유가 땅 끝까지 이르리로다." 비치우스에 의하면 그리스도의 대속 사역을 통해 그리스도께서는 성부 하나님으로부터 '유업'을 받게 되었고 그 유업은 언젠가는 없어질 유업이 아니라 그 누구로부터 절대로 빼앗길 수 없는 효력 있는 유업이라고 설명하고 있다.[83] 즉 그리스도의 대속 사역을 통해 그리스도 자신이 대속의 효력 있는 권리와 유업을 획득하신 것이다.[84]

둘째, 비치우스에 의하면 그리스도께서는 성부 하나님으로부터 획득하신 효력 있는 대속의 권리를 선택자들에게 효력 있게 적용하셨다.[85] 그리스도의

---

[81] 성부 하나님께서 성자 그리스도의 대속 사역을 인정하시고 죄인들을 구원할 수 있는 권리를 수여하셨다는 맥락을 제1위격적 단일신론의 맥락에서 이해해서는 안 된다. 이미 비치우스가 지속적으로 강조하고 있는 것처럼 이는 삼위일체 하나님의 삼위 간의 위격적 경륜의 관계로 이해할 필요가 있다. Cf. 박재은, 『삼위일체가 알고 싶다』, 141-44.

[82] Witsius, *De oeconomia foederum Dei*, 154(2.7.1); *Economy*, 1:238.

[83] Witsius, De oeconomia foederum Dei, 154(2.7.1); Economy, 1:238. Francis Brown, Samuel Rolles Driver, & Charles Augustus Briggs, *Enhanced Brown-Driver-Briggs Hebrew and English Lexicon* (Oxford: Clarendon Press, 1977), 635에 언급된 것처럼 시 2:8절의 유업이라는 히브리어에는 '빼앗을 수 없는 재산'이라는 의미가 내포되어 있다.

[84] 속죄 사역을 객관적 속죄(objective atonement)와 주관적 속죄(subjective atonement) 영역으로 구별할 수 있다. 객관적 속죄란 성부 하나님과 성자 하나님 사이의 속죄 관계를 주로 의미하고, 주관적 속죄란 성자 하나님과 죄인들 사이의 속죄 관계를 주로 의미한다. 균형 잡힌 속죄론을 견지하기 위해서는 객관적 속죄와 주관적 속죄 둘 다 의미 있게 강조되어야 한다. 비치우스가 대속 사역의 효과성을 그리스도 자신에게 먼저 적용한 것을 객관적 속죄의 영역에서 이해할 수 있고, 그 다음 대속 사역의 효과성을 죄인들에게 효력 있게 적용한 것을 주관적 속죄의 영역에서 이해할 수 있다. 이에 대한 구체적인 논의로는 박재은, "조나단 에드워즈의 속죄론: 스티븐 웨스트의 속죄론과 비교해 본 에드워즈의 객관적, 주관적 속죄 측면 사이의 균형," 「개혁논총」 33 (2015): 75-115를 참고하라.

[85] Witsius, *De oeconomia foederum Dei*, 155(2.7.3); *Economy*, 1:239.

효력 있는 대속 사역으로 말미암아 죄인들은 자신들의 비참한 처지로부터 해방되었고 참된 영생을 소유할 수 있게 되었다.[86] 비치우스는 그리스도의 대속 사역의 효과성을 구원의 순서(the *ordo salutis*)로 이해하면서 효과적 부르심, 중생, 성화, 회심, 영화야말로 그리스도의 대속 사역이 갖고 있는 효과성의 참된 열매라고 생각했다.[87] 이처럼 비치우스는 기독론의 효과적인 열매를 구원론의 영역 가운데서 찾음을 통해 기독론과 구원론 사이의 유기적 상관성을 부각시켰다.

비치우스는 그리스도의 대속 사역의 효과성을 논증하는 맥락에서 아르미니우스의 대속 사역의 '가능성' 논리를 다음과 같이 논박한다.

> 그리스도의 대속의 효과는 단순히 우리의 *죄에 대한 용서의 가능성*과 하나님과 우리 사이에 있을 화해의 가능성이 아니라, 오히려 실제적인 *용서와 화해*, 죄의 지배의 파괴, 그리고 궁극적으로는 구원 그 자체이다.[88]

비치우스는 아르미니우스의 대속의 가능성 논리를 혁파하기 위해 다양한 성경 구절을 인용하며 자신의 논리를 펼쳐나간다. 예를 들면, 그리스도의 구원과 속량의 내용을 찬양하고 있는 에베소서 1장 7절,[89] 골로새서 1장 14절,[90]

---

86 Witsius, *De oeconomia foederum Dei*, 155(2.7.3); *Economy*, 1:239.
87 Witsius, *De oeconomia foederum Dei*, 155(2.7.3); *Economy*, 1:239.
88 "... effectum satisfactionis Christi non esse nudam *possibilitatem remissionis* peccatorum nostrorum & reconciliationis nostri cum Deo, sed *remissionem* & *reconciliationem* actualem, abolitionem dominii peccati, & denique salutem ipsam..." Witsius, *De oeconomia foederum Dei*, 155(2.7.3, 강조는 원문); *Economy*, 1:239.
89 "우리는 그리스도 안에서 그의 은혜의 풍성함을 따라 그의 피로 말미암아 속량 곧 죄 사함을 받았느니라."
90 "그 아들 안에서 우리가 속량 곧 죄 사함을 얻었도다."

히브리서 9장 12절,[91] 갈라디아서 4장 4-5절[92] 등이 바로 그것들이다. 비치우스는 이러한 성경 구절들을 인용하며 그리스도의 속죄 사역을 통해 죄인들의 구원이 효과적으로 이루어졌음에 대해 강조에 강조를 거듭한다.[93] 특별히 비치우스는 아르미니우스의 논리인 '간청하여 얻음'(*impetratio*) 정도로 그리스도의 대속 사역을 이해하지 않았다.[94] 오히려 그리스도께서는 속죄 사역의 유익을 간청해서 얻은 정도가 아니라 효력 있는 대속 사역을 통해 속죄 사역의 유익을 실질적으로, 실제적으로, 효과적으로 획득해 죄인들에게 효력 있게 적용했다고 주장했다.[95]

본 장을 요약하자면, 비치우스에게 있어서 신·인성의 위격적 연합으로 존재하시는 중보자 그리스도의 대속 사역은 이중적 의미를 지닌 채 이루어졌다. 먼저는 그리스도의 대속 사역을 통해 그리스도 자신께서 대속 사역의 효과성을 우선적으로 맛보았고, 이렇게 먼저 맛본 대속 사역의 효과성을 가지고 그리스도께서는 선택자들에게 효력 있게 죄사함의 권세를 적용하셨다. 비치우스에게 있어서 이러한 대속 사역의 효과성은 죄인들의 속죄를 위해 필수적인 것이었다. 그러므로 비치우스는 자연스럽게 그리스도의 대속 사역의 필연성에 대한 논의로 독자들을 안내한다.

(2) 그리스도의 대속 사역의 필연성

---

[91] "염소와 송아지의 피로 하지 아니하고 오직 자기의 피로 영원한 속죄를 이루사 단번에 성소에 들어가셨느니라."

[92] "때가 차매 하나님이 그 아들을 보내사 여자에게서 나게 하시고 율법 아래에 나게 하신 것은 율법 아래에 있는 자들을 속량하시고 우리로 아들의 명분을 얻게 하려 하심이라."

[93] Witsius, *De oeconomia foederum Dei*, 155-56(2.7.4); *Economy*, 1:239. Cf. Park, *Driven By God*, 178-179.

[94] Witsius, *De oeconomia foederum Dei*, 158-59(2.7.10); *Economy*, 1:243.

[95] Witsius, *De oeconomia foederum Dei*, 158-59(2.7.10); *Economy*, 1:243.

비치우스는 그리스도의 대속 사역의 필연성을 '하나님의 속성'과 결부지어 논의한다. 비치우스는 이를 '그리스도의 대속의 필연성에 관하여'(*De Necessitate Satisfactionis Christi*)라는 제목으로 『하나님께서 인간과 맺은 언약의 경륜』 2권 8장[96]부터 논의하고 있다. 비치우스는 그리스도의 대속 사역을 필연적 사역 즉 반드시 일어나야만 하는 일로 이해한다. 하지만 비치우스는 이러한 대속 사역의 필연성을 하나님의 전능성에서 찾지 않는다.[97] 즉 비치우스는 하나님께서는 전능하시기 때문에 그리스도의 대속 사역 외의 일을 통해서도 죄인을 대속할 수 있다는 식의 논증은 의미 없다고 본다.[98] 오히려 비치우스는 그리스도의 대속 사역의 필연성을 하나님의 거룩하심과 공의로우심에서 찾는다. 이에 대해 비치우스는 다음과 같이 설명한다.

> 이 논쟁은[즉 그리스도의 대속 사역이 필연적이었는가 아니었는가에 대한 논쟁은] 하나님의 전능한 속성으로부터 설명되거나 궁극적으로 결정될 수 없다. 오히려 이 논쟁은 하나님의 거룩하심과 공의로우심으로부터 설명되거나 결정되어야 한다.[99]

비치우스에게 있어서 그리스도의 대속 사역이 반드시 필요한 이유는 하나님은 한 순간도 죄와 함께 할 수 없는 무한하게 거룩한 분이시기 때문일 뿐만 아니라, 하나님은 죄를 향하여 반드시 그에 상응하는 형벌을 내리셔야 하는 무한하게 공의로운 분이기 때문이기도 하다.[100] 비치우스는 대속 사역의 필연

---

96 Witsius, *De oeconomia foederum Dei*, 163-71(2.8.1-21); *Economy*, 1:249-59.
97 Witsius, *De oeconomia foederum Dei*, 163(2.8.1); *Economy*, 1:249.
98 Witsius, *De oeconomia foederum Dei*, 163(2.8.1); *Economy*, 1:249.
99 Witsius, *De oeconomia foederum Dei*, 163(2.8.1); *Economy*, 1:249.
100 Witsius, *De oeconomia foederum Dei*, 165(2.8.6-7); *Economy*, 1:251-52.

성의 논리를 전개하면서 로마서 3장 25절을 증거 구절로 내세운다. "이 예수를 하나님이 그의 피로써 믿음으로 말미암는 화목제물로 세우셨으니 이는 하나님 께서 길이 참으시는 중에 전에 지은 죄를 간과하심으로 자기의 의로우심을 나타내려 하심이니." 로마서 3장 25절에 의하면 그리스도의 대속 사역을 통해 하나님께서는 자신의 의로우심을 드러내 보이시길 원하셨다. 하나님의 궁극적 인 자기 계시인 그리스도의 효력 있는 대속 사역을 통하여 하나님의 공의로우 심과 거룩하심의 신적 속성이 만방에 드러나게 된 것이다.[101]

비치우스는 그리스도의 대속 사역의 필연성을 논의하면서 한 가지 중요한 사항에 대해 경계를 표한다. 즉 그리스도의 대속 사역은 반드시 필연적인 것이 었지만, 그 필연성이 하나님의 신적 완전성과 자유를 해치는 것은 아니라는 것이다.[102] 비치우스는 이 사실을 논증하면서 계속해서 신적인 '자 유'(libertas)를 강조한다. 비치우스는 하나님은 이 세상을 '무로부터 창 조'(creatio ex nihilo)하실 자유가 있으셨고, 죄를 허용할 자유도 있었을 뿐만 아니라, 그리스도의 대속의 방식으로 죄인을 구원할 자유까지도 갖고 계신 분이라고 논증해 나간다.[103] 이는 신적인 자유로움 속에 위치한 자발적인 필연 성이고, 자발적인 필연성 안에 위치한 신적인 자유로움이다. 비치우스에게 있 어 인간적으로는 논리적인 모순처럼 느껴지는 이러한 일들이 하나님과 그리스 도 안에서 능히 이루어지는 이유는 이 일을 행하시는 분이 전능한 하나님이기 때문이다.[104] 그러므로 비치우스는 지극히 높으신 하나님의 위엄 앞에 무릎 꿇고 하나님의 하나님 되심을 두렵고 떨림으로 인정해야 한다고 주장한다.[105]

---

101 Witsius, *De oeconomia foederum Dei*, 166(2.8.9); *Economy*, 1:259.
102 Witsius, *De oeconomia foederum Dei*, 170(2.8.19); *Economy*, 1:257-58.
103 Witsius, *De oeconomia foederum Dei*, 170(2.8.19); *Economy*, 1:258.
104 Witsius, *De oeconomia foederum Dei*, 169-170(2.8.17); *Economy*, 1:257.
105 Witsius, *De oeconomia foederum Dei*, 169-170(2.8.17); *Economy*, 1:257.

이것이야말로 지극히 신비로운 그리스도의 인격과 사역을 논구하는 자의 자세가 아닐 수 없다.

이 장을 요약하자면, 비치우스에게 있어서 그리스도의 대속 사역은 무한하게 자유로우신 하나님 안에서 자발적이고도 신적인 필연성을 담지한 채 그리스도를 통해 실행된 하나님의 전능한 사역이다. 그리스도의 대속 사역을 통해 더러운 죄와 한 시도 함께 하실 수 없는 하나님의 무한한 거룩하심과 공의로우심이 여과 없이 드러났다. 죄를 향한 하나님의 태도가 일관성이 있기 위해서는 반드시 참 하나님이면서 참 인간이셨던 성자 그리스도께서 대속의 제물이 되어야만 했다. 이는 신적 자유로움 속에 위치한 신적인 필연성이었다.

III. 적용적 고찰

지금까지 살펴보았듯이, 그리스도의 인격과 사역을 깊이 있게 논구한 비치우스의 기독론은 성경적으로도 신학적으로도 건전한 방향성을 가진 채 발전된 17세기 개혁파 정통주의 시대(Reformed Orthodoxy era)[106]의 기독론의 표본과도 같다. 그리스도의 인격과 사역에 대한 비치우스의 논의를 통해 크게 세 가지의 적용적 고찰이 가능하다.

---

[106] 17세기 종교개혁 후기 개신교 시대(post-Reformation Protestant era) 혹은 개혁파 정통주의 시대를 좀 더 세분화한다면 정통주의 초기(the early orthodox period, 1565-1640), 정통주의 절정기(the high orthodox period, 1640-1725, 혹은 청교도 시대), 정통주의 후기(the late orthodox period, 1725-1790) 등 총 세 부분으로 나눌 수 있다. 하지만 리처드 멀러(Richard A. Muller)가 지적하듯이 이러한 시대 구분은 기계론적인 딱딱한 구분은 아니다. Richard A. Muller, *Post-Reformation Reformed Dogmatics: The Rise and Development of Reformed Orthodoxy, ca. 1520 to ca. 1725*, 4 vols. (Grand Rapids: Baker, 2003), 2:451-55.

첫째, 참 하나님임과 동시에 참 인간이신 그리스도의 인격은 계몽주의적 가치관 속에서 논리적으로 재단하여 분석 가능한 주제가 아니다. 지극히 신비로운 그리스도의 인격과 두 본성 교리를 이성적으로 날카롭게 해부할 때 파생될 수밖에 없는 결과는 그리스도를 하나님으로 인정하지 않거나(아리우스적 이단),[107] 반대로 그리스도를 인간으로 인정하지 않는 것이다(아폴리나리우스적 이단).[108] 비치우스는 이 두 가지의 대표적인 이단적 경향을 지극히 경계하면서 신·인성의 위격적 연합으로 존재하시는 그리스도의 인격의 신비를 겸비하게 논증해 나갔다.[109] 그러므로 지극히 신비로운 그리스도의 두 본성과 그의 인격은 예배와 경배의 대상이지 이성적으로 분석하고 탐구하는 실험실의 개구리와도 같은 실험 대상이 아니다.[110] 이 점을 놓친다면 기독론 전체를 전부다 놓치는 꼴이 되고 말 것이다.

둘째, 비치우스에 의해 잘 논증된 것처럼, 신·인 양성의 위격적 연합으로 계시는 중보자 예수 그리스도의 궁극적 사역은 죄인을 향한 대속의 사역이다. 이러한 그리스도의 대속의 사역을 깊이 묵상할 때 영롱한 빛을 내며 등장 할 수밖에 없는 주제가 바로 '신적인 사랑'(Divine love)이다.[111] 그리스도의 사랑을 받은 자는 그리스도의 사랑을 전해야 한다. 그리스도의 대속의 사역을 머릿속에만 제한적으로 이해하지 말고 반드시 그리스도의 대속 사역을 심장과

---

107 Cf. Rowan Williams, *Arius: Heresy and Tradition* (Grand Rapids: Eerdmans, 2002); 박재은, "존 힉의 은유적 성육신 개념," passim.

108 Cf. M. J. Edwards, *Catholicity and Heresy in the Early Church* (England: Ashgate Pub., 2009).

109 Witsius, *De oeconomia foederum Dei*, 123(2.4.2); *Economy*, 1:196.

110 그러므로 그리스도의 인격을 입맛대로 마음껏 수정하고 변용하는 현대신학의 기독론 소비 형태는 지양되어야 한다. Cf. 맥코맥, "그리스도의 인격," 261-301.

111 사랑의 모티브로 기독교 신학을 이해하기 위해서라면 Jae-Eun Park, "Lacking Love or Conveying Love? The Fundamental Roots of the Donatists and Augustine's Nuanced Treatment of Them," *Reformed Theological Review*, 72.2 (Aug 2013): 103-21을 참고하라.

마음으로 이해해 손과 발로 그 본질을 체화하여 드러내야 한다. 비치우스는 그리스도의 대속 사역을 설명하면서 그리스도의 대속 사역은 결국 신자의 '경건'(*pietas*)112을 증진시킨다고 기록했다. 그리스도의 대속 사역을 깊이 있게 묵상하는 신자들은 더 이상 "경건의 모양은 있으나 경건의 능력은 부인"(딤후 3:5)하는 자가 될 수 없다. 그리스도의 대속 사역에 대한 깊이 있는 묵상은 경건의 모양과 경건의 능력을 동시에 갖춘 참된 신자로 우리를 이끌고 갈 힘과 능력이 있다.

셋째, 비치우스가 논증했던 그리스도의 인격(두 본성 & 위격적 연합)과 사역 (대속의 효과성 & 필연성)은 전지전능하신 하나님이 아니라면 계획할 수도, 또한 실행할 수도 없었던 놀라운 신적인 사역이었다. 그러므로 기독론이라는 꽃은 '하나님의 지혜'라는 화단에 심겨진 가장 아름다운 꽃이다. "십자가의 도가 멸망하는 자들에게는 미련한 것이요 구원을 받는 우리에게는 하나님의 능력이라"(고전 1:18)이라는 말씀처럼 십자가의 도와 그 도를 직접 몸으로 부딪혀 성취하신 그리스도의 인격과 사역은 실로 하나님의 지혜와 능력의 결정체이다. 그리스도의 인격과 사역을 역동적으로 묘사해낸 비치우스의 기독론은 결국 우리로 하여금 그리스도 안에 나타난 하나님의 지혜와 권능을 겸비하게 찬송하게 만든다. 그리스도의 인격과 사역을 통해 하나님을 찬양하는 것이 가장 아름다운 것이고 가장 옳은 것이다. 이 점을 비치우스의 기독론이 밝게 드러낸다.

IV. 나가는 말

---

112 Witsius, *De oeconomia foederum Dei*, 170(2.8.18); *Economy*, 1:257.

본고의 들어가는 말에서 이미 밝혔다시피, 여전히 기독론의 신학적 지형도는 심히 어지럽다.113 하나님의 적들은 기독론을 공격해 기독교의 뿌리를 약화시키거나 제거시키려는 음모를 여전히 갖고 있다. 이러한 작금의 상황 가운데서 비치우스의 기독론은 우리에게 시사하는 바가 크다.

첫째, 비치우스의 기독론은 그리스도의 인격과 사역에 대한 성경적·신학적 기준점을 능히 제공해 줄 수 있는 기독론이다. 풍부한 성경 주해를 바탕으로 각종 기독론 이단들과의 치열한 응전 가운데 신학적으로 바른 기독론을 전개하려고 했던 비치우스의 노고에 감사를 표해야 할 이유가 분명히 있다.

둘째, 비치우스의 기독론은 홀로 독립적으로 존재해 자신의 독특함만을 맘껏 뽐내는 기독론이 아니다. 오히려 비치우스의 기독론은 개혁신학이라는 장구하고도 거대한 바닷물에 겸비하게 발을 담근 채 "우리가 믿는 도리"(히 4:14)가 무엇이었는지를 겸손하게 따라가는 기독론이다.114 그러므로 비치우스의 기독론은 작금의 혼란스러운 기독론의 지형도 안에서 바른 '신학적 여과'(theological filter)의 역할을 능히 감당할 수 있는 기독론이다.

셋째, 비치우스의 기독론은 신자들에게 그리스도를 사랑하고 그에게 예배하고 경배해야 할 바른 동기와 자세를 부여해 주는 기독론이다. 그리스도의 인격과 사역은 그 본성 상 지극히 신비로운 특성을 지니고 있기 때문에, 이러한 신적인 신비로움은 유한한 인간이 무한한 하나님 앞에서 무릎 꿇고 부복해야 할 당위성을 마음껏 자아낸다. 비치우스의 기독론을 통해 그리스도에게 대적하기보다는 그리스도께 엎드려 "주여 나는 죄인이로소이다"(눅 5:8)를 외치는

---

113 박재은, "존 힉의 은유적 성육신 개념," passim.
114 Cf. Joel R. Beeke & Mark Jones, "Puritan Christology," in *A Puritan Theology: Doctrine for Life* (Grand Rapids: Reformation Heritage Books, 2012), 335-45.

자세를 견지할 수 있게 된다.

비치우스의 기독론을 통해 그리스도와 율법 간의 관계, 그리스도의 인격(두 본성 & 위격적 연합)과 그리스도의 사역(대속의 효과성 & 필연성)에 대해 일견 파악하고 그 앎에 근거한 삶을 살아간다면, 그것이 곧 하나님께 영광을 돌리는 삶이 될 것이다. 이는 비치우스의 기독론의 빛 아래서 로마서 16장 27절 "지혜로우신 하나님께 예수 그리스도로 말미암아 영광이 세세무궁하도 록 있을지어다 아멘"을 진지하게 묵상할 때 증명되게 될 것이다. 바울 사도의 가르침처럼 신자들은 예수 그리스도로 말미암아 지혜로운 하나님께 영광을 돌려야 하는데 이를 위해 비치우스의 기독론이 올바르고 효과적인 신학적 마중 물이 될 줄 믿어 의심치 않는다.[115]

---

115 본고의 초안을 함께 읽고 의미 있는 조언을 해주신 천호교회 교역자 일동에게 이 자리를 빌어 감사의 마음을 표한다.